JAPAN's DESTINY

between America and China

SUKEHIRO HIRAKAWA

日本の生きる道

米中日の歴史を三点測量で考える

平川祐弘

飛鳥新社

日本の生きる道

――米中日の歴史を三点測量で考える

JAPAN's DESTINY between America and China

はじめに　三点測量で日本を見直す

世界の中の日本がいかなる国であったかを振返り、私たちが二十一世紀をいかに生きるか。その国家としての問題を米中日の三角関係の中で比較史的に考察し文化史的に論じた文章を集めたのが本書である。この際、比較文化史家《コンパラテイスト》としての著者の背景を記すことで、執筆動機や問題へのアプローチの仕方を説明し、本書のまえがきに代えたい。

明治維新が第一の開国であったとするなら、私たちの世代――というのは大正末年から昭和初年にかけて生まれた、第二次大戦中は軍事教練を受けた人たちのことだが――は、大日本帝国の崩壊を目のあたりにし、敗戦を第二の開国として受けとめた。

敗戦後日本の外来文明受容の心理は、明治の開国世代のそれときわめて似通ったものだった。私たちの世代が明治の祖父の世代に共感し、その体験をわがものとして追体験することを得たのは、日本人の精神史の継続性を示すものだが、それだからこそ私たちの世代もまた「智識ヲ世界ニ求メ」ようとしたのである。日本語だけの島国の中に跼蹐《きよくせき》するつもりはなかった。占領下の日本は戦争下の日本に引き続き事実上の鎖国状態ではあったが、外国語を原典講読とともに外人教師に就いて猛烈に勉強した。外国語の窓を通して外部の空気が吸いたかったし、西洋に憧れたのである。ただしだからといって、西洋本位の一国研究者になるためではなかった。私としては世界の中の日本というか、明治以来の日本人が置かれた文化史的な位置を知り、日本の進むべき方向を探りたかった。その際、書籍の中に抽象的思弁で世界観《ヴエルトアンシヤウウング》を求めるのでなく、この目でじかに世界を見、外国の男女ともつきあい、世界をその現場で知りたい、と複数の外国語を習ったのである。あの頃の日本人としては珍しく私は同世代の外国の友人に恵まれた。

一国ナショナリズムを高唱する愚《ぐ》は繰り返したくない。政治的にもそうだが、学問的にも一国・一言語の枠組みに囚われたくなかった。そんな気持が私の人生の出発点にあった。それは国家主義への反動だが、それとともに外国本位の歴史観で日本を判断はしたくないという警戒心もまた働いた。「彼ヲ知リ己ヲ知ル」という二本足の学者となることが比較研究者としての理想だったからである。私事を述べさせていただくなら、それが留学生に選ばれたときの送別会での挨拶でもあった。あの頃から私は半ば無意識的に森鷗外をロール・モデルとしていた。昭和二十年代末の話で、インド洋を三度横切った私はいまや絶滅が危惧される「洋行世代」に属する。そんな著者が八十五歳になって『日本の生きる道』というタイトルをつけて近年に発表した文章を集めた。英語の題も求められたからタイトルとサブタイトルをまとめて Japan's Destiny between America and China とした。七十歳代の末から同様な視角で日本の言語文化の運命を考えてきたが、その延長の政治文化論である。

巻頭の『「安倍談話」と昭和の時代』は私が日本国民の必読文献とみなす安倍首相の『戦後七十年談話』に説明をほどこしたものである。政治学科の出身でもない私が、そのような義解《ぎげ》をほどこすことはおこがましい、という批判もあろうかとは思う。私は安倍首相のワシントンでの英語スピーチも『戦後七十年談話』も出色《しゅつしょく》の出来映えと舌をまいた一人だが、安倍談話については『朝日新聞』は「出す必要がなかった。いや、出すべきではなかった」と二〇一五年の終戦記念日の社説に書いた。これがわが国を代表すると自称する大新聞の言うことか、と首相周辺は思ったであろうが、私も苦々しく感じた一人である。日本のジャーナリズムは昔から必ずしもバランスがとれておらず、その劣化はいよいよ甚だしいようである。

反政権のスタンスをとればそれだけでもう正義だといわんばかりの日本の新聞界が均衡を失しているとすれば、では日本の学界は良識が常に支配しているといえるのか。世界史の中の日本の歴史的位置をよく見据えている人は一体どこの誰だろうか。

それが明治以来の日本近代化の努力を全否定するような、イデオロギー先行の歴史学者であるはずはない。戦後マルクス主義の影響を受けた左翼の歴史学教授は大学内でも必ずしも知的水準の高い人たちではなかった。その多くは歴史学会の大勢に靡《なび》いたまでのことで、それだからこの期《ご》に及んでもなお惰性的に会員に名を連ねているのであろう。そう忖《そん》度《たく》しては失礼に過ぎるだろうか。

だがだからといって、戦前の日本軍部の行動を全面的に擁護するような、愛国心先行の論客たちが、日本の過去・現在・未来をよく見据えている人であろうはずもない。自主独立を唱える議論は一見「正論」風で、これからさき国内的にはアッピールするかもしれないが、一国ナショナリズムの主張が内外の人をひろく納得させることはないだろう。

戦後「全面講和」とか「安保反対」とかを唱えた南原繁の東大本郷法学部を頂点とする日本のアカデミズムにも実は問題はあった。吉田茂首相が南原総長を評して「曲学阿世《きょくがくあせい》」と述べた語は、長い目で見て、正しかった、と私は思わずにいられない。

大学関係者は政治家に対しては気楽に悪口を言う。だが大学人は、学界の有力者、とくに南原繁総長のように一旦聖人扱いされた学者に対しては批判めいた口はあまり利かない。自己抑制が一種の儀礼のようになっている。そんな雰囲気があったからこそ、南原総長に対し「曲学阿世」と言った人の方がなにか品格に欠けるはしたない人のような扱いを受けてきたのである。しかしそのようなタブーを東大法学部関係者は作るべきではない。そんな神格化こそが実は問題なのであり、南原は学界のいわば神主《かんぬし》として学術めいた祝詞《のりと》に類したことを唱えていた「お偉いさん」だったにすぎなかったのではあるまいか。南原自身にもその種の自覚があったからこそ、自己の名が後世に伝わるとすればそれは歌集『形相』によってであろう、と女婿《じょせい》の氷上英廣に述べたのであろう。では仮に南原総長を担いだ本郷の東大法学部にも虚像の要素があったとして、日本の学問世界で誰が、いかなる知的集団が、世界史の中の日本の歴史的位置をよく見定めていたのだろうか。

すべての日本人新聞記者が駄目であるとは私は思わない。それと同様、すべての日本人教授が駄目であるなどとはさらに思わない。優れた知的集団はどこにいるのか。その把握は存外難しい。それというのは学問世界でも知的に活発なセンターはたちまちに移動する。戦後京都では一時期、京都大学人文科学研究所（人文研）の活動が盛んで目を瞠《みは》らせるものがあったが、たちまち国際日本文化センター（日文研）に取って代わられた。ために前者の影は薄れてしまった。そのように学問世界の浮き沈みは激しい。

東京ではどうであったのか。私が東京大学教養学部に勤めていた一九八〇年代当時を振返ると、限られた知見だが、あのころの駒場の佐伯彰一、芳賀徹以下の比較文学比較文化課程、衛藤瀋吉の国際関係論課程、大森荘藏、伊東俊太郎の科学史科学哲学課程、本間長世、亀井俊介などのアメリカ研究など、後に一部の人から「駒場学派」と呼ばれるようになった面々は、世界の中の日本を比較的にきちんと見据えていたように思えてならない。それは当時の駒場大学院を構成するメンバーの力量が傑出し、さまざまな外国体験、国際的に結ばれた人間関係、外国語を読み書き話す能力、集って来た留学生の質の高さ、そして関係者の業績やその著書が獲得した賞の数々から勘案していえる評価ではないかと思う。おそらく戦後駒場に初めて創られた大学院を担う第一世代であったからこそ、あれだけ精彩を放ちもしたのだろう。そのことを外部の人でいちはやく認めた一人は外務省の岡崎久彦で、本郷の法学部在籍の子息を駒場の比較文学比較文化の大学院へ進学させたこともあった。

もっともそんな駒場学派の盛代はたちまち去ってしまい、一抹の寂しさを禁じ得ない。有名レストランと同じで、シェフが変われば学科の魅力も風味もたちまちに失せる。幸い、遅れて教授会メンバーの一員となった私であったが、そんな尊敬すべき人たちに伍《ご》して比較文化史研究に携わることができた。そのコンパラティスムの学問を手短かに振返り、私たちがどのような学問的視野の中で仕事をしてきたかを顧みることとしたい。米中日三角関係の中で考える、という本書の発想そのものが、私どもの intercultural relations という学問的訓練から生まれたものだからである。

なぜそのような比較研究者としての自己を語るのか。それは本郷の旧帝大に限らず当時の discipline ディシプリンと呼ばれた学科区分は、日本に限らずいたるところで十九世紀風の一国・一言語単位であり、一本足の学者の養成に専念していたからである。当時はその種の学問分類は国立私立を問わず、いや外国の大学でも普通であり、世界の図書館の書物の分類もそれに則《のっと》っていた。そこからはもちろん立派な学者も多く出た。しかし日本史なら日本、ドイツ文学ならドイツ語圏、と学者の目がナショナルな枠内に釘付けにされ、視野狭窄《しやきょうさく》におちいるきらいがあったことは否定できないだろう。

近代日本は、西洋文明の強烈な影響下に発展した国である。「西欧の衝撃と日本」という文化と文化の出会いは、西からも東からも問題を複眼で眺め、二つの文化に二本の足をおろさなければ、正確に把握することはできない。一国ナショナリズムの失敗に対する反省もあって、戦後東大駒場キャンパスに新設された二つの大学院課程の一つは国際関係論課程であり、いま一つは比較文学比較文化課程だった。いずれもナショナルでなくインターナショナル、ないしはインターカルチュラルな志向をもっていた。その大学院で日本における外来文化の受容の問題を学際的に調べる必要性が強調されたのは当然であったろう。

ところで数ある「西欧の衝撃と日本」の問題の中で、特に掘り下げねばならぬと本書の著者が感じた一つは、昭和維新の志士との対比における明治維新の志士と西洋との関係である。明治維新の志士は「尊王攘夷」を主張して幕府を倒したが、天下を取るや開国和親に転じ「旧来ノ陋習《ろうしゅう》ヲ破リ天地ノ公道ニ基クベシ」と西洋に学ぶべきことを宣言した。そこには世界認識のリアリズムがあった。西洋列強に比べて日本が弱小国であることを認めた明治維新の志士には性格の強さがあった。そこが「昭和維新の志士」とおだてられて、いい気になって尊皇攘夷の決戦をやらかそうとした、昭和の軍人の性格の弱さと違う点である。後者は戦《いくさ》を止めることを言い出せなかった。私はそんな昭和の軍人に反感を抱いていただけに、明治の人を、軍人を含めて、見直そうと思ったのである。私の師の島田謹二は比較文学の手法を日本海軍軍人の外国体験に適用し『ロシヤにおける廣瀬武夫』を著した。夷敵を一面では憎みながらその文明を学ばねばならぬとするアンビヴァレントな二面性のある心理 love-hate relationship に私が関心を寄せる所以で、「尊皇攘夷と開国和親」の問題を鷗外作『津下四郎左衛門』をとりあげることで繰り返し論じたのもそんな気持があったからである。ちなみに国文学科出身の鷗外研究者にはそのような問題意識はおよそ見られなかった。

文化の衝突にまつわる愛憎並存という心理的葛藤は、これから先も頻発するであろう。グローバル化の圧力の下で伝統的美徳は損なわれやすい。となれば国粋主義的反動は生じるだろう。しかし注意すべきは、だからといってもはや鎖国へ後戻りはできない、という歴史の不可逆性である。となればこれからの世代は「智識ヲ世界ニ求メ」るだけでは不十分であり、地球社会の一員として、能動的に外に向けて積極的に自己を主張して、相手と対話し、相手を説得せねばならない。日本人はもはや国際社会で学習するだけの受動的な学生会員にとどまるべきではなく、普通の会員として対等の交際を求められる。時には役員として指導せねばならぬこともあるだろう。そのことをわかりやすいように教師レベルに問題を置き換えて説明すると、日本人教師や学生は外国語を学び外国作家や作品を研究するだけでなく、自己についての見識を蓄え、外国語を用いて進んで自己の知見を発信し、相手の誤りを指摘し、相手の関心をひきつけることによって、その存在を示さなければならない。そうしなければ競争相手から私たちは自分自身を守ることすらもできなくなる。そして守るためには自己についての正確な認識がなければならず、しかもそれを外国語を用いて上手に説明しなければならない。しかしそのような外国語での自己主張は母語でも業績を出した人によってのみ可能な対外発信なのである。

なぜそのようなことに注意するのか。自己を空しくして相手を学ぶ学生は、熱心であればあるほど対象に同化する。相手に惚れこみ、相手の価値観に則ろうとする。一辺倒になりやすい。相手を自国に紹介することが自己の使命だと思い込む。しかし私はその種の方通行的な受身の態度は学生としては良いが大人としては問題があると考える。一例をあげるなら、中国に惚れこんで親北京となるのも結構だが、それだからといって米国との関係を軽視したり、民主主義国台湾を無視したりされては日本人として困るのである。私はチャイナ・スクールの学者も外交官も警戒するが、しかしそれと同様、西洋派の社会科学者や人文科学者も、またイズムの徒も——たとえばラディカル・フェミニストなど外来の主義主張を奉ずる者も、不信とまではいわずとも不審の眼で見ている。そして新しい一つの抽象的な主義や理論を奉じて万事を割切るよりも、新しい一つの外国語を学んで具体的に細部を見て感じて相対的に考える方が、長期的には実《じつ》のある結果を生み出すのではあるまいか、と内心考えている。philosophy は多くを約束するかに見えるが結果はむしろ空しく、複数言語を学ぶ philology は労は多く進みは遅いかに見えるが豊かな実りをもたらす、というのは昔から言われてきたことだが、それはまた私の学者人生の経験則でもあり、若い人たちに対する老婆《ろうば》心だか老爺《ろうや》心だかの忠告でもある。戦前の旧制帝大・旧制高校の時代、日本の高等教育でもっとも尊重された外国語はドイツ語であった。当時の日本の学者は海外渡航の機会に恵まれなかったこととも関係するが、書籍的知識に世界観を求めた。しかし人間自分で広く世界を旅して世界を観《み》て世界観を造る方が穏当《おんとう》で健全だろう。ドイツ語の権威が日本の高等教育から失せたのは一面では健康な現象かもしれない。理系の学者に比べ文系の学者は一般に学者生命が長いといわれる。それでも理論研究にふけった人は、マルクス主義などイズムを奉じて早く名を成したりもしたが、学者としての賞味期限もまた早く切れた。そのような同僚たちの中にあって私は自分がよもや八十代になってもなお次々と書物を世に出せるとは思っていなかった。それで、はしたないとは知りつつも、自己について語り、その理由を多少考えてみたのである。

三点測量とは、一辺倒を排し、複数の相手を知り、己を知る、歴史や文化の測量術といってよい。過去の日本を国史として見るだけでなく世界の中の日本として眺めることである。複眼で見なければならない。そんな私は、お悧巧さんではないので、東京裁判史観に従うつもりはないが、それだからといって戦前の日本がすべて正しかったと言い張る単純な愛国者の強がりに与《くみ》するつもりもない。

わが国は二十一世紀、国際社会の中でいかに生きるか、読者も米中日三角関係の歴史の中で考え直すと、答えが見つかるとはいわないが、自ずと新しい視角が開けるだろう。発展段階説とか唯物史観とかの理論やイズムを私は敬遠した。というか少年時代、理科教育にどっぷりつかった自分だからこそ、一高社会科学研究会という駒場寮の「モスクワ横町」の一室で暮らしても、空想的社会主義はもとより科学的社会主義なるものも盲信しなかったのだと感じている。そんな私には片仮名の固有名詞を冠した方法論と銘打つものはないが、それでも私なりの学問的アプローチはなくはないので、その来歴を語ることで説明に代えさせていただいた次第である。

日本の生きる道◉目次

第Ⅲ部　日本の進歩派はなぜ時代遅れなのか

第一部　国家の運命

第一章　「安倍談話」と昭和の時代

安倍首相が二〇一五（平成二十七）年八月十四日に出した『談話』は日本人の過半の賛成を得たが、反対もいる。「『戦後七十年談話』は日本人がこれから先、丁寧に読むに値する文献だ」と私がいったら「どの程度重要か」と問い返すから「明治以来の公的文献で『五箇条ノ御誓文』には及ばぬが『終戦ノ詔勅《しょうちょく》』と並べて読むがよい。これから先、日本の高校・大学の試験に必ず日英両文とも出題されるだろう」と答えた。「『教育勅語』と比べてどうか」と尋ねるから「文体の質が違うが、必読文献は『戦後七十年談話』の方だ」と答えた。

日露戦争の世界史的意味

安倍談話は明治日本の努力を肯定する。

……百年以上前の世界には、西洋諸国を中心とした国々の広大な植民地が、広がっていました。圧倒的な技術優位を背景に、植民地支配の波は、十九世紀、アジアにも押し寄せました。その危機感が、日本にとって、近代化の原動力となったことは、間違いありません。アジアで最初に立憲政治を打ち立て、独立を守り抜きました。日露戦争は、植民地支配のもとにあった、多くのアジアやアフリカの人々を勇気づけました。……

明治日本は押し寄せてきた西洋の勢力と戦うことにより独立を全うしたアジアで唯一の国であった。インドのネルーは『自伝』で、十五、六歳のころは日露戦争で日本が次々に勝利をおさめる様に興奮し、毎日、新聞が待ち遠しくてたまらなかった、と回想している（そしてその機会に日本にまつわるラフカディオ・ハーンの心地よい散文も読み耽《ふけ》ったとも語っている）。

安倍談話は日露戦争について率直に述べたので、その歴史観は多くの人の共感を得たのだろう。司馬遼太郎の『坂の上の雲』は、日本人が西洋の大国の東アジア進出にどのように備え、どのように戦ったか、それを陸軍の秋山好古と海軍の真之の兄弟を中心に描いた明治日本の交響曲とも呼ぶべき歴史小説である。昭和四十年以降、日本人が代々愛読し国民文学と化したのは、そうした明治を良しとしたからだろう。

もっともロシア側の見方は異なる。一九〇五（明治三十八）年一月、レーニンは『旅順陥落』という一文で「日本にとって戦争の主要目的は達成された。すすんだ進歩的なアジアが、おくれた反動的なヨーロッパに、取り返しのつかない打撃を加えた」と日本の正義を支持した。しかし一九四五（昭和二十）年八月、ロシアが対日戦争に突入の際、スターリンはそれとは逆の歴史観を述べた。

日露戦争の世界史的意味から説き起こした安倍談話は、一九四五年以来、米英中露のいわゆる連合国側が、勝利した自分たちの戦争はこれを是とし、敗北した日本の戦争は昭和の日中戦争、太平洋戦争にかぎらず、それ以前の戦争もことごとく非としたが、その戦後の歴史観を是正したところに意味がある。

もちろん、あらゆる戦争は悪いという立場もある。それが一九四六（昭和二十一）年の平和憲法の精神だと説く人もいるに違いない。それだから日清・日露の戦いも悪いと主張することはできる。

しかしその際、日本が戦った戦争については日本が悪く、他国が戦った戦争については他国は悪くないとする内外の歴史教科書の解釈ははたして正しいのか。また西洋の植民地支配は正しく日本の植民地支配は悪いという見方は公平か。

サッチャー首相は「私たちヨーロッパ人は植民地化の事業について何も謝る必要はない」と講演し（一九八八年九月二十日）、村山富市は「私たち日本人は植民地化の事業について謝る必要がある」という趣旨にこだわったが（一九九五年）、村山談話が不評で不当なのはその片手落ちの見方ゆえである。どこかバランスを失していはしないか。

事変、侵略、戦争

安倍首相の『戦後七十年談話』については『朝日新聞』は「出す必要がなかった。いや、出すべきではなかった」と二〇一五年八月十五日の社説に書いた。そんな偏した主張の新聞が日本の代表的新聞であり得ることが私には異常に思えるが、長年配達されてそれを読んできた人が「安倍憎し」と口走るのは当然だろう。

大新聞中毒の人たちは、昔も今も井の中の大合唱で、満州事変当時は「暴支膺懲《ぼうしようちよう》」と叫び、太平洋戦争当時は「米英撃滅」と唱え、岸信介首相の時は「安保反対」と喚き、安倍晋三首相の時は「戦争法案」と言った。なおこの括弧内のスローガンの文字は一九三一、一九四一、一九六〇、二〇一五の年に某紙の紙面に大きく出た漢字の四文字である。そんな一部マス・メディアの主張を条件反射的に繰り返す人は絶えない。時々永田町近辺でデモして叫んでいる。しかし近年の違いは左翼系大新聞のこの種の主張をあからさまに批判する人もふえたということである。

ところで注意すべきは「この談話は出す必要がなかった」と主張する人の中には保守派もいることで『談話』の問題点は次の箇所にあるという。

事変、侵略、戦争。いかなる武力の威嚇や行使も、国際紛争を解決する手段としては、もう二度と用いてはならない。植民地支配から永遠に訣別し、すべての民族の自決の権利が尊重される世界にしなければならない。

事変、侵略、戦争について日本語では主語が不特定多数だから一般論として読める。日本が起こす事変も中国がする侵略もアメリカがする戦争も「いかなる武力の威嚇や行使も」してはならない、といっているように読める。では英文ではどうか。

Incident, aggression, war – we shall never again resort to any form of the threat or use of force as means of settling international disputes. We shall abandon colonial rule forever and respect the right of self-determination of all people through the world.

英文でも主語 we を「われわれ人類は」と読むなら人類は「国際紛争を解決する手段としては武力の威嚇や行使も二度と用いてはならない」という道徳的訓辞の一般論のようにも読める。

しかし『戦後七十年談話』は日本の内閣総理大臣安倍晋三の署名だから、主語 we は「われわれ日本人は」と読むべきだろう。そうであるならば、その we が「われわれは二度と武力の威嚇や行使はしない」と誓うのだから、「二度と」という以上、日本は以前には事変、侵略、戦争をしたと認めることになる。そう指摘する人も出てこよう。

では「満州事変」とは何か。文法的・歴史的・政治的に論ずることも大切だ。

どこの国にも自国のしたことはすべて正しいと言い張る「愛国者」はいる。とくに日本のように戦後自虐的な見方が一方的に説かれてきた国では、その反動としてお国自慢的な見方がとかく繰り返されがちになる。おかしな左翼が多いからおかしな右翼も増えるので、情けない話である。こんな悪循環は避けたい。

不幸なことに祖国を弁護する人にはいささか頭が単純な人が多い。だがそんな熱心家が鬱憤晴らしに相手の非を大声で唱えても外国には通じない。相手のいい慰みものにされるのが関の山だろう。

その点、『安倍談話』は外国人をも説得できるようきちんと外国語訳文もつけた。だがそれでもその英文解釈が分かれることは見た通りである。

さまざまな歴史解釈

敗戦直後、満州事変、日中戦争、大東亜戦争について私たちは何と考えてきたか。「五・一五や二・二六で重臣を殺した軍部が悪い」と父。「大欲ハ無欲ニ似タリ。満州国で止めておけばよかった」と兄。「大きな声で言えないけれど、こうして空襲が無くて夜眠れるのは有難いね」と母。それが敗戦一週間後の平川家の会話だった。黙っていた中学二年の私も同感した。

それは占領軍が日本人に勝者の史観を押しつけ、日本左翼が負けに乗じて傾向的な解釈を唱え出し歴史学会を支配する前のことである。

一九四五（昭和二十）年九月、占領軍に逮捕されようとした東條英機元首相が自決に失敗すると「なんだ」と思い、十二月近衛文麿元首相が服毒自殺をすると「今になって死ぬくらいならなぜ軍部をきちんと抑えなかったのだ」と中学生同士が言いあった。

占領軍は巧妙なもので私たちはすでに思想誘導され始めていたが、子供心にも日本側の落度は感じていたのである。

『戦後七十年談話』は「持たざる国」日本が「持てる国」の世界秩序へ挑戦するにいたった背景をこう説明している。昭和四年「世界恐慌が発生し、欧米諸国が、植民地経済を巻き込んだ、経済のブロック化を進めると、日本経済は大きな打撃を受けました」。

一九二九（昭和四）年十月二十四日、ニューヨーク株式市場が大暴落した。暗黒の木曜日といわれ世界恐慌が始まった。すると資本主義の没落が予言され、マルクスやレーニンの主張は正しかったと喧伝《けんでん》された。世界の先進国で正義感の強い若者が社会主義を支持するようになった。世界中が思想的に赤化したのである。

ロシアだけでなくヨーロッパ諸国でも日本でもアメリカでもそして中国でも共産主義がはやった。カナダのＥ・Ｈ・ノーマンなどもその一人である。

こんな個人的な思い出がある。

一九四九（昭和二十四）年、大学生のとき、資本主義に対する社会主義の優位は自明のごとくに語られた。日本共産党の議長になる野坂参三が皇居前広場で「第一次世界大戦で世界の六分の一は社会主義になった。ソ連邦である。いまや三分の一がわれらの陣営となった。中華人民共和国が加わったからである」とアジ演説をするや、万雷の拍手に包まれた。

だがソ連も中国も人類の理想郷ではなく、その悲惨な実態はじきに世界に知れ渡った。ソ連や中国の共産化も地上の天国も、強制収容所で作業させようが文化大革命をやろうが実現しなかった。

経済のブロック化

そんな体験があるからリーマン・ショックなどの資本主義経済の機能不全が発生しようと、上海大暴落が起きようと、昔の社会主義体制へ戻ろうという声は中国でも出なかったのだろう。

世界恐慌のあと米英仏蘭などは本国と植民地または政治上の同盟国などが一体となって重要な商品の自給自足をはかり、相互に特恵を与え、商品の市場を確保した。通商の自由をそのブロックの中だけで認めた。

植民地のある豊かな「持てる国」the haves はそれでよかったが「持たざる国」the have-nots は困った。英仏は先進植民地大国として「持てる国」だった。それに対して独伊日は「持たざる国」だった。そのような三国が一九四〇（昭和十五）年に枢軸同盟を結んだについては心理的必然性がなかったとはいえない。

その中で日本は、孤立感を深め、外交的、経済的な行き詰まりを、力の行使によって解決しようと試みました。国内の政治システムは、その歯止めたりえなかった。……満州事変、そして国際聯盟からの脱退。……そして七十年前、日本は、敗戦しました。

『安倍談話』で保守派論客の意見が分かれるのはこの満州事変をめぐる評価である。日露戦争の後、ポーツマス条約で日本はロシアから関東州、南満州鉄道などの権益を譲り受けた。それで満州に関東軍という日本陸軍が駐屯することとなる。関東とはこの場合、山海関の東、いいかえると万里の長城の外、すなわち歴史的には漢民族支配の土地ではなく、漢民族を支配して清王朝を開いた満州人の父祖の地であった。

ウラジオストックがある沿海州はいまロシア領だが、大中華主義の人にとっては満州も沿海州も台湾も琉球列島も歴史的には中国領と言い張るかもしれない。

中国は一九一一年、滅満興漢《めつまんこうかん》の辛亥革命《しんがいかくめい》で清朝を倒し孫文が共和制を宣言したが、国家統一は出来ず、それから三十八年間、強力な中央政権はなかった。「チャイナは国名ではなく地名か」という疑問や議論はそれだけ長く続いた。

第一次世界大戦で英国は同盟国日本に協力を要請、日本は青島《チンタオ》のドイツ植民地を一九一四年に制圧した。それだけの力はない中国だが、それでも一九一七年にドイツに宣戦を布告した。実質的に戦争はしなかったが中国は戦勝国の一員であると主張し山東半島のドイツ権益の回収を求め、日本が引き継ぐことに反対し、連合国がその要求を無視するやヴェルサイユ会議をボイコットした。

第二次大戦で中国の国民党軍は日本と戦い、共産党の八路軍はその脇役に過ぎなかったが、近ごろ対日戦で勝利したのは共産党の中国だと言い張る。それと似たすりかえだが、これが中国の論の立て方の常套《じょうとう》だろう。

だとすると第一次大戦以後の中国の反帝国主義運動の正体とは何か。かつての華夷秩序《かいちつじょ》の復活を狙う大国願望であり、習近平の中国の夢とは反帝国主義的帝国主義なのかもしれない。いや、それに違いない。

満州問題とは何か

一九二〇年代、大陸では反日デモが行なわれ、国権回復を叫んで日系企業や商店が襲われる。匪賊《ひぞく》は横行し、南満州鉄道はしばしば襲われ、邦人が虐殺された。在満日本人の不満が蓄積する。

しかしそれでも昭和四年七月から濱口雄幸《はまぐちおさち》ついで若槻礼次郎《わかつきれいじろう》首相の民政党政府の時代、幣原喜重郎《しではらきじゅうろう》外務大臣は日中の「共存共栄」を主張した。

共存共栄には相手の協力も必要なのだが、中華民国は国家統一が出来ていない。国家としての体裁をなさず中央政府の力は及ばない。日本人が大陸で虐殺されても、責任者を逮捕もできない。

それに当時も昨今と同様、中国側は日本商店の破壊者を「愛国無罪」扱いにしたのだろう。日本国内で幣原外務大臣は軟弱外交と呼ばれたが、それでも日本は辛抱した。となると非は必ずしも日本側だけにあったのではないのではないか。そのような趣旨はリットン調査団報告にも出ている。

もっとも人民中国側の歴史観は唯物史観が建て前だ。日本は近代国家になるに際しては国外に原料供給地を求める必然性を秘めていた、よって日本は明治以来一貫して中国を侵略し続けてきた、といい、幣原外交も「経済侵略」と目している。

北京の大学院生は日本史知識の多くを井上清の著書の中国訳に依拠していた。前世紀の末、彼地で私が教えていた時に井上解釈を繰り返す者がいたから「君、文化大革命を支持した教授の説など引いていいのかね」といったら黙ったことがあった。

満州事変勃発当時、東京の参謀本部作戦課長として満州問題の担当となった今村均は第二次世界大戦の最中ラバウルの司令官だったが、戦後、獄中で次のように『今村均大将回想録』（自由アジア社、第二巻『皇族と下士官』「露営の悪夢」の章）に記した。

今次大東亜戦争の惨敗により、日本歴史上に未曾有《みぞう》の汚点を印し、言語に絶する忍辱《にんじょく》と苦難とを同胞に喫せしめたことは、真に申し訳けのない罪責ではある。

「大東亜戦のもとは、支那事変であり、支那事変のもとは、満洲事変だ。陸軍が何等国民の意志と関係なしに、満洲で事を起したことが、結局に於て国家をこのような破綻にあわせた基である」との国民の批難には、私のように、この事変の局部的解決に成功し得なかった身にとっては、一言も弁解の辞がない。

私自身も、関東軍幕僚は、よく中央と協調し、機の熟する迄、隠忍すべきであったと思わないわけではない。けれども現地満洲に駐屯していた将校の身になってみれば、毎日毎日、幾千居留民が「又満人にぶたれた」「つばをはきかけられた」「うちの子供が学校へ行く途中、石をぶちつけられた」「家の硝子はめちゃめちゃにこわされてしまった」「排日排貨運動で、店の品物は一つも売れない」「満人はもう野菜を売ってくれなくなった」「満鉄は満洲側の妨害、彼のつくった併行線のため、もう毎年毎年赤字つづきで、持ちきれなくなってしまっている」と連続泣きつかれ、それ等の事実を、眼の前にしていては、血のつながっている同胞の苦境に、ことごとく同情し、憤慨に血をわきたたせるようになったのは自然である。

我が外交機関の行なう幾十の抗議なり、交渉なりは、一つとして彼に顧みられず、軍の幕僚以下、鉄道沿線に駐屯している部隊将兵の昂奮がもう押えきれないようになってしまったのはやむをえなかったこと。更に大きく見て、この時分の我が民族は、米、濠等の排斥により、海外への発展は不可能になり、毎年増殖する百万以上の人口処理は、その道を閉ざされ、……この儘に経過したのでは、民族はまさに窒息せしめられる。どうしても、近い亜細亜の内に、生存の余地を求めるよりほかにしかたがないように、窮迫せしめられてもいた。

……だから私は、満洲事変は、国家的宿命であったと見ている。板垣、石原両参謀とは事変に関し、多くの点で意見を異にはしたが、此の人たちを批難する気にはどうしてもなれない。

問うべき責任

満州事変は対外的な関係で是非が問われもするが、しかし私はそれより先に日本内部の問題として是非が問われてしかるべきことと考える。

それというのは日本国家はそのころから政府と軍部とがそれぞれ勝手に動き出した。そもそも満州事変は日本政府の知らぬところで関東軍の石原莞爾《かんじ》以下の幕僚が画策し、昭和六年九月十八日に自作自演で満鉄を柳條湖《りゅうじょうこ》で爆破して、それを口実に満鉄沿線を十九日には制圧した。十九日東京の若槻内閣は閣議で事態不拡大の方針を決めた。軍中央も一応従った。

ところが関東軍の要請で満州に向かっていた朝鮮にいた日本軍は、待機するよう中央から指示されていたにもかかわらず、二十一日林銑十郎《せんじゅうろう》朝鮮軍司令官が独断で部隊を満州へ越境させた。すると軍中央はその承認を強く政府に迫り、二十二日、閣議の経費支出承認と奉勅命令下達により、越境が追認された。

軍事的には成功し日本は満州国を建国させたが、国際政治的には失敗で、その証拠に以後日本は国際社会の中で孤立を余儀なくされた。

では、なぜ軍部が独断専行できたのか。それは日本の世論が関東軍を支持したからである。具体的にいうと新聞は多数の特派員を満州に送り込んで現地報告には大きな見出しをつけた。「暴戻《ぼうれい》なる支那兵、日本の権益侵害」として「敢然として自衛のために起ち上がった」関東軍を後押しした。

『朝日新聞』は政治面では民政党内閣の国際協調路線を肯定していたが、社会面では暴支膺懲の勇ましい大見出しが躍った。「砲火の下に激戦を観る　新聞記者の一番乗り　決死・前線へ進む　不意打ちに我軍の苦戦　忽ち鮮血の河」。

この記事で名をあげた満州特派員こそ、戦後『朝日』のコラム「天声人語」を担当した荒垣秀雄で、当時の国民感情に「ボーレイなるシナヘイ」「ボーショーチョー」という叫びがアッピールしたからこそ『朝日』の売り上げは一割のびたのである。『朝日』は特派員も十人から三十八人にふやし、飛行機をはじめて使って戦場写真を送らせた。

「満州事変、そして国際聯盟からの脱退」と『戦後七十年談話』では日本が選んだ誤った路について述べているが、一九三二（昭和七）年六月日本の衆議院は満州国承認決議を満場一致で可決。内田康哉《やすや》外務大臣は八月の衆議院で「国を焦土《しょうど》としても満洲国を承認する」との決意表明をした（その十三年後の一九四五年、日本は事実、焦土と化した）。だがそのような「焦土外交」発言も、一九三三（昭和八）年三月松岡洋右《ようすけ》全権の「国際聯盟脱退」演説も日本国内の愛国的感情を煽り、日本の国際的孤立を促した。そして国際関係の悪化に伴い必然的に軍部の発言権の増大をもたらしたのである。

下剋上

中央の上からの命令ではなく関東軍の板垣征四郎《せいしろう》、石原莞爾以下の幕僚が満州で事変を起こしたのだが、それがうまくいった。となると政府も後からそれを承認する。その際、勝手に軍を動かした石原以下を処罰したかというと、処罰どころか功績として認めた。そんな評価を下してしまえば下剋上《げこくじょう》はもはやとまらない。今村均が獄中でトイレット・ペーパーに書き記した回想録は昭和日本のもっとも優れた自伝だが、その先にこう書く。

しかし乍ら、満洲事変というものが、陸軍の中央部参謀将校及外地の軍幕僚多数の思想に不良な感作《かんさ》を及ぼし、爾後《じご》大きく軍紀を紊《みだ》すようにしたことは争えない事実である。之《こ》れとても、現地の人々が、そうしたというよりは、時の陸軍中央当局の人事上の過失に、起因したものと私は感じている。

板垣、石原両氏の行動は、君国百年の為と信じた純心に発したものではある。が、中央の統制に従わなかったことは、天下周知のことになっていた。

にもかかわらず、新に中央首脳者になった人々は、満洲事変は、成功裏に収め得たとし、両官を東京に招き、最大の讃辞をあびせ、殊勲の行賞《こうしょう》のみでは不足なりとし、破格の欧米視察までさせ、しかも爾後、これを中央の要職に栄転させると同時に、関東軍を中央の統制下に、把握しようと努めた諸官を、一人のこらず中央から出してしまった。

之を眼の前に見た中央三官衙《かんが》及各軍の幕僚たちは「上の者の統制などに服することは、第二義的のもののようだ。軍人の第一義は大功を収めることにある。功さえたてれば、どんな下剋上の行動を冒しても、やがて之は賞され、それらを拘制しようとした上官は追い払われ、統制不服従者が、之にとってかわって統制者になり得るものだ」というような気分を感じしめられた。

又、上級責任者たる将官の中にも、幾らかは「若い者の据えたお膳はだまって箸をつけるべきだ。へたに参謀の手綱《たづな》をひかえようとすれば、大抵は評判をわるくし、己れの位置を失うことになる」と思うような人を生じさせ、軍統帥の本質上に、大きな悪影響を及ぼした。

このように中央の統制を無視して満州事変で「大功」を立てた板垣征四郎、石原莞爾の両人に惚れこんだ民間人もいた。満州の奉天で一九三五（昭和十）年息子が生まれるやその人は感謝と希望をこめて二人の名前から「征」と「爾」を拾いわが子の名前とした。日本が生んだ世界的指揮者、小沢征爾の名前はこうした事情に由来する。

日本は亡びる

小沢の父のみならず満州在留の多数の日本人にとっては日本軍の勝利と満州国の建国は喜びそのものであったろう。内地でも国民は「軍に感謝」し信頼した。新聞は政治家や官僚の悪口はいうが軍人の批判は控える。だから一般の国民は軍部だけは清潔で立派だと思いこむ。するとそのような風潮の中で次々にクーデターが計画された。昭和維新の志士などと呼ばれた血気に逸《はや》る壮士や青年将校が日本の首相や重臣を暗殺する。ロンドン軍縮条約に賛成した首相濱口雄幸は銃で撃たれ、重傷を負い、後に死亡する。

満州事変の成功が軍の自信を高め、そんな気運に押されたためだろう、昭和七年五月十五日には満州国の独立承認を躊躇《ためら》うとみなされた犬養毅《いぬかいつよし》首相が殺害される。ところが世論は下手人の助命を求め人々は嘆願書に進んで署名する。そうなると一国の首相を殺した将校たちに、軍法会議は死刑判決を下すこともできない。「国を救う者は自分たちだけである」という青年将校の動機の純粋に世人が同情したからである。

その裁判のころ竹山道雄はまだ若い一高教授だったが、伯父の岡田良平枢密顧問官に、

「青年将校たちは死刑になるべきでしょう」

というと老人は答えた、

「わしらも情としては忍びない気もしないではないが、あれはどうしても死刑にしなくてはならぬ」

竹山「しかし、もしそうと決ったら、仲間が機関銃をもちだして救けにくるから、死刑にはできないだろうといいますが」

「そうかもしれぬ」と老人はうなずいて、しばらく黙った。そして、顔をあげて身をのりだして、目に口惜しそうな光をうかべて語気あらくいった。

「もしそんなことになったら、日本は亡びる」

そのとき竹山は「亡びるというのは大袈裟だなあ——」と思った。しかし、後になって空襲のころはよくこれを思い出した——「やっぱりあれは大袈裟ではなかった」。この印象的な一節は竹山道雄『昭和の精神史』第五章に出ている。

終戦内閣総理大臣として降伏を受諾し、平和を回復した鈴木貫太郎海軍大将は戦争中に口述した『鈴木貫太郎自伝』の最終章で、この五・一五事件についてこう述べている。

犬養さんは満洲の独立に反対した。そしてそう云ふ策動家の手先になつた軍人が、遂にあの暴行を敢てしたのであつたが、その後の仕末に到つては誠に遺憾の点が多い。私共の其時の感想から云へば、如何なる理由があるにしても、あの暴徒を愛国者と認め而《しか》も一国の宰相を暗殺した者に対して、減刑の処分をして、一人の死刑に処せらる、者がなかつたと云ふ事は、如何にも国家の綱紀から見て許すべからざる失態であつたと思ふ。その為めに政治の大綱が断ち切られた様な気持ちがした。

もしあの場合に真実に政治に明るい者があつたなら、もつと厳格に処分しなければならなかつただらう。それが緩やかであつた為めに遂に二・二六事件を引起した。二・二六の起る温床は五・一五の跡始末の不結果に依るところが大なりと思ふ。真に遺憾に堪へない次第である。

因果は廻る小車

満州事変後五年、陸軍部内で統制がとれなくなって行く様を今村均は「因果《いんが》は廻《めぐ》る小《お》車《ぐるま》」といって次のように書いた。当時石原は中央の要職を占め、今村は満州に転出していた。一九三六（昭和十一）年は二・二六事件が起き、岡田啓介総理大臣、斎藤実《まこと》内大臣、鈴木貫太郎侍従長、高橋是清大蔵大臣、渡辺錠太郎教育総監ら昭和天皇の信頼の厚い重臣が皇道派の青年将校らによって襲撃された。廣田内閣が成立し、陸海軍大臣・次官を現役とする決定がなされた年だが、八月末には四川省で日本人記者二人が、九月初めには広東省で日本人商人が殺された。満州にいる関東軍がまたなにか画策しているらしい。

統制される位置にあった石原参謀が満州事変の功によりやがて抜擢され参謀本部の最重要位置の作戦部長の職につき、下を見渡すと、己れの勢力地盤であった筈の関東軍の参謀どもさえ、とかくに己れの指示に反した勝手の行為をくりかえす。次第に業《ごう》をにやし、昭和十一年秋、飛行機で新京の軍司令部にやって来た。……当時私は、逆に石原部長のおる参謀本部より、統制される関東軍参謀副長の職にあった。

軍の関係参謀六名程が、参謀長板垣中将の官舎に集合し、石原作戦部長を迎えた。石原少将は、自信に満ちた態度で、関東軍の参謀連を前にし、口を開いた。

「諸官等の企図している内蒙工作は、全然中央の意図に反する。幾度訓電を発しても、いいかげんの返事ばかりで、一向に中止しない。大臣総長両長官は、ことごとく之を不満とし、よく中央の意思を徹底了解せしめよとのことで、私はやって来ました」

内蒙工作というのは、外蒙のソ聯軍の情報機関が、次第に内蒙古に侵入し、その地歩を確立の上、中国本土と満洲国内とに、赤化の手を延ばそうとしていることに対し、関東軍は之を遮断するため、内蒙古最大の有力者、徳王という蒙人を傘下に収め、その支持下に、諜報機関を内蒙古に配置の上、ソ軍機関竝《ならび》に蔣政権機関の活動を、控制しようとする計画の実行であり、板垣参謀長の意図にそい、武藤章大佐、田中隆吉中佐等が中心となり、工作を進めていたものだ。

武藤大佐が笑顔で語りだした。

「石原さん！　それは上司のいい付けを伝える、表面だけの口上ですか、それともあなた自身の本心を、もうしておられるのですか」

「君！　何をいうのだ。僕自身内蒙工作には大反対だ。満洲国の建設が、やっと緒《しょ》につきかけているとき、内蒙などで、日ソ、日支間に、ごたごたを起してみたまえ。大変のことになるぐらいのことは、常識でもわからんことがありますまい」

「本気でそう申されるとは驚きました。私はあなたが、満洲事変で大活躍されました時分、この席に居られる、今村副長といっしょに、参謀本部の作戦課に勤務し、よくあなたの行動を見習い、その通りを内蒙で、実行しているものです」

そういうや否や、他の青年参謀どもが、口をあわせて哄笑《こうしょう》した。石原氏は、当年の盟友であり、先輩である板垣中将の顔に目をそそいだが、中将は何も発言せず、座は白けきってしまった。

関東軍は東京中央の参謀本部石原作戦部長の不拡大方針に従わない。一九三七（昭和十二）年七月、盧溝橋《ろこうきょう》で事変が起きるや、北支駐屯軍は参謀長と池田純久参謀は中央訓電により事変不拡大につとめているが、それ以外の参謀の大部は、それを奉じようとはしない。今村が満州から支那事変に対する関東軍の対策意見書を持って東京の参謀本部へ出頭すると、石原部長の不拡大主義に同意している部下は河辺《かわべ》虎四郎大佐以外は一、二名のみで、他は殆んど全員、部長の意図を奉じようとしていない。

陸軍という国とそれ以外の国

陸軍は自分たちが気に入らない内閣だと陸軍大臣に辞表を書かせる。そうすると内閣は総辞職せざるを得なくなる。それで阿部信行陸軍大将が内閣総理大臣になった。一九三九年初秋のことである。阿部はもともと陸軍の中堅層が推したから内閣首班となった人である。だがそうして成立した阿部内閣も、それに引き続く米内《よない》内閣も、陸軍によって壊された。当時は陸軍大臣は現役とする定めがあったから、軍の意向を代表する陸軍大臣が辞職すれば内閣は総辞職せざるを得なかった。

昭和の軍の中堅将校の政治的発言権がいかほど強かったか。日中間の戦局は行き詰まったまま、対米改善の努力は功を奏せず、阿部は内閣を投げ出した。阿部は元老西園寺公望《きんもち》の私設秘書である原田熊雄に内閣総辞職の三日後に語った。

「今日のように、(日本の中に)まるで二つの国——陸軍という国と、それ以外の国とがあるようなことでは、到底政治はうまく行くわけがない。自分も陸軍出身であって、前々からなんとかこの陸軍部内の異常な状態を多少でも直したいと思っていたけれども、これほど深いものとは感じておらなかった。まことに自分の認識不足を恥じざるを得ない……」

そして松岡洋右を外相とする近衛内閣が成立するや、一九四〇（昭和十五）年九月二十七日に日独伊三国同盟は締結される。

このように国家意志の決定が強力な中央政府によってきちんとなされなかった理由は何か。大日本帝国憲法に欠陥があり、首相が軍の総司令官となれなかったからである。

明治憲法体制の日本は元老と呼ばれた明治維新の元勲たちの協力があってこそ機能した組織であったから、君臨すれども統治せずの原則に立憲君主が忠実に従う限り、昭和日本が政府と軍という双つの頭のある蛇のごとくのた打ち回ったのは必然的帰結であった。

しかし明治末年から大正・昭和前期を通し、日本には首相に権限を集中するための憲法改正の動きは見られなかった。自分たちの手で憲法を改正できない国民は憲法を自分自身のものとして使いこなせない国民というべきであろう。

満州事変を惹《ひ》き起こした関東軍の板垣征四郎、石原莞爾以下は東京政府の意向を無視した。その独断行為の軍事における成功により、日本は以後軍部主導のいびつな軍事国家となって行く。だから彼らの対内的責任は大きい。

だが、対外的責任はどうか。排日運動に苦しんだ在満邦人は関東軍が悪いとは思わなかったろう。しかし満州がきっかけで大陸の泥沼に足をつっこみ、そこから抜け出せないまま大東亜戦争に突入を余儀なくされ、緒戦《しょせん》の戦闘で大勝をおさめたものの、戦争そのものは大敗に終わった我が国である。結果的にアジア南方諸国に独立をもたらしはしたが、各地を戦場と化し、夥《おびただ》しい被害を与えた。

日本が「進むべき針路を誤り、戦争への道を進んで行きました」という首相の歴史認識は正しい。日本「国内の政治システムは、その歯止めたりえなかった」。

チャーチルの日本観

外国はそんな日本をどう見ていたか。日本が真珠湾を攻撃し米国が参戦したと聞いて「これでこの戦争に勝てる」と喜んだのが中華民国の蔣介石と英国のチャーチルだったことを思えば、ルーズベルトに嵌《は》められて勝目のない戦争に踏み切った日本はやはり愚かであった。日米開戦の直後、ワシントンを訪問したチャーチル首相は米国議会で一九四一年十二月二十六日こう演説している。チャーチルの軍国日本理解がかなり正確だったのは、チャーチルがかねてから日本の駐英大使らとも接触し、日本の政情について説明を受けていたからではあるまいか。

日本の政策を過去数年にわたり支配してきたのは政治結社の若手有志や陸海軍の下級将校である。かれらが歴代の内閣や議会に対してその意志を押しつけてきた。彼ら少壮将校や運動家たちは自分たちの積極的・攻撃的政策に反対する政治家を次々と暗殺した。

自分たちの激越な政策に対する支持が十分でないとする政治家をも暗殺した。

この種の結社の中核分子は自分たちの侵略計画と初期戦闘の勝利の見通しに目が眩《くら》み、日本国内の賢明で慎重な判断を下す勢力の反対を押し切って日本を戦争に突入させたのである。まちがいなく途方もなく大きな企みに乗り出したのである。


戦争前のアメリカ人は日本をみくびっていた。そして事実その程度の産業力のわが国であった。日本から米国への輸出品は生糸と私の小学校の地理教科書に出ていた。そのアメリカでは自動車産業がすでに発達し中古車は捨てる。その屑鉄を買ってきて日本では中小企業がものを作っていた。

米国は一九四〇（昭和十五）年七月に石油・屑鉄を輸出許可制にし、航空機用のガソリンは輸出停止にした。一九四一（昭和十六）年六月に日本軍が南部仏印に進駐するや、七月に米国は在米の日本資産を凍結、石油輸出を全面的に禁止した。このままでは石油は備蓄が無くなり海軍は動けなくなる。日本は追いつめられた挙句、一か八かで開戦に踏み切らざるを得なくなる。

米国のフランクリン・ルーズベルト大統領は黄色人種の日本が先に手を出せば孤立主義の米国民も憤慨し参戦に賛成するだろう、自国米国の参戦なしに英国だけではヒトラー・ドイツを打ち負かすことはできない、と考えて、日本が承諾できるはずもない要求

（ハル・ノート）を十一月二十六日に野村吉三郎《きちさぶろう》大使に手交した。いかにも悪辣《あくらつ》だが、そこがキッシンジャーはじめユダヤ系外交家の人々から称賛される大政治家ルーズベルトたる所以である。日本は追いつめられた挙句というが、先方としても日本の南部仏印進駐などを座視するわけにもいかなかったのであろう。

市民と戦闘員の死傷者の比率

安倍首相の『戦後七十年談話』は戦争の犠牲にふれる。

先の大戦では、三百万余の同胞の命が失われました。祖国の行く末を案じ、家族の幸せを願いながら、戦陣に散った方々。終戦後、酷寒の、あるいは灼熱の、遠い異郷の地にあって、飢えや病に苦しみ、亡くなられた方々。広島や長崎での原爆投下、東京をはじめ各都市での爆撃、沖縄における地上戦などによって、たくさんの市井《しせい》の人々が、無残にも犠牲となりました。

一九四五（昭和二十）年三月九日夜、四月十三日夜、五月二十五日夜の三回の夜間東京大空襲を私は目撃した。それまでは一万メートルの高度からする軍事施設への爆撃であったのが市民の殺傷を意図する焼夷弾《しょういだん》攻撃に変わった。これは国際法違反だと満十三歳の少年も思った。

戦争で兵隊が敵兵を殺すことは殺人罪にならない。しかし非戦闘員を意図的に殺害した場合は犯罪になる。攻撃の正当不当はそれだから市民と戦闘員の死傷者の比率で測ることができる。日本がハワイ真珠湾奇襲でアメリカ太平洋艦隊の主力を大破したからといって（アメリカ市民の死者は六十八名）、アメリカが広島で日本の市民を二十万人殺して良いことか。日本について無知な米国人は「日本人は悪の権化《ごんげ》」という宣伝にのりやすかった。日本人は悪者というプロパガンダに国民が乗せられていることをいいことに米国指導者が原爆投下を強行したのだとすれば、それこそ戦争犯罪の最たるものである。

だが一部の人は、日本を原子爆弾を落とすに値した悪を犯した国として描き続けることによって、原爆投下の正当化にとつとめるに相違ない。

過去を直視して未来へ

だが、憎しみは述べるまい。日本は犠牲者を出したが外国も犠牲者を出した。戦場と化した地域では無辜《むこ》の民も死ぬ。安倍首相は内外の犠牲にふれ、アジアの人々が歩んできた苦難の歴史を胸に刻むとともに、寛容と和解と互いの戦死者の慰霊についても語り、さらにこう述べる。

……日本では、戦後生まれの世代が、今や、人口の八割を超えています。あの戦争には何ら関わりのない、私たちの子や孫、そしてその先の世代の子どもたちに、謝罪を続ける宿命を背負わせてはなりません。しかし、それでもなお、私たち日本人は、……過去の歴史に真正面から向き合わなければなりません。……

ヴァイツゼッカー独大統領もドイツ敗戦四十年談話で「当時子どもだったか、まだ生まれてもいなかった人たちが自ら手を下していない行為について自らの罪を告白することはできません」と述べた。その通りである。

私はこの時代を生きてきた一人として過去に目を閉ざさず歴史と向き合って、述べるべきことを今までも述べてきた。日本が自由、民主主義、人権といった基本的価値を揺るぎないものとして堅持する国であることを、日本の子孫のためにも、また近隣諸国の人々のためにも、私は祈っている。

第二章　日本再生への処方箋
――愛すべき日本、学ぶべき明治

まえがき――『朝日新聞』の敗北

「次の総理は誰か」というアンケートに答えて、『文藝春秋』二〇〇五年五月号にも二〇一一年七月号にも私は安倍晋三氏をあげた。安倍氏を良しとした理由に「首相には朝日社説と逆のコースを行く人がいい」と書いた。それというのは敗戦後の『朝日新聞』は社会主義陣営に色目をつかい、全面講和論を主張して吉田首相の単独講和や岸首相の安保改定に反対、中国の文化大革命に理解を示し社会面では日本の学生にも造反有理を煽動した。『朝日新聞』は戦後の大切な節目に日本国民を誤誘導《ミスリード》してきたといわざるを得ない。そんな見方に反撥したかどうか知らぬが、『朝日』は安倍氏を目の仇に一大キャンペーンを張り、事実、第一次安倍内閣の倒閣には成功した。だがその後も執拗な攻撃を加えたにもかかわらず、鳩山由紀夫・菅直人両氏の失態と民主党内閣の無策もあって、安倍氏は見事に自民党総裁にカムバックした。これは裏返せば、『朝日新聞』など日本を否定的に見ることに意味を見出してきたマスコミの敗北であろう。

では安倍首相の再登場によって、かつて安倍叩きに生き甲斐を感じた左翼ジャーナリストは前非《ぜんぴ》を悔いかつての誤誘導が国益を害したことを認めたかというと、そうは見えない。紙面を政治的に操作することに権力者の自己満足を覚える新聞人たちである。選挙に出て政見を述べて戦おうとせず、マスコミを使って政治をする。そんな姑息《こそく》な連中はいまも政敵を陥れる機会を狙っている。

そんな新聞は昔は『朝日プラウダ』と陰口を叩かれた。表面では中立公正を標榜《ひょうぼう》しながら紙面を利用して政治運動をしたからである——四十年ほど前、私は腹にすえかねて『朝日プラウダ』記者何々殿と書いて同社に抗議文を送ったことがある。すると先方もさるもの、ユーモアを解する人で「私は『朝日プラウダ』の何々記者ですが」と名乗って電話を掛けてきた。それで二人とも電話口で笑った。しかし昨今では『朝日人民日報』記者何々殿と呼ばれたならば、さすがに相手も恥ずかしくて電話もよこさないだろう。社会主義の祖国ソ連邦は崩壊し、人民中国が人民の天国でないことは見え見えになってしまったからである。

しかしイデオロギー的な親露・親中路線の記者は減ったが、それでも心情的に中国の肩を持つ人は温存されている。毛沢東の後継者と目された林彪《りんぴょう》の逃亡と死亡を認めずかたくなに報道を拒否した親中派の秋岡元北京特派員など中国ではその後も数十年間の長きにわたり中日友好人士として大事にもてなされてきた。中国語の新聞に秋岡家栄《いえしげ》の名が大きく好意的に報道されたことが何度もあった。朝日新聞社からは近年も、中国特派員を辞めた後、北京の日本向け宣伝誌『人民中国』の編集部に天下りした者がいた。こんな様では公正な中国報道がされるはずはない。これでは日本外務省のチャイナ・スクールの役人がたとえ北京の外交部へ天下りしても、新聞はそれを批判できなくなるではないか。それともあれもこれも職業選択の自由のうちか。

しかし新聞人にはコミンテルンのスパイであったゾルゲに協力した尾崎秀実《ほつみ》記者を理想化するような人もいる。少なくとも以前はいた。日本帝国主義と戦うべくスターリンを助けて刑死したから尾崎は偉い、英雄だ、という評価らしい。だが日本軍部が悪であったとして、スターリン主義がそれを遥かに上まわる巨悪であったとしたら、どうする。「偉大な同志スターリン」に奉仕したことがそれほど立派か。

そんなバランスを失した世界認識も行なわれたマスコミ社会である。新聞人や大学人の中には国際的な反日連合を組むことに生き甲斐を感じる人はこれからも出るだろう。それだから日本再生の処方箋《しょほうせん》を述べる際には、有効性のある処方を述べ、優先順位に留意し、古びた左翼だけでなく愚かな右翼をも斥け、揚げ足を取られぬよう注意せねばならない。以上はまえがきである。

日本人が憲法に「不当に縛られた」と感じなかった理由

日本再生の処方箋は自国を愛し、かつ世界を愛する日本人を育て、地球社会の中で日本が名誉ある地位を保全することにある。だが問題はその何をどのように愛するかだろう。

日本再生の出発点は戦後レジームからの脱却に相違ない。しかしこれとてもなるべく世界の多くの人の理解を得て実現せねばならない。世論調査では国民多数は自衛隊の存在を肯定している。これは憲法上の文言通り日本が戦力的に丸腰のままであってよいとは世間が思わなくなっているからで、日本人は、日本が武力を持つことから生じる危険性よりも、日本が武力を持たなければ相手につけこまれるという危険性により大きな危惧《きぐ》の念を抱き始めた。今の日本では内村鑑三・矢内原忠雄流の非戦論者が信用を博しているとは思えない。日本にはほかにも絶対的平和主義を奉ずる団体はあるが、失礼ながらカルト集団の要素が強い人々ではなかろうか。

だが日本の戦後レジームを特徴づけるものは、よかれあしかれ、一九四六年憲法である。「平和を愛する諸国民の公正と信義に信頼して、われらの安全と生存を保持しようと決意した」という美辞のもと、日本は一九四六（昭和二十一）年五月三日に公布された憲法によって防衛力を放棄させられた。それればかりではない。武力を持つことが疚《やま》しいことのように教育されてきた。戦後民主主義世代の寵児《ちょうじ》であった大江健三郎氏は女子大生に向かって「自衛隊員と結婚するな」という檄《げき》を飛ばして喝采を博した。東京大学が防衛大学校出身者の大学院入学を認めなかった時期もあった。世間に反戦気分が強かったとき左翼の教授たちは学内政治を支配できたのである。自衛隊ナンバーの車で自衛隊関係者が面会に来たために衞藤瀋吉教授が活動家学生たちに取り囲まれたが、ほかの教授はその騒ぎを見て見ぬふりをした、というか衞藤教授の悪口を言ったのは一九六〇年代の後半である。二〇〇六年、防衛大学校で小泉首相、防衛庁長官に引き続き私は第五十回卒業式に来賓代表として祝辞を述べた。そのとき首相に「日本のほかの大学の卒業式に行かれたことがありますか」とうかがうと「ない」との返事であった。防衛大学校はそれだけ大切な教育機関である。それにもかかわらず、その文官教授になることすらためらう人も出たほど日本には軍隊アレルギーが強かった。これは何を意味するか。米国によって敗戦国に押し付けられた憲法であるが、多数の日本国民は軍備の放棄を決められたことを必ずしも不当と感じなかったのではあるまいか。

戦後体制によって日本は不当に拘束されてきたと国民の多数がなぜ必ずしも感じてこなかったのか。

第一に、満州事変以来の日本の軍部の独走に対して日本人が非常な不信を抱いたことが軍事力による国際問題の解決の放棄という新憲法の理念の歓迎となったのであろう。

第二に、アメリカ軍の占領時代、日本は戦争中と同じような言論統制の下にあった。戦前の日本の内務省の伏字の検閲よりもはるかに狡猾で悪質な、検閲をしたことの痕跡すら残さない、占領軍当局の情報操作もあった。それもあって日本の大多数の国民は新憲法は自分たちの憲法だと感じたのだろう。新憲法を歓迎した日本人が多かったことは憲法発布の時期に生まれた男子に「憲一」、女子に「憲子」という名前が多いことからもわかる。「検閲は、これをしてはならない」と第二十一条に明記された憲法を、一九四六年、アメリカ占領軍は公布させた。しかし総司令部はひそかに検閲官を動員し、私信を開封して日本人のこの憲法への反応をチェックしていた。問題はこうしたダブル・スタンダードで日本占領に成功したという事実がアメリカ本土ではほとんど知られていないことだろう。

そのような戦後レジームを日本側が進んで受け入れた、日本民衆は「敗北を抱きしめた」という事態が生じたのは、心理学者岸田秀氏の言い方を借りれば、甘言をもって処女を奪われた女が強姦されたという事態を認めたくないために和姦だった、自分から男を抱きしめたと言い張っているようにも思える。しかし私は米軍占領下の情報操作の不当不正を、独立回復後六十年以上も経つ日本がいまなお言い立てるのはおかしいと思う。これはあくまで私たちの問題であって、たとえ改正が難しい硬性憲法であるとはいえ、日本人がなぜ憲法を自分たちの手で破棄ないしは改正しようとしなかったかという自分自身の問題として論ずべきである。では日本が独立した後も憲法改正に進まなかったのはなぜか。

日本の上層部は新憲法が占領軍によって日本に押し付けられたことは承知していた。現在の東大教養学部に相当する旧制の第一高等学校で、一九四八（昭和二十三）年春、全員が講堂に集められ憲法制定に関係した法学者の特別講演が行なわれた。一九四六（昭和二十一）年、法学者が呼び出されて行くと憲法草案とその英訳を見せられ意見を求められた。「ところがある条は日本語原文がないのにその英訳なるものはすでにありました」そう聞かされて学生はどっと笑ったが、法学者の発言の狙いは「この新憲法なるものは、実際は日本人が起草したのではなく占領軍が原文を日本側に押し付けたのだ」という真実をそれとなく伝えるためでもあったろう。

しかし、憲法制定過程の不当を承知する政治家も、学生をはじめとする知識層も、このような憲法と、それとうらはらに結ばれた日米安保条約という米国の占領体制を継続させる拘束を敗戦国としてやむを得ぬものとして甘受してきた。朝鮮戦争が勃発したこともあり、日本の防衛は米国に依存するという他力本願に私たちはいつしか安住してきた。というか日本は国際社会では主役の役割を演ずる能力に不足すると感じた吉田茂首相以下の指導層とともに、国民多数もむしろその依存的な同盟関係を良しとしてきたように思われる。

島国の目出度さ——絶対不敗と絶対平和

日本が長い平和を享受できたのは、隣国と陸続きの国境をもたない島国という地理的事実と関係する。私の少年時代、お国自慢は「日本は外国に敗れたことはない」という日本人の武勇を信ずる気持だった。その絶対不敗神話を信じて、世界を敵にまわして戦おうとした陸海軍の青年将校が出てきたについては戦前の軍の学校の教育が誤っていたと考えざるを得ない。絶対不敗を確信したものだから、負けた場合は日本がどうなるか、などとは考えもしなかった。かりにもせよ敗北を想定することは皇国不滅を信ずる者として不忠不義である、良からぬことである、と禁忌《きんき》にふれるように思っていた。東條英機は真面目人間の学校秀才だったから、日本にも敗戦という可能性はあるということを正面から考えることが出来なかったのではないか。少なくとも日本有力者たちとそのような可能性について公然と議論はしなかった。

わが国が武士階級によって長く統治されたのは歴史的事実で、その旧士族出身者たちが指揮官として活躍したからこそ日清・日露の戦争に勝利できたことは疑いない。しかし日本がかつて異民族に征服されなかったのは、尚武《しょうぶ》の伝統があったからというより周囲を暴風も発生する海で囲まれていたという地理的事実に由来する。それが幸いした。英仏海峡は泳いで横断する人も出るが、日本を大陸から隔てる朝鮮海峡や対馬海峡を泳いで横断することはできない。

しかしその地理的安全性は、今や交通手段・武器運搬手段の急激な発展によって失われつつある。ところがそうした時代にはいっても日本の絶対平和を主観的に確信する人たちは、日本が外敵に侵入される可能性はあるということを正面から考えることが出来ない人たちなのではないか。霊魂不滅を信ずる信者だからといって、日本不滅を保証もないのに主張してもらっては困る。日本が人民解放軍に占領された場合はどうなるか、という場合を想定すること自体が良からぬことのように思っているのだとしたら、お人好しで、無責任といわざるを得ない。

戦前の日本の絶対不敗の信念と、戦後の日本の絶対平和の信仰は、一つの同じコインの表裏なのではないか。

私たちが自衛隊というかなり優秀な軍隊を実質的に保有するのは、憲法の文言を忠実に尊重していないからに他ならない。だが、日本国民はそのような軍事力の存在を一方では容認しつつ、しかも憲法は改定せずにそのままにしておいてよいと考える人が多い。このような現実糊塗《こと》を続ければ将来は次のような可能性もあり得る。今後局地で軍事衝突が生じ、出先の日本自衛隊指揮官が、攻撃を受けた同盟国軍の援助を行なった際、それがたとえ現行法規を破る集団的自衛権行使にあたる行為に出たとしても、国民世論はその指揮官の行動を必ずや是として支持するであろう。そして政府も法律解釈を変更してその措置を追認するかもしれない。しかしこれは法治国家としてはきわめて忌々《ゆゆ》しき事態である。そのような危険な可能性があることを念頭に、ここでは思い切った二者択一を国民に求めるべきである。すなわち「現行憲法は改正しない。その絶対的平和主義の理念を尊重し、軍隊機能のある自衛隊は廃止する」というA案と「現行憲法は改正し、軍隊機能のある現在の自衛隊は国防軍と改名してそのまま存続させる」というB案の二つに一つを国民に選ばせるべきではないか。少なくともそのような二者択一形式で世論調査を繰り返すべきだ。そしてこのような明確な二者択一を日本が国民に求めることは世界の多数国に日本の憲法改正の正当性を了承させることともなるだろう。

日本人がなぜ大胆な自己変革に動き出さないのか。それは第一に、かなり多くの日本人は日本の現状を転換せねばならぬほど悪いと感じていないからである。高齢化しつつある日本は保守的傾向を強め、現状維持的になる。そして第二に、第一次安倍内閣のころに安倍晋三氏が主張した「戦後レジームからの脱却《だつきやく》」という主張は、「脱却」がポジティヴな建設的な提案でなく、そのスローガンの具体的内容が必ずしもはっきりせず、様々に解釈し得るから内外の一部の人は不安を覚えたのである。

脱却とは何を意味するのか。一九四六年に施行されたマッカーサー憲法の改正か。自衛隊の国防軍への変更か。皇室の安定した将来のための皇室典範の改正か。『教育勅語』の復活か。――そうした戦後レジームからの脱却後の将来像への不透明性も手伝って、安倍提言を目して「日本の右傾化」と評する向きが出た。一部大新聞はいまや惰性的左翼と化し、韓国、中国、また西洋の一部左翼メディアと連動して「戦後レジームからの脱却」に疑義を呈している。しかし私は責任ある言論機関に問いたい。日本は現状維持のままで良いのか、と。そしてまた同時に「戦後レジームからの脱却」を主張する人にも問いたい。「戦後からの脱却」は結構だが、それがそのまま「戦前への復帰」であって良いのか、と。私はそうあってはならないと考える。「勝者の裁判」は斥けるべきだが、東京裁判史観の否定が戦前の軍部の行動の是認となってはならない。また現状維持派に問いたい。愛国主義を口にすることは戦前への復帰だと言うのか。その違いを正確な英語で海外へ向け繰り返し発信する必要がある。また国内へ向けても明確に説明する必要がある。*1

敗北的平和主義から積極的平和主義へ

「自由」と「民主主義」を尊重する日本を内外に向け繰り返し主張することは大事だが、それをより実感的に世界の人々に具体例によって知らせることが大切だ。

外国の例を挙げる。戦争に懲りた日本国民は敗戦後、永世中立国となることを望み、東洋におけるスイスを夢見た。そのように平和を希求することは結構で、私も平和主義を奉じたく思う。スイスは近年こそマネー・ローンダリングなど財産秘匿に手を貸して著しく評判を落としたが、第二次世界大戦中は自由主義諸国の尊敬をかちえた。なぜか。それは小国スイスがドイツの隣国でありながら反ナチスの亡命者を受け入れ彼らを保護し、ドイツ側の圧力に屈せず、毅然として積極的武装中立を貫いたからである。国民皆兵のスイスは外敵の侵入があれば国をあげて戦う意志を示したから、ナチス・ドイツは軍事強国ではあったが、スイスを敵にまわして戦うことは利益なしと判断し、攻撃を控えたのである。

私は平和主義をいうならこのような積極的平和主義を奉じたい。そのような政治的原理と政治的叡智を国民へ浸透させ、敗北主義的平和主義を払拭《ふっしょく》し、日本人としての誇りを抱かせることが、広い意味での教育の再生ではないだろうか。日本を愛することが、排他的に日本を良しとするのではなく、世界を愛することに通じることを内外に示さなければならない。一国主義的愛国主義だけでは不十分である。

日本は暮らしやすい国だからといって、若者が自閉的に中に閉じこもってはならない。教育的に考えてこれからの日本の若者に外国人の友人ができやすい学校環境や社交の場を創りたい。日本の受験体制に合わせることを優先するあまり、ニューヨークで勤務する日本人が子女を日本人経営の塾に通わせ、帰国後のセンター試験に備えて死んだ英語の勉強をさせる図は滑稽である。日本の教育は日本だけでなく世界にも共通して世界を益するという視点が大切だ。閉鎖的で排他的な教育体系を精緻に作り上げて何になる。センター試験の成績もさりながら、それより外国の子供と生きた外国語で遊ぶことの方が大切だ。

半沢直樹のドラマでは日本の男女は「出向」の語に怯《おび》えている。それは主流は海外や地方に出向しない人間によって構成されるということが暗黙の前提になっていればこそであろう。これからは日本人のキャリヤーの主流が国外への長期「出向」体験者であるような官庁・企業へと方針転換をはかるべきではなかろうか。優秀な外国人や異質の体験のある分子が加わることで省庁間・職業間・国際間での横断的な交流が活性化するなら結構なことではあるまいか。

人間はいい国であればその外国へ移り住みたくなる。そのような社会的観点から日中関係を価値観的にどう認識するべきだろうか。

二十一世紀にはいり中国富裕層は海外の不動産を買うなど資産を海外に移す動きが活発化した。中国人で日本に帰化する人は動機は様々だが、年に四千人ほどである。「留日反日」――日本に留学すれば反日になるという説を例の左翼マスコミは流したが、実相は逆らしい。[*2] 帰化した中国人が日本に信頼感を抱く理由は「日本の民主主義制度の完備」がもっとも多く、次は「公務員の責任感が強く真面目」「日本人は法律と約束をきちんと守る」であるという。こんなに日本を評価してよいのか、と驚かされるが、帰化した人はそれだけ現在の大陸中国に批判的なのだろう。その人たちがこの国で働いて努力すれば報われる環境を整備したい。そうした人々を日本が公平に受け入れ保護することが日本の価値観外交のあらわれである。そのことをこれから先は公然と述べるべきではなかろうか。従来の日本政府は事態を荒立てることを惧《おそ》れ、共産圏から亡命を希望する者が出たときは、彼や彼女を日本には亡命させず、本国に強制送還するような非人道的な真似はしないが、それでも日本からは出ていただいて第三国に行くよう手配し、アメリカ合衆国などに受け入れ方を要請してきた。しかしこれから先は政治亡命者が日本でももっと住めるよう受け入れ態勢を整えてはどうだろうか。戦後の擬似日中友好の固定観念からの脱却も考える必要がある。

中国との政治体制の違いを説け

日本は一国主義的愛国主義への回帰は説くべきではない。またアジア主義も言い立てるべきでもない。いまの日本は中国人の留学生も観光客もビジネスマンも歓迎するが、しかし中国との政治体制の相違を明言することは必要であり、政治的には「和して同ぜず」を基本とすべきである。小沢某のごとき朝貢外交的な卑屈な態度はとるべきではない。先方が謝罪をしつこく求めるならば、麻生副総理などが北京へ行き、要人などと会談する折にテレビの前で、改革開放以来の中国の資本主義経済の発展を讃え、ついで日本の過去の過ちについて謝罪するがいい。その際たとえば「日本は過去においてマルクスを日本語訳からの重訳で中国に伝えて共産主義が人類の理想であるかのごとき間違った夢を与え、多大のご迷惑を中国人民におかけした」などというのはいかがだろうか。

これはユーモア方式のアプローチだが、先方が非礼なことを言いつのるようであれば、列国代表が居並ぶ席で、人口の一パーセントの支配層が中国的特色の民主を実行して以権《いけん》換銭《かんせん》yǐquánhuànqián（この言葉を中国語で四声を正確に発音することが大切である）、富の四〇パーセントを占めるような国がはたして社会正義を実現している大国と言えるだろうか、と直接方式でずばりと問うのはいかがだろうか。国際広報活動は大切である。

私は東アジア諸国の中で日本のように言論の自由が認められている国に生を享《う》けたことを例外的な幸福と感じている。多くの留学生や各国の訪問教授とつきあい、私自身が東アジア諸国の大学で講義や講演をした体験ゆえかもしれない。私はこの類まれな幸福を誇りに思い、言論の自由を尊ぶ者として、その事実を率直に公言することを憚《はばか》らない。大学を定年で去る時も教授会で私はそのような挨拶を述べた。

日中友好の滑稽な面、日本批判の不快な面

ここで従来の日中友好の滑稽な一面にふれたい。日本の魯迅讃仰者には「良心的」な人が多かった。『藤野先生』によると、留学生魯迅は仙台で医学専門学校の先生の勧めで最初

の下宿から別の家に移った。好意もだしがたく引っ越したら「お蔭で喉へ通らぬ芋がらの汁を毎日吸わせられた」（竹内好訳）。仙台の日中友好人士は、そのような食事を出してまことに相済まぬことをした、と中国側に謝罪の意を表明したが、私見では、これは魯迅が愛読した漱石に触発された文章である。「坊つちやん」はうらなり先生の善意の周旋で「いか銀」から萩野家へ引っ越した。「ここは叮寧で、親切で、しかも上品だが、惜しい事に食い物がまずい。昨日も芋、一昨日も芋で今夜も芋である」。さてそう書いてあるが、漱石が下宿した松山の豪商米九の番頭上野義方で毎日毎晩芋責めにあったかどうかは実はわからない。しかし漱石の書きぶりが面白いから、魯迅は藤野先生の善意で別の家に引っ越して「お蔭で喉へ通らぬ芋がらの汁を毎日吸わせられた」という風に書いたまでだろう。魯迅としては最初の下宿は食事は悪くなかったが、場所が監獄の近くで、先生が「この宿屋が囚人の賄《まかな》いを請負っているので、そこに下宿しているのは適当でない」といってしきりに勧告した。魯迅は「宿屋が囚人の賄いを兼業するのは私に関係のないことだと思ったが」と奇妙なまでに道徳主義的な理由で引っ越しをすすめた日本人の先生をおだやかに揶揄した。その滑稽を強調するために魯迅は新しい下宿では芋がら責めにあったと書いたのだろう。宮川信哉方で本当に毎日芋がらの汁を出したかどうかは実はわからない。しかしその引っ越しを強いたのは宮川と縁のある藤野先生その人だ、などと非難めいた批判をする人も仙台にはいた。

こんな倫理主義的批判は私にはコミカルだが、実はこんなタブーのある不自由な言論空間こそが日本非難を生みやすい土壌なのである。戦後の日中友好運動には日本側に中国批判は言わせないが、中国側に日本を不当に非難する者がいてもそれを咎《とが》めることはしない風潮があった。

言論の不自由な中国だが、日本の悪口をいう自由はいくらでもある。日中関係が悪化すると親日派と思われたくないためにも日本人の悪口を言う者が魯迅の身内からも出た。魯迅の子孫には台湾へ亡命した者もいたから、一族は不審の目で見られやすい。魯迅の息子周海嬰《しゅうかいえい》は二〇〇一年、魯迅は日本人の医者に殺されたという説をぶり返した。

仙台で西洋医学を学んだ魯迅は中国の医学よりも日本の医学を信じた。上海でも日本人の須藤医師にかかっていた。須藤は『魯迅日記』に一六〇回以上も登場する。死亡前夜にも「電話デ須藤先生ニ頼ンデ下サイ。早速ミテ下サル様ニト」という内山完造宛ての日本語メモも残している。主治医の須藤五百三《いおぞう》が魯迅を最後まで診察したが、彼は若い時に日本軍医として北京や台湾で勤務した。するとすぐ次のような論理が組立てられる。日本軍は悪である。よって日本軍医も悪人である。元軍医の須藤が魯迅に対して悪事を働いたに決まっている。魯迅は須藤に殺されたに相違ない。この推理に対して泉彪之助《ひょうのすけ》教授が反論を書き、中国人の魯迅研究者もさすがに須藤医師による殺害説は否定した。

明治日本の躍進をアジアはどう見たか

ここで明治日本の躍進をアジアの若者はどう見たか、なぜ魯迅らが日本へ留学したか、を考えたい。

私たちは「明治期留学生」といえば明治に西洋へ留学しその知識を活用して日本の国づくりに貢献した人たちを思い浮かべる。しかし明治日本のネーション・ビルディングに刺戟《げき》されて中国や朝鮮やベトナムから日本へ留学に来た東洋人がいたことはあまり思い浮かべない。日本の明治維新による近代国家建設の成功例が孫文・康有為・金玉均・アギナルド・ファンボイチャウ・ネルー・ボースらにそれぞれの自国で欧米と対等の国を造りたいという夢を抱かせた。そこから中国人・朝鮮人・ベトナム人の明治後半以降の日本留学も始まったのである。外国へ行った日本人の明治期留学生と日本に来た外国人の明治期留学生とどちらが多かったか。ほとんどの人が「日本人留学生の方が多い」と答える。わが国では留学帰りが明治の国造りに貢献したことはそれほど強く印象されている。しかし明治の留学の成果は学生の量ではなく質によって決まった。日本の成功は数少ない留学生をキー・ポジションにつけた結果であり、実は西洋へ渡った日本人の「明治期留学生」より中国・韓国・ベトナムなどから来日した「明治期留学生」の方が桁違いに数は多かった。*3

大多数の日本人は「坂の上の雲」を目指して進んだ明治を肯定的に捉えている。従来の歴史教科書とは違う、生きた言葉で書かれた血の通った歴史を教えるべきである。『五箇条ノ御誓文』の「知識ヲ世界ニ求メ大ニ皇基ヲ振起スベシ」はいうならば日本のマグナ・カルタであるから、教科書に載せて暗記させるがいい。開国和親の精神は尊皇攘夷の思想よりも大切である。*4

『五箇条ノ御誓文』については私は戦争中の昭和十八年に暗記した。戦後忘れていたが一九四六（昭和二十一）年一月一日、昭和天皇の『新日本建設に関する詔書』の冒頭で『五箇条ノ御誓文』が朗読された。「広ク会議ヲ興シ万機公論ニ決スヘシ」「旧来ノ陋習《ろうしゅう》ヲ破リ天地ノ公道ニ基クヘシ」。これを聞いた時、これは敗戦後の日本でアメリカ進駐軍が説く民主主義の原理そのものではないか、と感じたことをかすかに覚えている。前に小学生として暗誦《あんしょう》していたから、あ、これはデモクラシーの教えだな、と感じ得たのだろう。明治維新以来の日本の近代化の努力、国際主義の方向は正しかったのだ、と子供心に思った。明治の日本人は西洋化すなわち近代化と思って孜々《しし》として努力した。アメリカ占領軍の政策にもそれを引き継ぐ要素があったからこそ昭和の日本人はその路線を引き継ぐことを歓迎したのだと思う。明治の開国の際にも、敗戦後の第二の開国の際にも、平成の現在にも通用する『五箇条ノ御誓文』こそ日本の大憲章である。

一九六五（昭和四十）年『朝日新聞』が日本の現代を明治以来百年の連続と見るか、敗戦によって再び書き直された歴史の一時点と見るかという「明治百年と戦後二十年」という問題提起をした。そのような二者択一ができるはずもなく、明治以来の百年が戦争と専制のみであり、戦後が平和と民主主義であるという見方は独断もいいところである。私が明治期留学生を話題としたのは明治日本の躍進が外国の若者からどのように眺められていたかを間接的に立証するためでもある。*5

では日本はどうして昭和に入って坂の下の泥沼にはまったのか。問題は維新の元勲世代が去り、日本の内部に凝集力が失せ、軍部は軍部、政府は政府と勝手に動き出したことに戦前の最大の制度疲労があった。しかし大正から昭和にかけての日本には明治憲法を改正して内閣総理大臣に権力を集中させるだけの政治的イニシアチヴは出てきようがなかった。明治憲法を「不磨《ふま》の大典」などと呼んでしまったからである。憲法改正は必要なのである。

世界の中の日本

結論する。左翼が間違っているからといって、右翼が単細胞的に左翼反対の論を繰り返すだけでは日本再生はできない。広く国民全体に受け容れられ、かつ世界に通用する教えから説くべきで、その際、優先順位が大切である。グロバリゼーションが進行するにつれ、その挑戦に対応できる若者を計画的に養成せねばならない。地球化が進むにつれ、日本人はアイデンティティーを次第に脅かされる。さらなる開国を余儀なくされ、苛立つ人はふえるだろう。外国に曝される機会がふえれば自己中心的なナショナリストもふえる。このような心理的反動は現在の中国ほどではないが日本にも認められる。しかし日本と外国世界を対立関係として把握するのは間違いである。私は日本の過去について「漢文化によって汚染された」と非難する気はない。それと同様、今日の日本について「西洋文明を排除せよ」と主張する気もない。私たちは自己を偉大にしようとする限りは、他の偉大を容るに吝《やぶさ》かなるはずはない。これからの日本が「ひきこもり」の国であっていいはずがない以上、私は若者が外国人の友人とも親しくつきあえるだけのコミュニカティヴな能力を身につけるよう家庭や学校での教育を希望している。

その際、外からのいわれない非難にたいしては外国語でも上手に反論できる、西洋一辺倒や中国一辺倒でない日本の棟梁《とうりょう》の材を養成するようつとめたい。世界の中の日本を見据えて複眼的思考のできる人材が求められる。日本を知り外国を知り、外国人に対して位負けせず自己主張のできる人、なおその際、日本語の正論が外国語にもきちんと訳され、諸外国の人をも納得させるようにしてもらいたい。正論を説く人が内弁慶の強がりでなく、学問的にも信用できる日本側の主張の発信源になってもらいたいのである。[*6] なお一言提案したい。私は東京大学で外国語教室の主任も務めたが、その経験に照らして率直に言わせていただければ、日本人外国語教授や外務省日本人職員の能力だけではもはや対処できない宣伝戦の時代に入った、と世界情勢の認識をしている。日本政府はもっと多くの優秀なお雇い外国人を活用すべきだと考える。

最後に、親安倍側の支持者には単なる反左翼、戦前回帰の願望者、嫌韓・嫌中、さらには反西洋のナショナリストもまじっているが、その種の人たちからもしポジティヴな未来志向の提案が聞かれないとすれば、その辺が残念である。また反安倍側の人々からも日本再生の処方箋について建設的で具体的な提案を是非ともうかがいたいものである。

（1）かつて談話を発表した村山富市、河野洋平氏の政治的叡智を疑う私だが、しかしだからといって日本の当局者は軽々に「戦後レジームからの脱却」の一環として「村山談話」「河野談話」の否定を海外に向けて言うべきではない。脱却した先に何を目指すか、そのポジティヴな内容を示すことが先決だからである。そもそも日本国内で村山氏に自己の談話を否定させることは難しい。また河野氏本人に自己の談話の非を認めさせることができないでいながら、海外に向けて別の談話を発表しても効果はない。というか逆効果であろう。河野洋平氏が河野談話を基に一部諸外国が行なっている歴史を歪めた解釈や、為にするプロパガンダは自分の真意ではない、という補足談話を発表することの方が先決だろう。それとも韓国の愛国派が親日派の子孫に先祖の墓をあばくことを要求して実行させたように、日本の極端な愛国派が、日本の名誉をいちじるしく傷つけた河野洋平の墓をあばくことをいつか子孫に要求する日が来るのであろうか。

（2）張石「戦後中国人の帰化および対日感情変化のメカニズム」『相互理解としての日本研究』所収、法政大学国際日本学研究センター。

（3）明治期日本人の西洋留学者の留学後のコースは比較的たどりやすく、明治八年から四十五年までに海外へ送られた文部省留学生は六八三人という数がわかっている（ただしこれには外務省、陸軍、海軍から派遣された留学生の数は含まれない。私費留学生の正確な数は把握されていない）。清朝シナで科挙の制度は一九〇四年を最後の年として廃止された。翌一九〇五年日本が日露戦争で勝利するや、中国から多数の留学生が来日した。その数は一九〇五年後半には八千六百余人に達した。

（4）『教育勅語』の復活よりも道徳や情操教育には明治天皇や晶子の歌、『論語』の志士仁人《ししじんじん》の心得を教え、生徒自身に俳句和歌を作らせ、かつ百人一首で遊ばせるがよい。

（5）明治とはいかなる時代だったのか。多くの人は「坂の上の雲」を目指して進んだ近代化を大筋で肯定している。江口朴郎《ぼくろう》教授は東大駒場に新設されたいま一つの大学院課程である国際関係論の主任だった。共産党員だが、維新以来のネーション・ビルディングを評価していた。東ヨーロッパの一部歴史家の主張も氏にその見方の正しさを確信させたらしい（私も中国で「明治維新は中国革命の第一歩」という孫文の評価を聞いた）。その江口教授は比較文学比較文化の島田謹二教授が『ロシヤにおける廣瀬武夫』を出版するや、祝賀会でこの明治軍人の外国体験の研究を絶賛し「島田先生は大学院主任として横綱相撲をとっている」と述べ司会の私を驚かせた。東大紛争の後『教養学部報』で司馬遼太郎の『坂の上の雲』を座談会にとりあげ、さらに「西洋と非西洋」「世界史の中の日本近代」などの総合コースを私が企画すると江口先生から激励の電話がかかった。先生は党員だが教条主義者でなく、司馬も愛読していたと後年御息女からうかがった。明治の開国と殖産興業化路線を否定的に評価する人は、羽仁五郎門下の観念左翼の歴史家は別として、よほど少ないのではあるまいか。

（6）しかし口下手でもメッセージの発信はできる。戦後の日本は言葉ではなくむしろ物によって外国に向けて発信してきた。私が初めて西洋へ行った戦後まもないころmade in Japanは「安かろう、悪かろう」の代名詞になっており「第二次世界大戦前、マルセーユの港で日本製の安物時計がバケツ一杯いくらで売られていた」と聞かされた。「乗用車も造れない国がアメリカと戦争するなんて」といわれたが、私は心中で「乗用車は造らなかったが零戦を造ったぞ」と反論していた。戦前の日本の輸出品は自転車で、一九七〇年代は西洋へまずオートバイ、ついで自動車が輸出されるようになった。デトロイトで日本製自動車をハンマーで叩き潰す反日運動が起こったが、間接的にはあれが made in Japan の宣伝になった。中国の富裕層に日本の良さをアッピールする最良の手段は安全な日本産の食物や医療だろう。命にかかわることについては人間は外国にも助けを求める。反日運動で中国の怒れる若者ともいうべき憤青《フエンチン》や貧困層が日系の百貨店に放火して憂さ晴らしをする。すると安全性の高い食料品や医療品が買えなくなる、大変だ、と中国人の上流・中流の人が内心で思い、中国側で自制心が働くような環境が整うことが一番いいが、しかしそうは問屋が卸さないところが日中問題の難しさに相違ない。

第二部　世界の中の近代日本

第三章　昭和天皇とヴィクトリア女王

――平成二十七年四月二十九日、明治神宮での講演

昭和日本を英国と比較する

昭和天皇の生まれたまひし今日の佳き日にこの緑濃い明治神宮でお話し申し上げる機会が与えられ光栄に存じる。四月二十九日は少年の日の私にとっては天長節と呼ばれた。四大節は元日の四方拝、二月十一日の紀元節、四月二十九日の天長節、十一月三日の明治節で、昭和の日とか文化の日とかいうより天長節、明治節の節《せつ》という漢語でぴたりとしまった呼び方の方が本当に祝日という感じがした。ちなみに節は祝祭の日を意味する。

小学校へ行って鐘が鳴り整列する。『教育勅語《ちょくご》』が奉読され、気持も恭《うやうや》しく引き締まる。校長先生の短い訓辞があって解散。四大節の祝日は学校に集合するが授業はない。それだけ子供心に楽しかった。学校から帰りしなに紅白の落雁《らくがん》のお菓子をいただいて帰宅するから、子供心にいよいよ嬉しかった。

では「昭和という時代」について昭和六年生まれの私がどう考えているか、まず話の要

旨を申しあげる。

昭和は一九二六年から足掛け六十四年続いた。これは英国のヴィクトリア時代が、一八三七年から六十五年続いたのに匹敵する。その間にイギリスは世界で最初の近代産業国家となり、七つの海に覇《は》を制した。それは大英帝国の最盛期であった。ヴィクトリア女王が崩御《ほうぎょ》した一九〇一年は明治三十四年に当たる。その四月二十九日、昭和天皇はお生まれになられた。

昭和には二重のドラマがあった。軍国日本の壊滅《かいめつ》と経済大国の蘇生《そせい》である。かつて降伏宣言を余儀なくされた君主で、その後もその地位にとどまり、国民の敬愛を受け、廃墟の復興と繁栄を目のあたりにした君主は他にない。だが敗戦国が不死鳥《ふしちょう》のようによみがえったことに対して、日本たたきは再開され、戦争責任追及も蒸し返された。しかしヴィクトリア女王に対し阿片《アヘン》戦争の戦争責任を追及する人はいない。立憲君主に法的責任はないからだ。それよりも年配の人は昭和天皇のお蔭で平和が回復されたことを知っている。そんな昭和時代は世界史上の奇跡といっていい。

日本の国史学者は目が日本列島だけに釘付けになって、視野狭窄《しやきょうさく》におちいりがちな人が多い。東西の言葉を習い、各地で生活し、複眼で角度を拡げて、いま述べたように歴史を鳥瞰《ちょうかん》すると、――たとえば、昭和天皇とヴィクトリア女王を較べることで、歴史の意味がよりはっきりと見えて来る。それでは、世界史のなかの昭和史について眺め直してみたい。

子規尚生きてあり

ヴィクトリア女王は一八一九年に生まれた。イギリスがシンガポールを領有した年である。その年英国はニュージーランドなどの占領も始めた。ヴィクトリア女王が一九〇一（明治三十四）年亡くなられた時ロンドンに居合わせた日本人が夏目漱石だが、一月二十二日の日記にこう書いている、

「The Queen is sinking. ほと、ぎす届く。子規尚生きてあり」

女王の重態が「クイーンは沈みつつあり」sinking と新聞に報ぜられたとき、大英帝国の人々には旗艦沈没の連想が浮かんだことであろう。

高浜虚子が編集していた雑誌『ほと、ぎす』がロンドンの下宿に届いた。漱石自身は四年後にこの『ほと、ぎす』に『吾輩は猫である』を連載することで作家としてデビューする。その俳句雑誌を病床で主催したのが正岡子規だが、子規が秋山真之や漱石と親しかったことは知られている。明治三十年、子規は結核性の腰椎骨のカリエスを病み病床二年目、松山以来の幼友達秋山真之が海軍から派遣されて洋行することが決まったと聞いて「君を送りて思ふことあり蚊帳《かや》に泣く」の句を新聞に載せた。

自分は病気で最早立てない。それなのに君は選ばれて西洋へ行く。そしてそのさらに三

年後、今度は東大予備門以来の親友夏目金之助の渡英が決まった。当時の日本は貧しかったから西洋留学は大事《おおごと》で決まると新聞に名前が出た。

そのとき漱石は熊本から夏蜜柑《なつみかん》を下谷上根岸の子規庵に送った。子規はもう雑誌『ほとゝぎす』に書く気力もない。うつらうつらして、

歌よむ位が大勉強の処に御座候。小生たとひ五年十年生きのびたりとも霊魂ハ最早半死のさまなれば、全滅も遠からずと推量被致候。

年を経て君し帰らば山陰のわかおくつきに草むしをらん

という哀れな歌も漱石に送った。しかし子規はそうした時にも笑いを忘れぬ男で、

風もらぬ釘つけ箱に入れて来し夏だいだいはくさりてありけり

折角夏蜜柑を送ってくれたがお前さん気が利かないから夏だいだいは腐ってしまったぞ、と書いた。だが、それだけ言ったのでは折角送ってくれた漱石に悪いから、みんな腐っていたわけではない「ミナニアラズ」と書き添えたところが子規の優しさだった。

ロンドンの下宿に届いた雑誌を開いたら、子規はまだ『ほと、ぎす』に寄稿している。「子規尚生きてあり」とロンドンで漱石は感慨をあらたにした。

「英米」という順番の意味

その夜、女王は亡くなり、二月二日、白に赤でもって掩《おお》われた柩《ひつぎ》がハイド・パークを通るのを漱石は見た。

明治の二大文豪の森鷗外と夏目漱石はそれぞれ留学中に偉大な君主の死去の報に接した。一八八八年ドイツではヴィルヘルム一世が九十歳で亡くなり鷗外の『独逸日記』三月八日には「午後独逸帝維廉病篤き報あり。全都騒然たり」と出ている。翌日崩御《ほうぎょ》した時そのあとを継いだのがフリードリヒ三世で九十九日の統治のあと亡くなる。

フリードリヒ三世の皇后はヴィクトリアといったがイギリスのヴィクトリア女王の娘である。あとをついで二十九歳で皇帝になったのがヴィルヘルム二世でヴィクトリア女王の孫にあたる。ヴィルヘルム二世はヴィクトリア女王がワイト島の離宮で亡くなった時は祖母の死をみとりウィンザー城の礼拝堂で行なわれた葬儀にも参列した。

漱石は背が低いから女王の葬列が人垣で見えない。すると一緒に見物に行った下宿屋の親爺が肩車してくれた。これが日本の陛下がおかくれになり葬列が夜しずしずと進むとなると、まさか肩車してもらって見るわけにはいかなかっただろう。

私が子供のころは、世界一の強国はイギリスということになっていた。英米という言葉の順で覚えたものだから、昭和十六年十二月八日、「米英に対して宣戦を布告」と聞いた時は妙な感じがした。

英語でAnglo-Americanという。これがある朝突然Americano-Angloといわれたら奇妙な感じがするのと同じなのが「米英」という言い方で、これで日本の主要敵が米国だということがわかった。「英米」という言い方は、明治維新で日本が開国してから七十余年ずっとそういわれてきた。

イギリスが七つの海を制したからこそ世界の共通語は英語になり、それで商業取引は行なわれるようになったのである。二十世紀の後半、その英国に取って代わって世界第一の超大国の座を占めたのが米国だから、それで英語は世界の公用語のような地位を確保しつづけているわけで、通信交通手段の発達の結果、英語のグローバル化はさらに進んだ。インターネットの普及に伴い、英語は地球社会の公用語の地位を強めたといえよう。

西洋から学んだもの

ところで、それ以前の東アジアの外交は漢文で筆談で行なわれた。新井白石のような学者が外交折衝にあたったのは上手に漢文が駆使できたからである。徳川時代の日本人の第一外国語は漢文、すなわちチャイニーズである。漢文も中国語も、英語に訳せばともにChineseになる。

明治維新は第一外国語を漢文から英語に切り換えた日本の文化政策上の大転換で、明治日本は政治的に脱亜入欧を図ったといって戦後左翼は非難したが、語学的には脱漢入英したのであり、その最大の旗振りが福澤諭吉だったのである。ちなみにケンブリッジの日本史 *Cambridge History of Japan* に私は「日本が目を中国から西洋に転じた時」を意味する Japan's turn to the West というその時期について書いた。

しかし非西洋の国の中で日本が明治維新を機に、いちはやく目を聖人の国と考えられていた古代中国から近代西洋に転じ、ヴィクトリア朝の英国を模範として文明開化の時代を迎えたことはたいへんな幸福であったと考える。

西洋から学んだものは何か、工業面では何か。産業革命の成果である蒸気船、鉄道などの技術文明である。政治面では何か。立憲君主制である。精神面では何を学んだか。市民社会の倫理と資本主義の精神を学んだ。

資本主義の精神などというと大袈裟だが、ヴィクトリア朝の勤労倫理は一言でいえば「セルフ・ヘルプ」自分で自分を助ける、人に頼らない、という自助の精神である。

十九世紀の英国のベストセラーの一冊は一八五九年、日本の安政の大獄にあたる年に世に出たが、その本の題が『セルフ・ヘルプ』*Self-Help*で、直訳すれば自助論である。著者はサミュエル・スマイルズ Samuel Smiles といった。ナポレオンがロシアに遠征した一八一二年に生まれて、ロシアと日本が戦争を始めた一九〇四年に亡くなった。ヴィクトリア女王の同時代人であり、女王より七年早く生まれ三年後に死んだ。

産業革命のヒーロー

ヴィクトリア女王の時代とは何か、それは産業革命のあとを受け、世界に先駆けて英国に鉄道網が敷かれた時代である。サミュエル・スマイルズは中産階級の出で、いかにも時代を反映しているが、鉄道会社に勤めた。蒸気機関車を発明した人はジョージ・スティーヴンソンだが、個人的に知り合いとなり、スティーヴンソンの伝記を書いた。産業革命の時代のヒーローは貴族でもなければ地主でもない、発明家であり、企業の経営者である。

産業革命は繊維産業とともに発展するが、イギリスの織機王ヒースコートであるとか種痘を発明したジェンナーであるとか、市民社会で自助努力によって名をなした人たちの小伝を書き、それを集めて本にした。それが*Self-Help*で、空前のベストセラーになった。

英国の人口はもともと日本より少なく、しかも民衆の読み書きの能力である識字率は徳川時代の日本より低かったから、ベストセラーといってもそうべらぼうに多く売れたわけではない。二十五万部売れたら、聖書以来の売れ行きと喧伝された。

その『セルフ・ヘルプ』には産業革命の担い手の伝記とともに、それにあわせて市民社会の道徳が物語風に説かれている。それは私などが子供の時に習った昭和初期の修身教科書と同じような徳目である。

ヴィクトリア朝の道徳と日本で説かれた儒教道徳とはずいぶん似ている。英国を追うように産業化を始めたドイツ、イタリアなどでも翻訳されて世界的ベストセラーとなった。しかしその中で*Self-Help*の翻訳がもっともよく売れた国は日本であった。

明治の日本で英語の本が一冊まるごと訳された最初の一冊こそこの『セルフ・ヘルプ』で、明治四年に出た。日本名を『西国立志編原名自助論』という。訳者中村正直は徳川幕府の最高学府である昌平黌《しょうへいこう》の一番偉い儒者だった。

中村は福沢諭吉より三歳年上で一八三二年に生まれた。漢学が抜群にでき昌平黌の筆頭教授にあげられたが、大秀才だから漢学だけでなくオランダ語も勉強し、親友の勝海舟に頼んで上海で出た英漢辞典も手に入れて英語も勉強した。そして一八六六年、徳川幕府の第一回英国留学生がロンドンに派遣された時、副取締として渡英した。幕末期の一番偉い漢学者がロンドンで二年勉強して帰国してみたら、洋学者になっていた。

その人が『セルフ・ヘルプ』を訳して、西洋産業文明の偉大の秘密はこの一冊に説かれている、といったものだから、旧幕府方の若者も明治新政府方の若者もみなむさぼるように読んだ。明治の最大のベストセラーは福沢諭吉の『学問のすゝめ』が三百五十万部で、これは当時の世界の最大のベストセラーだが、次がスマイルズ著、中村正直訳『西国立志編原名自助論』で、明治年間を通じて百万部以上売れた。英本国の四倍の売り上げである。ここまで話すと、ヴィクトリア朝の英国が明治日本と精神的にも繋がりがあることがうすうす感じられるだろう。

「天」の意味の違い

「天ハ自ラ助クルモノヲ助ク」という教えが、具体的な実例によって語られているのがこの本である。「天ハ自ラ助クルモノヲ助ク」は日本でも格言として定着しているが、英語でHeaven helps those who help themselves という。この英語と日本語とはどこがどう違うか。英語の Heaven はキリスト教の「天」でゴッドである。この格言を最初に作ったフランクリンは「神ハ自ラ助クルモノヲ助ク」God helps them that help themselves と言った。アメリカ資本主義の父といわれたフランクリンは、一七五八年、この格言を書きこんだカレンダーを売ることで名を成し、財を成したが、この自助努力こそが、プロテスタンティズムの倫理であり資本主義の精神であるといわれる所以である。

中村正直は英国から日本へ帰る船の上でこの本を読んで、スマイルズに同感した。天を敬い、志を立て、自助努力によって成功し、世のため人のためになすことある人を良しとした。その中村の思想は「敬天愛人」の四つ漢字に凝縮されて表現された。その西洋帰りの中村の考え方に共鳴したのが西郷隆盛で、「敬天愛人」は今では西郷隆盛の言葉として記憶されている。

フランクリンやスマイルズが「天」といったときはキリスト教の「天」だった。それが西郷が「天」というと、儒教の「天」というか日本人が「お天道様」というときの「天」に変わる。いま読者は「天ハ自ラ助クルモノヲ助ク」という言葉を口にするときこの「天」を何と思うか。いかなる宗教の「天」と感じるか。この格言は日本化して「天」はわたくしたちの「天」となっている。日本にも天を貴ぶ勤労倫理は昔から脈々と伝わってきたから、スマイルズの教えは庶民の間では二宮尊徳の『報徳記』などの教えと重なった。士族の間では英国のジェントルマンという理想は、日本の武士という理想に重なった。武士道徳が加味された儒教道徳が日本の士という理想となったのかと思われる。

しかし、スマイルズの本を読んで、日本人は東洋道徳とかいって誇りにしているが、西洋人に及ばないのではないか、と思い知らされたことがある。『論語』には「士ハ身ヲ殺シテ仁ヲナス」と出ている。科挙の試験に合格した中国人も、朝鮮の両班《ヤンバン》も、日本の藩校で学んだ若者もこの句は諳《そら》んじていたであろう。武士は命を賭して主君に仕えることになっていただけにこの句を肝に銘じていたはずである。しかし、中国の士大夫《したいふ》にしても、徳川時代の武士にしても、舟が転覆した時に一身を犠牲にして女子供を助けて死んだ志士仁人《ししじんじん》がいたかというと、そんな話は聞いたことがない。

ところが *Self-Help* には南アフリカの沖で船が岩にぶつかったとき、救命ボートは女子供に譲って、英国の一部隊が船とともに海に没した話が記されている。この話は日本人に感銘を与えた。その教えは日本の士族の子弟にかぎらず広く日本の海員にも伝わって、日本では乗客はボートに乗せ、自分は船とともに沈んだ東海丸の久田船長の話が教科書に載るようにもなった。太平洋戦争中、日本の船は次々と沈められたが、その時、女子供にボートの席を譲って死んだ若い船員は何人もいる。

明治日本の修身道徳

ヴィクトリア朝の道徳と明治日本の修身の道徳はいろいろと似通っている。明治初年の日本では義務教育を施行したが、日本製の教科書はまだできていなかった。それだから『西国立志編原名自助論』が教科書として用いられた。

そのうちに日本人が教科書を自前で作るようになった時も、スマイルズの本を模範にしたから、ジェンナーが自分の子供に種痘の実験をした話など習った人もいるだろう。あれはもとはスマイルズが書いた話である。いまジェンナーの種痘の話が日本の教科書に載らなくなったとするなら、それは日本の海外青年協力隊の貢献もあって天然痘が地球上からなくなったからである。

豊田佐吉の話を習った人もいるだろう。日本の織機王《しょっきおう》豊田佐吉は少年時代『西国立志編原名自助論』を読んで発奮したことになっているが、日本に流布した豊田佐吉の少年向けの発明苦心談はスマイルズが書いたイギリスの織機王ヒースコートの伝記を焼き直して作ったものである。

中村正直は『教育勅語』の原案を書くよう最初に委嘱《いしょく》された人だが、そこに「敬天敬神」という言葉を入れてしまった。政府内にいた井上毅《こわし》がこれに反対した。なんと言ったかというと、「今日ノ立憲政体ノ主義ニ従ヘバ、君主ハ臣民ノ心ノ自由ニ干渉」しない、と述べた。「敬天敬神」を入れてしまうと、明治帝国憲法に述べられている信仰の自由を侵すからといって井上は反対したらしい。そして井上が『教育勅語』を自分で執筆したが、徳育にまつわる教えの部分は、中村正直が伝えたスマイルズが説く市民道徳に近いものである。

明治二十三年に出た『教育勅語』には、

爾《なんじ》臣民、父母ニ孝ニ、兄弟ニ友ニ、夫婦相和シ、朋友相信ジ、恭倹己レヲ持シ、博愛衆ニ及ボシ、学ヲ修メ業ヲ習ヒ、以テ智能ヲ啓発シ、徳器ヲ成就シ、進デ公益ヲ広メ世務ヲ開キ、常ニ国憲ヲ重ジ国法ニ遵ヒとある。このあたりはヴィクトリア朝の道徳と徳川以来の儒教道徳が融合して、明治日本の修身道徳となったものといえるだろう。

ただし、『教育勅語』の「此レ我ガ国体ノ精華ニシテ教育ノ淵源亦実ニ此ニ存ス」という断定的主張は井上毅が書き加えた。この部分は必ずしも歴史的根拠がある主張とはいいがたい。やや肩肘を張った宣言である。

孫を諭す女王

ところで、ある種の道徳は不変のもので、時代が進もうが変わらないと私は信じるが、それでも道徳に流行り廃りがあるのは間違いない。とくにその表現には流行がある。「君ニ忠ニ親ニ孝ニ」という忠孝を基本とした戦前の修身道徳はいつしか古びたのか、世間の人の口にのぼらなくなった。同じようにヴィクトリア朝のブルジョワ道徳も二十世紀にはいると英国では古臭くなった。

ヴィクトリア朝は性道徳が厳しくて、女性のいる前でズボンと言うことすら許されなかった。一夫一妻が強調された。しかし、市民社会には偽善的な面があり、そのため裏ではいろいろあった。

日本でも『教育勅語』に「夫婦相和シ」とあるから「夫婦相和サズ」離婚した人は、帝国大学教授であろうとも『教育勅語』の精神に反しているから名誉教授の称号は与えられない、などという冗談がまことしやかに言われたこともあった。人に対しては恭《うやうや》しく自分の行ないは慎み深く、という道徳が英国でいかに変化したかについてはこんな話がある。

ヴィクトリア女王の孫の一人が、小遣いが足りなくなりおばあ様に無心の手紙を書いた。相手は恐るべきクイーン・ヴィクトリアである。冷たく要求を斥け、質素、節約、勤勉、一言でいえば「恭倹己レヲ持シ」て暮らすように、と孫に手紙で諭した。すると孫はどうしたか。ヴィクトリア女王の手紙を売っ払って二十五ポンドの小遣いをせしめた、というのである。実話でなくてジョークだろうと思うが、*Asimov Laughs Again* に出ている。

そうした次第で、旧道徳はおおいに弛緩《しかん》した。しまいに「セルフ・ヘルプ」を口にするのは笑止千万」という冷笑的な気分が強くなった。英国だけではない。日本の英和辞書にも、*Self-Help* についてただ単に「立身出世の教科書」とすこぶる冷淡に書かれるようになった。かつてはベストセラー作家だったスマイルズが最晩年に書いた自伝は死後出版されたがもう全然売れない。それが何年か経って遺族に本屋から小切手が届いた。さてはスマイルズの人気回復か、と思ったら、倉庫に火災がありスマイルズの自伝の残部が焼けてしまったが、火災保険の金がおりたから遺族にお届けする、とのことであった。

しかし福祉国家に甘えかかって失業保険をもらえばいいという人が増えれば国は衰退す

る。自助努力を軽んずる社会は崩れる。Self-help is the best help である。そのイギリスではサッチャーが首相となるや「天ハ自ラ助クルモノヲ助ク」という教えをふたたび強調して、国家の立て直しに一応は成功した。

英国に頭が上がらない

ここで、英国と日本の関係を精神面とは別の技術面からも見てみよう。実は幕末の日本人が一番痛切に感じたのは、精神面よりも軍事技術をはじめとする理工系の学問の遅れだった。なにしろ幕末の日本人は、西洋の蒸気船に威圧されて開国に踏み切ったのである。

明治の日本は、たしかに近代的な軍の建設に成功した。一九〇四・〇五（明治三十七・八）年戦役でロシアに勝利した。しかし聯合艦隊は旗艦三笠以下、主力艦はおおむねイギリス製で、それをなけなしの予算で買い込んだのである。東郷平八郎大将は日露戦争後、イギリスの造船所を訪問して敬意を表している。英国人諸氏が造ってくれた軍艦のお蔭で日本はロシアに勝ちました、というお礼である。明治の日本人はそれだから英国に頭があがらなかった。

夏目漱石はそんな大英帝国の最盛期にロンドンへ留学したから、日本がいくら頑張っても絶対この英国には追いつけないと心底から思っていた。一九一一（明治四十四）年、『マードック先生の日本歴史』という文章で日本のことを卑下してこう書いた。

吾等（日本人）は渾身の気力を挙げて、吾等が過去を破壊しつゝ、斃《たお》れる迄前進するのである。しかも吾等が斃れる時、吾等の烟突《えんとつ》が西洋の烟突の如く盛んな烟《けむ》りを吐き、吾等の汽車が西洋の汽車の如く広い鉄軌《てつき》を走り、吾等の資本が公債となつて西洋に流用せられ、吾等の研究と発明と精神事業が畏敬を以て西洋に迎へらるゝや否やは、どう己《うぬ》惚《ぼ》れても大いなる疑問である。マードック先生が吾等の現在に驚嘆して吾等の過去を研究されると同時に、吾等は吾等の現在から刻々に追ひ捲《まく》られて、吾等の未来を斯《かく》の如く悲観してゐる。……

漱石はそのような日本の運命に関する未来観を述べた。マードックは日本海海戦というトラファルガルの海戦以来の歴史的勝利を収めた明治日本の躍進に感嘆したが、漱石はそれは過大評価だと言い、悲観的な見通しを述べたのである。日本は明治末年から太平洋戦争にいたる四十年間、英米に対抗しようとして非常な無理をした。日本海海戦に勝利して一等国の仲間入りをし、世界三大海軍国となってしまったものだから、一見大進歩のようでいて、実はそれが悲惨な結果を生んだ。

漱石が見通した未来

日本は戦艦を自前でつくれるようになってから、はたしてそれで国柄がよくなったか。自前で戦艦陸奥・長門などメイド・イン・ジャパンの戦艦を造れたのは、技術的には一大進歩である。それで得意になった。

しかし、それがただいいことだけであったかというと、そうは言えない節もある。日本人が自前で軍人も養成するようになるとどうなるか。言い換えると、明治前半の日本海軍のように外国人の指導を受けずに、日本帝国が純日本製の海軍軍人を養成するようになると、メイド・イン・ジャパンになってからの日本軍人の素質は落ちた。

明治の海軍軍人は、イギリスの造船所まで軍艦三笠の受領に行った。そうすると、英国のドックの労働者は日本の労働者と違ってストライキもする。そうした外国生活で揉まれると、月月火水木金金の海上訓練で揉まれるのとは違う意味で経験を積む。秋山真之や鈴木貫太郎の世代は、そういう国際体験を積んでいた。それだからこそ、世界の中の日本ということが、後の世代の軍人たちよりもよほどよくわかっていたのである。ところが大正・昭和と時代が下るにつれ、国際体験に欠けた夜郎自大《やろうじだい》の連中が威張り出し、日本海軍は無敵艦隊だとか、日本帝国は神州不滅だとか偉そうなことを言い出した。明治の初年、外国人から習った日本人は海軍軍人でも外交官でも、英語できちんと自己主張ができたが、それは四六時中、英語漬けになって暮らしていたからである。実をいえば、平成の日本では国内の秀才コースを経て東大を出た人でも、おおむね外国語漬けの体験を経ていない。そういう人間は英語能力もメイド・イン・ジャパンだから、英語できちんと相手に言い返すだけの力が無い。困ったものである。

それやこれやで昭和の陸軍の中堅将校はお山の大将になり、海軍の中堅将校は井の中の蛙《かわず》になった。その結果どうなったか。漱石の『それから』の主人公代助は明治四十二年、日本は「無理にも一等国の仲間入りをしやうとする。一等国丈の間口を張っちまった」と言った。確かに漱石の死後、四半世紀も経つと、戦艦大和・武蔵などを自分たちの手で造ってなまじい間口を張れたものだから、本人たちは得意になったが、悲惨な無理を国民に強いた。「牛と競争する蛙と同じ事で、もう君、腹が裂けるよ」と漱石は作中人物に言わせたが、その予言は事実的中し、日露戦争の四十年後に日本は腹が裂けて降伏した。

では漱石は正しかったといえるか。日本は、『三四郎』の広田先生が「亡びるね」と予言したとおり、敗北した。一九〇五(明治三十八)年の日露戦争の勝利に引き続く四十年に限っては漱石は正しかった。漱石は昭和前期の日本の顚末は見据えていた。

日本と英国の逆転

しかし漱石も見通せなかったのは、一九四五（昭和二十）年から一九八八（昭和六十三）年にいたる昭和後期の日本の姿である。それというのも漱石の予測と違って、吾等日本人の新幹線は西洋の汽車よりも速く、しかも時間通りに事故を起こさずに走っている、というのもまたまぎれもない事実だからである。そしてそのことはそれとして認めてよいことではあるまいか。

技術競争の栄枯盛衰《えいこせいすい》についていえば、私が小学生だった昭和十年代、地理の時間に教わった日本の輸出品は工業製品ではなく生糸《きいと》だった。世界にさきがけて鉄道網をはりめぐらしたのはヴィクトリア朝の英国である。その鉄道技術は明治維新後、英国の技師のお蔭で日本に導入された。桜木町の駅構内にそれを記念する碑がある。

その日本は敗戦後、産業立国に成功し、復興した。そしてなんと、日本の新幹線技術は英国に輸出されて、しかも嬉しいことに英国側に感謝されている。これから先アメリカへも輸出できるだろうか。日本人は日本の技術に自信を持っている。しかし贈賄《ぞうわい》の技術にかけては中国人は日本人以上に長《た》けているから、中国が各地に高速鉄道を輸出する可能性がないとはとても言い切れない。

ヴィクトリア時代の英国は世界の産業大国であった。英日両国はユーラシア大陸の西端と東端に位置する関係で貿易立国に成功し発展をとげた。かつて英国は造船大国であった。一九五五（昭和三十）年、私が初めてロンドンへ行ったらBritain leads the world in shipbuilding.という大きな垂幕がロンドン市中に張りめぐらされていた。この「英国の造船業は世界をリードする」という言葉こそ英国人の誇りであった。

ところが、戦後は人件費や技術革新で後進国に追い抜かれ始めた。その頽勢《たいせい》を挽回しようとして垂幕を掲げたのである。敗戦国日本だったが、かつて大和や武蔵を造った技術を生かして戦後日本の造船業界は世界に飛躍した。しかし素晴らしいと思ったのも束の間、その日本もまたたちまち後進国の造船業に追い抜かれた。

人間、抜かれると口惜しいものである。英国は一九四五年軍事的な戦争で日本に勝ったと思ったが、その四十年後、経済的な競争では日本に抜かれていた。

英大衆紙の不敬記事

私たちは過去の大戦について考える際に、とかく米日両国の戦争という見方にとらわれがちだが、幕末以来の歴史を眺める際には、英日の優勝劣敗の歴史として見ると、別の視角が開けてくる。ここでヴィクトリア女王と昭和天皇のお話で、話しづらい話題である戦争責任の話にふれよう。今日は二〇一五年、平成二十七年の四月二十九日、昭和天皇誕生日である。ヴィクトリア女王は今から百十四年前に亡くなられたが、昭和天皇は今から二十六年前に亡くなられた。

私は昭和六十三年、西暦の一九八八年九月十九日、イギリスのダラムにいた。そこでヨーロッパの日本関係の学者が二百人ほどダラム城の大広間に集まっていた。全欧日本学会が開かれるその夜、会長イアン・ニッシュ博士が開会に先立ち、

「BBC放送が先ほど裕仁陛下が御不例《ごふれい》であると放送いたしました」

と告げた。seriously ill の言葉に会場はしずまりかえった。その報せは各国の日本学者の念頭を四日間の学会を通してずっと離れなかった。休み時間の話題になっただけではない、天皇御不例の報道に接して、

「裕仁天皇の昭和の日本とは、世界史的に見ていかなる時代であったのか」

という問題意識がはからずも参会者の間にひろまったからである。

イギリスでは昭和天皇御不例のニュースが流れるや、イギリスの大衆新聞『サン』とか『デイリー・スター』が不敬のきわみだが「地獄がこの真に悪逆なる天皇を待っている」という大見出しを第一面につけた。九月二十一日号に Hell's Waiting for this Truly Evil Emperor と印刷した。

これはひどい、趣味も悪い、失礼である。私がそう感じたのは私が日本人で、その私は

立憲君主制の支持者で、裕仁天皇に対し敬愛の情を抱いているからだが、私だけではない。これはひどい、趣味も悪い、失礼である、と感じた人はイギリス人にもいた。

その夜のパーティーの席でもイギリスの日本学者たちはおおむね顔をしかめ、しきりと話題にした。『デイリー・スター』が第二次世界大戦の生き残りの兵士の感想を伝えたのはそういう感想もあるのは事実なのだから致し方ない。しかし『サン』が論説にも見出しと同様の「地獄がこの真に悪逆なる天皇を待っている」と述べたのは許し難い、英国の日本学者たるものよろしく反論を書くべきである、などと口々にいっていた。

「白人の重荷」という主張

千葉駐英日本大使が『サン』の記事に抗議したことは翌日の『タイムズ』にも報ぜられた。このようなタブロイド紙が日本大使に抗議されておとなしく引っ込むはずはない。果たして二十三日付で「ジャップが『サン』紙に打って返した」JAPS HIT BACK AT SUN と面に大々的に印刷した。ただし千葉大使の抗議文もそのまま再録してあった。

そして『サン』紙は「天皇裕仁を戦争挑発者として攻撃した『サン』紙は正しいと思うか、否か」読者は電話で投票せよ、と「イエス」「ノー」の電話番号を出した。

その結果は二日後に出たが「イエス」が三万一千百七票、「ノー」が五千八百五十七票で

『サン』紙は圧倒的に読者に支持されたかに見える。ちなみにこの種の電話アンケートでは新聞の主張に同意する人がまず電話をするのが人間心理で、日本大使館に寄せられた手紙では千葉大使の抗議に賛成の人が多かった。

日本大使が抗議文を送ったのは当然だと思う。言論は自由であるからといって勝手に礼儀知らずのことを言っていいかというとそうはいえない。もしかりに英国のヴィクトリア女王が重態におちいったとき清国シナの新聞が Hell's Waiting for this Truly Evil Queen という見出しの記事を出したとしたら、一九〇一年のイギリス政府や国民がどのように反応したかを想像するがいい。非礼であるとして必ずや国際問題に転化していただろう。

しかし、一八四〇年の阿片戦争で香港を奪ったのはヴィクトリア女王の英国だということを記憶していただろうから、中国人がヴィクトリア女王の悪口をいうのは当然だと中国人で知識のある人は言ったかもしれない。いや、本席の聴衆の中にもヴィクトリア女王の英国は帝国主義で植民地支配を行なった。その子孫のエリザベス女王は中国に対して謝罪せよ、と言い張る人もいるかもしれない。

それでは、英国は自分たちが帝国主義の国として植民地支配を行なった過去をどう考えているのか。英国内にもさまざまな考え方はあるだろう。だが『サン』紙が昭和天皇に対する悪意に満ちた記事を載せたと同じ日、イギリスにかぎらずヨーロッパの高級新聞は保守党のサッチャー英国首相がその前日ベルギーで行なった演説を掲載した。

それはサッチャーがヨーロッパの政治家を相手に歴史について説教するという類まれな格調高い演説で、ヨーロッパ人がわかちもった体験として次のような例を述べた。

たとえば、ヨーロッパ人がいかにこの世界の多くの土地を探検し、植民地化し――そして私はなんら釈明することなく申しあげます――文明開化したかはまことにすばらしい勇気と才覚の物語でありました。

For instance, the story of how Europeans explored and colonised and—yes, without apology —civilised much of the world is an extraordinary tale of talent and valour.

サッチャー首相が言うことは二十世紀の初頭にイギリスの詩人キプリングが言ったことと同じで、白人種は「白人の重荷」white man's burden を背負って野蛮な民の世話をやくために植民地化という文明開化の事業をやったのだ、という主張である。

植民地統治の成功と失敗

そのような旧態然たる正当化を言うのはイギリスの保守党のなかでも頭の固い人だからかと私は思っていた。だがこれが英国の主流の考え方らしい。コータッチ英国大使もイギリスの植民地支配は文明開化の事業だったと言い張っている。

イギリスは香港を中国に返還したが、香港の学生はいまや中国の一方的な支配の強化に抗議している。英国の植民地支配の方がよかったとはいわないが、習近平政権の政治支配には不満を表明している。

台湾の人々も、習近平政権の大陸の共産党勢力によって併呑《へいどん》されるのは真っ平だと不満を表明している。日本支配にも不満はあったが、大陸から来た国民党の台湾支配に対してはさらに強い不満を抱いている。日本警察に取って代わった貪欲な国民党の支配について台湾人は「犬去って豚来たる」といった。

国民党は台湾支配の最初の五百日間に五十年間の日本統治よりも多い台湾人を処刑した。日本が処刑したのが多く匪賊《ひぞく》であったのに対し国民党は台湾のエリートを処刑した。そんなであってみれば台湾人が日本帝国支配の方がまだましと感じたとしても不思議はない。それというのは、世界の植民地統治の歴史で日本の台湾統治ほど土地の人の間で評判がいいのはきわめて数が少ないのではないか。問題は日本が台湾で成功したことで、台湾の植民地統治に成功したことが朝鮮における失敗に繋がったのではないかと私は推測する。

歴史の真実はそんな相違を見分ける眼識《がんしき》にあるのではないだろうか。台湾は中国にとってもともと化外《けがい》の地であり、漢民族の男が海を渡って来て台湾の島の女たちの間に子孫をなした、瘴癘《しょうれい》の地で、治安も確立してはいなかった。

それに対し朝鮮はまがりなりにも一つの文明の国であった。その朝鮮全体を奪うことは朝鮮民族の誇りをも奪うことになったから、その傷が恨みとなりやすい。任文桓《イムムナン》『日本帝国と大韓民国に仕えた官僚の回想』というきわめてすぐれた日本語で書かれた回想録があり、アイルランドの人が大英帝国に官僚として仕えた、そんな立場がよく書かれている。

戦後日本の一大逆転

私は一九三一（昭和六）年七月生まれで、戦前の大日本帝国の栄光も知っている。日本海軍は英米についで世界第三であった。その艦隊が東京湾に集結した威容をこの目で見た。夜、沖の軍艦が避暑地の大貫の浜辺を探照灯で照らし出す。すると、夕涼みの人が「新聞が読める」などと叫んだ。昼間は下駄ばきと呼ばれたフロートを二つ付けた水上偵察機が、おそらく艦載機だろうが、着水して浜辺に着いた。海軍さんは日本人の憧れの的だった。昭和時代は有為転変《ういてんぺん》が激しくてドラマチックな時代であったと思わずにいられない。

私の少年時代は、日本人が素直に自国に誇りを持っていた大日本帝国の時代だった。日本海軍航空隊がハワイでアメリカ太平洋艦隊を撃滅し、その二日後にイギリス東洋艦隊の戦艦レパルスとプリンス・オブ・ウェールズをマレー沖で撃沈した。そして一九四二（昭和十七）年二月十五日にはシンガポールが陥落した。日本の小学生を代表して私はラジオの放送で日本陸軍に対する感謝の祝辞を述べた。しかし昭和十九年になると日本側の敗色が濃厚となり、昭和二十年の三月十日東京の下町が関東大震災の時と同じように焼け、四月十四日夜には山の手が空襲された。明らかに、軍部主導の昭和日本は進むべき道を間違えた。考えれば愚かな戦争であった。辻政信参謀は日米開戦に先立ち「どのようにして戦争終結に持ち込むつもりか」と聞かれて、「アメリカの女は絹の靴下をはきたがるから、戦争が長引けば厭戦《えんせん》気分が生ずるだろう」という不真面目な見通ししか述べなかった。

しかし昭和天皇の御聖断で日本は和平を回復し、天皇制は維持され、日本は経済大国として甦った。昭和天皇は天寿を全うされた。有難いことである。私はそのような日本を誇りに思う一人だが、しかし私のように考えない人もかなりいる。外国世界だけではない。日本国内にもいる。

私は戦争末期の十代も、戦後の西洋留学中の二十代もいつも腹を空かしていた。そして戦後十年ほどは日本が戦前並みに豊かになればいい、と思っていた。小学三年生までは近所のパン屋で気楽にクリーム・パンが買えたがまたあのようになればいい、バナナが食べたい、と思っていた。もはや日本人の記憶にないかもしれないが日本人は戦後十年ほどはバナナも輸入できないほど貧しかった。

ところがその日本人が昭和の末年には英国人よりも豊かになり、日本の大学助教授の方がイギリスの助教授よりも余計に給料をもらうようになった。私は昭和時代の末に自分がアメリカでも日本製の車を乗り回すようになろうなどとは夢にも思っていなかったから、これは歴史の一大逆転であった。

小野田寛郎《ひろお》少尉がルバング島から生還したのは、一九七四(昭和四十九)年だが、そのころまでに東京は見まごうばかりの大都会になっていた。昭和の日本は不死鳥のごとく敗戦後二十九年で復興し、かつての敵国をもしのぐばかりの繁栄をとげている。このことを無事生還した小野田少尉と共に祝賀しようではないか、と音頭を取って言う人が出なかったことが淋しく思われてならなかった。

反帝国主義的帝国主義の日本

最後に、帝国主義の功罪についてヴィクトリアの英国と昭和の日本の功罪にふれたい。昭和日本は戦争に敗れた。負けるような戦争をした日本は愚かだったと思う。しかし立憲君主制の国で女王や天皇の責任は追及できるのか。裕仁陛下が御不例であるとの発表があった後、イギリスの大衆新聞が天皇非難の報道をしたことを最初に紹介したが、その後一九八八年十月一日号の『インディペンデント』には、

日本軍によってなされた残虐行為と裕仁天皇と関係があるように結びつける試みがな

されているが、これはいってみればイギリスで関係者の制服に王冠の徽章《きしょう》がついているからといってエリザベス女王が英国の監獄を個人の責任で管理している、と言い立てるようなものである。あるいはその父君のジョージ六世が第二次大戦中ドイツへの（無差別）爆撃を指揮した、と言い立てるようなものである。

という指摘が出たが、まともな説明と思う。

日本は西洋の帝国主義的進出に張り合ううちに自分自身もまた帝国主義国家になってしまった。日本側のいわゆる大東亜戦争は、反帝国主義的帝国主義の戦争だったのではないだろうか。

日本のコロニアリズムにもよくない面があったろうが、西洋植民地主義にも良い面もあったが良くなかった面は多々あったはずである。謝罪するならばその両面をきちんと見据えてからにしてもらいたい。その点、日本の内閣や政府高官が過去の戦争について発表した「談話」には一面的でバランスを失したものがあった。そもそも日本の外務省内部では、歴史の二面性にふれて外国語で挨拶するための修辞の訓練を全然行なっていない。恐るべき懈怠《けたい》であり、遺憾にたえない。外国語で自己表現がきちんとできない外交官ほど相手の言い分に相槌《あいづち》をうちやすい。私はシンガポールで一九九一年五月三日国際シンポジウムの閉会の辞に、夏目漱石のシンガポール見聞にふれて、こう述べた。

Generally speaking, Japanese travelers one hundred years ago had ambivalent attitudes towards the state of Singapore. They admired Britain for its achievements as a colonial power, but at the same time they resented British expansion in Asia because the positions held by Orientals were extremely low.

However, very fortunately for us all, that era of Western colonialism as well as that era of Japanese imperialism is over. During our lifetime we have witnessed the death of empires, and we are now witnessing the most miraculous emergence of Singapore as a prosperous nation.

（一般的に申しますと、いまから百年ほど前の日本の旅行者がシンガポールの状態に対して抱いた気持はアンビヴァレントなものでした。日本人は一面では大英帝国の偉業に感嘆しましたが、同時に反面ではイギリスのアジア進出に対し鬱屈した感情も抱いておりました。それは英植民地における東洋人たちの地位がいかにも低く抑えられていたからであります。だが私ども全員にとってたいへん幸せなことに、西洋植民地主義の時代も終わりました。日本帝国主義の時代も去りました。私どもはその生涯の間に次々と帝国が死滅するのを目撃したのであります。そして私どもがいま目撃しつつあるのはシンガポールが繁栄する国家としていまここに現出しているこの奇跡的事実であります）

会議にはかつての交戦国の人も、シンガポールの人も、旧植民地の人も出席していたが、右のような平川挨拶に異存はなかった。ただし論文集編集者の台湾の学者 Lin Lien-hsiang 教授の「シンガポールが陥落した時は台湾で子供の私は万歳を叫んで小躍りした」という発言だけは、三年後一冊の書物になる際に、出版元のシンガポール国立大学の手で消されてしまった。

昭和の二重のドラマ

結論を述べたい。

大正デモクラシーに引き続く昭和は激動期だった。その昭和をどう総括すべきか。近代史を論ずるには複眼が求められる。いま視角を拡げて、世界史の中で昭和天皇とヴィクトリア女王を比べてみた。ヴィクトリア女王の時代、英国は外では植民地を次々と広げ、内では世界最初の近代産業国家を築き、大英帝国は最盛期を迎えた。それに対し、昭和の日本は惨敗を喫した。しかし気がつくと、英国を抜く産業大国となっていた。

ヴィクトリア女王の英国も多くの戦争をした。小泉八雲の名で知られるラフカディオ・ハーンの幼年時代を振返ると、英国軍の海外遠征の数々が少年の生まれや育ちに密接に関係していることがわかる。十九世紀中葉、イギリス陸軍はギリシャの島にも進駐していた。ダブリンの大学卒の軍医が島の娘との間に子をなした。一八五〇年レフカダ島で生まれたのがラフカディオ・ハーンである。ハーンは終生、父親を憎んだ。それは戦争花嫁であるハーンのギリシャ人の母ローザに対して父がつれなかったからである。カリブ海から復員してきた父は、ダブリンの生活になじめないローザを見てこの結婚は失敗であると思った。父は引き続きクリミヤ戦争に出征し、ついでインドでセポイの叛乱が起きるや、今度はインドへハーンの母でなく別の女とその連れ子とともに行ってしまい、ローザをギリシャへ帰してしまった。厄介者のハーンは親戚にあずけられ、生涯瞼の母を恋しく思うこととなる。そのようなハーンの父の軍歴からもわかるように、ヴィクトリア朝のイギリスは次々と戦い、時に苦戦したが、しかし日本のような大敗北は喫しなかった。

その昭和の日本とヴィクトリアの英国と比べると、昭和には二重のドラマがあった。一つは軍国日本の壊滅《かいめつ》という大敗北と、いま一つは経済大国の蘇生《そせい》である。注目すべきは、昭和天皇が降伏を余儀なくされながら、その後も君主の地位に留まり、国民の敬愛を受け、廃墟の復興と繁栄を目のあたりにしたことである。

裕仁天皇が地位を保全したについて、歴史家はマッカーサー総司令官が占領を円滑に行なうために天皇の権威を利用したからと説明する向きもあるが、ではなぜ昭和天皇は敗戦後も国民に圧倒的に支持されたのか。それは、天皇の聖断による終戦の決定が玉音放送によって伝えられたからである。

一九三六（昭和十一）年、天皇は斎藤実《まこと》前首相、岡田啓介首相、鈴木貫太郎侍従長らが襲われた二・二六事件の際に激怒し、反軍部ファシズムの態度を内外に示した。日本は昭和二十年、その鈴木貫太郎が首相となり、その努力によって和平を回復したが、その際、日本の終戦意図を察知した米国務省の次官は、かつて二・二六事件の前夜に米国大使館へ斎藤や鈴木を招いた知日派のグルー大使であった。クーデターの際と終戦の際、日米双方には昭和天皇の意を解する人が揃っていた。それだからこそ、平和は回復されたのではないだろうか。

安倍首相の英語スピーチ

敗戦国が不死鳥のように甦り、経済大国になるに及んで日本叩きは再開され、昭和天皇に対する戦争責任も蒸し返された。しかしヴィクトリア女王に対し、阿片戦争の戦争責任や香港植民地化の責任追及は行なわれない。「帝王ハ神聖ニシテ犯スベカラズ」とは憲法上の言いまわしで、君主無答責、すなわち立憲君主に法的責任はないという意味だからである。激怒した昭和天皇がイニシアチヴをとったのは首相の生死すらわからず、また内閣が輔弼《ほひつ》責任を果たせなくなった時だからだった。

また日本の植民地支配を問題とするなら、英仏蘭米の植民地支配こそ問題とせねばならないのではあるまいか。渡米して英国軍と戦ったフランス人のラファイエット将軍が米国独立を助けた英雄として評価されるなら、シンガポールを落とし、南方から西洋勢力を駆逐して、一九四三(昭和十八)年に大東亜会議を開き、ビルマなどアジア各国に独立を約束した日本に植民地解放の功績が全くなかったとは言えないのではないか。

国家には栄枯盛衰がある。私のように傘寿《さんじゅ》を越えて生きてきた者には、その推移に驚かされる。今日、「世界第一の国はどこ」と聞けば米国と答える人が多いだろう。だが戦前、私は幼稚園で、日本は別格として、世界一は英国で「日英米独仏伊中」の順で習った。七つの海を制した英国だからこそ世界の共通商用語は英語になり、それが米国が超大国になるに及んで英語の地位はいよいよ揺るぎないものとなった。

日本では安倍首相までがワシントンで英語演説をやる。あれはアメリカだからというより、世界の共通語はいまや英語だから英語を使ったと考えるべきだろう。しかし、安倍首相のように大喝采を浴びるスピーチを一度されてしまうと、これから先の日本の首相は訪米して英語演説をしなければならない。そう思うとさぞかし気が重くなるだろう。他人事《ひとごと》ながら心配である。

その安倍首相が英語でスピーチしたのは、日米の精神的絆も強くせねばならぬからでもある。しかし戦後の日本には、わざわざ北京へ出かけて「アメリカ帝国主義は日中共同の敵」と宣言した浅沼稲次郎もいた。さすがにその残党はおおむね議席を失ったが、味方か敵か知らないが、その低賃金で人口の多い中国が経済発展をするにつけ、日本を抜く大国となるのは歴史の必然だろう。もっとも国内の貧富の差がいつまでも世界最大のままで、しかも軍事大国にもなろうとしている国は不気味である。外国の軍事的脅威がないにもかかわらず軍備を増強するのは、一党専制の制度は維持したまま国民の不満を外へそらそうとする下心があるからではあるまいか。

天寿を全うされた君主

習近平主席が唱える「中国の夢」が仮に実現し、かつての華夷《かい》秩序が復活して、東アジアの人が中国語を強制される日がきたら、それこそ一大事だろうが、そんな荒唐無稽の夢が実現するはずもなし、一七八九年はフランス革命、一八八九年は日本帝国憲法、一九八九年は天安門事件である。二〇八九年にもなお天安門広場に毛沢東主席の肖像が掲げられているほど中国の歩みは遅いであろうか。一九一七年のロシア革命の英雄レーニンの銅像も八十年後には倒されたことを私たちは想起すべきである。

だが振り返って思うのは、文明の興亡のめまぐるしさである。正義面した『朝日新聞』などのいうことはあてにならなかった。米国と並ぶ超大国と目されたソ連は、昭和前期には社会主義建設の天国のごとくに喧伝された。だが実態は天国の逆で、スターリンの少数民族強制移住だけでも一千数百万人の犠牲者を出した。

中華人民共和国はさすがに大国である。毛沢東の大躍進や文化大革命の際に、ソ連の死者を上回る二千数百万人の死者を出した。

私は人間が単純で正直だから、そんな非文化的な大革命をやらかした指導者の肖像をいまなお恭しく掲げる国でなく、日本人に生まれて、まあよかったと感じている。

ヴィクトリア女王の名前ほど裕仁陛下の名前は世界には知られていないかもしれない。しかし、世界史で昭和天皇のような波瀾《はらん》を経て、しかも天寿を全うされた君主は稀である。君民相和《くんみんあいわ》すというが、日本人が戦中戦後、天皇を敬愛し、誠実な天皇がそれに応えられたからである。有難いことではないだろうか。平成に安んじる人には、そんな古風な国柄はわからないかもしれないが。私は武力による現状変更に否定的な人間で、昭和の日本軍部は国を誤ったと思う。私は自分と同じ戦争世代で不慮の死を遂げた内外の人々を気の毒に思う。しかし自分たちの世代が一身二生の経験、敗戦と復興をともにこの目で見たのは悪くなかった、という感を禁じ得ない。

世界史を巨視的に眺めれば、昭和天皇の時代はヴィクトリア女王の時代に匹敵する時代だったのではあるまいか。

第四章　私たちが尊ぶべき日本の宗教文化とは何か

地球化時代の宗教文化

　グロバリゼーションが外から迫り、内にも呼応する勢いがある。この現象は、新しい黒船の出現に似て、無気味である。だが「地球全体化」が進行すれば、この世界で言語文化的にはマイノリティーの日本語人は、主流ではありえない。一元化しつつある地球社会では、従来とは異なる価値基準が外から無理に押し付けられる可能性は高まる一方だ。例をあげれば、かつての「終身雇用」と呼ばれた安定した日本的雇用形態は外圧により崩れ始めた。私たちの身辺に迫るこの種の変化は、生活に直結するだけに、漠たる不安を与える。日本は変わらざるを得ないのか。

　宗教文明間の接触が濃厚となる二十一世紀、地球で覇を制するのは最終的には西洋文明なのか。だがイスラム系諸民族が、西洋キリスト教文明を起源とするスタンダードに全面的に服することなど果たしてあり得るのか。その困難を予感する歴史家は文明の衝突を予言し、その衝突主体は宗教文明であるとした。その葛藤の際に日本文明はどのように周囲と折り合いをつけるのか。この通信移動手段が不可逆的に進歩する地球社会で、どうすれば日本の特性を主体的に保持しつつ他者と調和的に生きていくことができるのか。

そもそも日本には固有の宗教的アイデンティティーはあるのか。若いとき人は死から遠い。それだけに宗教的意味を深く掘り下げて考えることはない。年とった人も日本国内では他宗教の脅威におびやかされることがまずない。日本人は島国と日本語という地理的・言語的な壁で二重に保護されてきた。そのせいだろうか、私たちは自己の宗教文化的特性を他者に向けて言語化して主張する必要に迫られたことがない。日本人の大半は宗教教育を受けずに過ごしてきた。日本は国家神道だったと占領軍は非難したが、当時中学生だった私はこの批判は妙だという気がした。なるほど戦前・戦中は宮城遥拝《ようはい》などの儀式はあった。だが義務教育に宗教の時間はなく、大東亜戦争の最中にも公立学校で惟神《かんながら》の道などは説かれていない。そんな宗教教育のおよそなかった国を国家神道の日本などといえるのだろうか。私が留学したフィレンツェの国立大学の教室に十字架像があったが、日本の帝国大学に神棚はなかった(本郷の国史学教室には神棚があったという人がいるが、その真偽を私は確かめていない)。

では日本は無宗教の国なのか。これだけ神社仏閣がある国がそんなはずもない。グローバル化に伴い物質文明の混淆《こんこう》とともに精神文明の混淆も生じる。するとそれに刺戟《しげき》されて、日本の固有の宗教文化に対する自覚は多少はっきりしだすだろう。それにしても「神道の逆襲」など起こるのだろうか。それとも私たちは今後も言挙《ことあ》げせず、地球社会の一隅でひっそりと暮らして行くのだろうか。

日本人は祖霊を敬う

日本人は祖霊を敬う。元旦の参拝やお墓参りは宗教的行為だが、そして年間に墓参する度数で測れば日本人は実は世界でも有数の宗教的国民ということになるのだが、それでいて多くの日本人は自分は無宗教だと思っている。

そうした無自覚の中に宿っている、じつはきわめて根深いわが国民の宗教文化とはいかなるものか。グローバル化が進めば外圧の下、日本人も自分の宗教文化的アイデンティティーを、好むと好まざるとにかかわらず、意識するようになるだろう。その際、日本的特性が重視され過ぎても軽視され過ぎても困る。しかし一旦言語化されると、とかくこだわりが生じやすい。アイデンティティーの自覚が無いのも困るが、アイデンティティーの囚人となり、精神が固陋化《ころうか》するのはさらに困る。

多文化主義と多宗教主義

ここで多文化主義と多宗教主義の関係にふれたい。世間には多文化主義《マルティ・カルチュラリズム》を理想とする評論家や政治家もいる。世界各国からの移民で成り立つオーストラリアやカナダがそれである。だが文化は普通、宗教に起源している。多文化主義と多宗教主義は同一線上にある発想である。しかし世間は文化の混合を肯定する multi-culturalism は口にするが、その延長線上にある multi-religionism のことはあまり口にしない。それというのは信者は信仰心が強いほど自己の宗教の純粋性を尊ぶ。自己の唯一の宗教を大事に思う者が宗教的混合や多宗教主義を好むはずはない。自分の信仰にこだわり宗教的諸価値の融合を真の信者が望まぬ以上、多文化主義には限界があり折衷《せっちゅう》に終わらざるを得ない。私は複数宗教の平和的共存を望む者だが、それが寛容である。寛容[*7]は一神教の内部から生まれた思想ではなく、宗教戦争でキリスト教徒が互いに殺し合い血を流した挙句、仕方なしに生まれた modus vivendi「妥協的な生き方」である。

日本は「和魂洋才」という折衷主義的な標語を掲げ近代化を試みた。国を外に向けて開きつつ、しかも自己の主体性を失わなかった。その明治以来の歴史を念頭に、これからの世界に進む日本について考えたい。ここでは明治神宮に参拝する私たちの気持、富士山に覚える感動、天皇家のおつとめなど、日本の神道文化のわかりやすい面を語ることとする。

神道文化をタブー視してよいのか

私たちは日本の神道文化について語ることをなんとなく遠慮してきた。日本のマスコミには「天皇制が悪い」と自明のように話す人がいる。昭和天皇を悪者のようにいいつのる人もいる。辰野隆《ゆたか》は東大で仏文学者を育てて功績があったが、昭和天皇に対する敬愛の念を率直に口にしたために次世代の仏文出身者から軽視された。神道もなんとなく敬遠されている。日本の土着の神道文化に理解を示した小泉八雲ことラフカディオ・ハーンも戦後は論壇主流から軽視された。比較文化論を教えた私が外来文化との対比で神道文化に言及すると「神がかり」と一部の人は顔をそむけて揶揄したりした。

そんなジャーナリズムの面々は、相手に「保守」「天皇崇拝」「神道」などレッテルを貼って相手を排除する技術にたけている。タブーはこうして作られる。しかも共通一次試験以後の受験秀才は、いまの世間で触れてはいけないタブーが何かを敏感に察知し、何が口にしてはいけない不適切な表現であるかを敏感に察知し、模範解答を選ぼうとする。そんな正解志向の処世術は恐ろしい。だが、そんな世間の動向よりも、人間は自分自身の感性に忠実であることこそが大切なのではあるまいか。

「智識ヲ世界ニ求メ大ニ皇基ヲ振起スベシ」という『五箇条ノ御誓文』の言葉に象徴される明治の近代化運動を私は肯定する。しかし外から学ぶだけでは足りない。これからの日本人は外に向けて自己主張することで国際社会の大人の一員となり得る。ではその際の私たちが必ずしも良く自覚していない日本文化とは何か。

敵意から敬意へ――明治神宮の意味の変化

明治日本の躍進をアジアの若者はどう見たかはすでに説いた。明治以来の日本の近代化の歴史という形而下《けいじか》的な意味の理解はまだしも容易だろう。それに対してたとえば明治神宮によって体現されるような近代の神道文化の形而上的な意味はどう説明すれば良いのか。明治時代の日本と明治天皇とは切っても切れない。その天皇を神として祀る明治神宮に毎年元旦、三百万人の人が初詣する。その宗教文化的な意味をどう捉えれば良いのか。

この明治神宮が否定的に見られた時期があった。戦争中のアメリカは天皇制と国家神道こそが日本の超国家主義のバックボーンであるとして敵視した。それだからこそ一九四五(昭和二十)年四月十四日未明、B29爆撃機百七十機の第二次夜間東京大空襲で山手も焼けた。「明治神宮の本殿及拝殿は遂に焼失せり」と翌日大本営発表で知ったが、近くの代々木の森から天に沖《ちゆう》した赤い焰がそれで、中学二年生の私はそれを目撃した。もちろん意図的な狙い撃ちである。米軍作戦任務報告書には目標は王子の造兵廠群とあるが、それとは別に具体的な指令が出ていたに違いない。豊島、巣鴨、小石川に住む級友の過半もその夜、家を焼かれた。高度三千メートル、探照燈に照らしだされた爆撃機が飛んでくる。焼夷弾《しょういだん》が発火しながら落ちてくる。東京の夜空があれほど赤く燃え上がった様はかつて見たことがない。その社殿が再建されてはや半世紀が過ぎた。再建に際しコンクリート建築を主張する元東大総長内田祥三などの声が強かった。罹災の記憶がなまなましかったからだろう。しかし「神社をコンクリート建築にせよ」という神道文化に対する宗教的感受性を欠いた西洋至上主義的建築観はどうやら東大建築科の伝統らしい。不燃性一点張りの「専門白痴」は今もいるようだ。敗戦後の論争は「神社木造論」の岸田日出刀《ひでと》の発言で幸い片がついた。神社建築は木造であってこそ初めて尊さが出るので、コンクリート造りでは単なる「御神体の格納庫」にすぎない。神宮再建はこうして国民の支持で実現した。

敗戦後六十年、米国の神道敵視はいつしか変わり、来日する米国大統領は明治神宮に参拝する。二〇〇九年、クリントン国務長官は就任早々来日、神宮でお祓いを受け参拝、記者の質問に「日本の歴史と文化に敬意を表するため」と明快な英語で答えた。戦争中の米国側敵対宣伝で説かれたのと違って、神道は世界征服を意図する狂信的な宗教ではなかったらしい。そうしたことが自ずとわかったからだろう。キリスト教宣教に熱心なあまり、土着の宗教を悪く言うことを「宣教師的偏見」missionary prejudice というが、元宣教師で占領軍の宗教顧問を務めた人もおり、戦争中も敗戦直後も、神道も天皇もずいぶん歪められて報道された。神道が国家神道として国家主義の士気昂揚のために用いられたと非難する宣教師には、米国大統領も「神よ、アメリカに祝福あれ」の言葉で米軍を外国に送り出していると指摘したい。国難の際は仏寺《ぶつじ》に祈願することも行なわれたのは元寇《げんこう》の歴史にも見られる通りである。明治神宮への誤解が徐々に解けたように、靖國神社への誤解も解ける日がやがて来るであろう。私は国を護るために散華《さんげ》した勇士への尊敬を忘れることはない。忘恩の徒とはなりたくない。

ただし付け加えたい。たとえ「大東亜戦争」を戦った日本に三分の理はあるにせよ、軍国日本は夜郎自大だった。私はそう思わずにいられない。世界の中の日本について客観的認識を欠いた軍部主導の昭和日本は井の中の蛙だった。そんな思いは敗戦直後も、その七十年後の今も変わらない。

富士山と神道の感情

明治神宮の近くに住む私はよく参拝する。月替りで掲げられる明治天皇のお歌を拝誦《はいしょう》するたびにそのお人柄を感じる。だが多くの参詣者は明治天皇やその時代とは必ずしも関係なく、代々木の森のたたずまいに惹《ひ》かれ、一種の漠とした宗教心から元旦に参拝し、お賽銭をあげ、祈願するのではあるまいか。そのように教義化されず無自覚的なのが実は神道の宗教心なのである。内藤鳴雪はそんな日本人の心象風景を次の句に詠んだ。

元日や一系の天子不二の山

初日の出、気分が一新する。万世一系の天皇をいただき、遠くに富士山が見える。その目出たさを寿《ことほ》ぐのである。外国人で日本のこのような神道的雰囲気をさとく捉え文章に書き留めた作家にラフカディオ・ハーン（一八五〇—一九〇四）とポール・クローデル（一八六八—一九五五）がいた。世界の中の神道を評価する際、知日派外国人の発言は大切である。ハーンは日本人の祖国への回帰のシンボルとして富士山を描いた。長い洋行の後、盲目的な西洋一辺倒を排し、伝統的日本の諸価値を重んずる人として、一日本知識人が船で横浜へ帰って来る。

それは一点の雲もない四月のある朝、日の出のすこし前であった。暁闇《ぎょうあん》の透明な大気を通して彼はふたたび故国の山々を見た、——彼方《かなた》遠くの高く尖《とが》った山脈《やまなみ》は、インク色をした海のひろがりの中から、黒く菫色《すみれいろ》をして聳《そび》え立っていた。流浪《るろう》の旅からいま母国へ彼を送り届けようとする汽船の背後では、水平線はゆっくり薔薇色《ばらいろ》の焰《ほのお》で満たされつつあった。甲板《かんぱん》にはもう何人かの外人船客が出て、こよなく美しいといわれる太平洋から望む富士山の第一景を眺めようと心待ちにしていた。朝明けに見る富士山の第一景は今生《こんじょう》でも、また来世《らいせ》でも、忘れることのできぬ光景であるという。皆は長く続く山脈をじっと見つめていた。そして深い夜の中から峨々《がが》たる山岳の輪郭《りんかく》がおぼろげに見える上のあたりをじっと見まもっていた。そのあたりでは星がまだかすかに燃えていた。——しかし富士山は見えなかった。

「ああ！」

皆に訊かれた高級船員が微笑して答えた。

「皆さんは下の方ばかり見過ぎますよ！　もっと上を——もっとずっと上を御覧なさい！」

そこで皆は上を、ずっと、ずっと上の、天の中心の方を見あげた。すると力強い山頂が、いま明けなんとする日の光の赤らみの中で、まるで不可思議な夢幻《ゆめまぼろし》の蓮《はす》の花の蕾《つぼみ》のように、薄紅《うすくれない》に染まっているのが見えた。その光景を目にし、皆は心打たれておし黙った。永遠の雪は黄ばんだかと見るや黄金《こがね》へと色を変じ、太陽の光線がその山頂に達するやさらに白色に変じた。日の光は地球の曲線の上を横切り、影深い山脈の上を横切り、また星々の上をも横切って来たかのようであった。というのも巨大な富士の裾野《すその》は依然として見えないままであったからである。そして夜はすっかり逃げ去った。おだやかな青い光が天空をことごとく浸《ひた》すと、さまざまな色彩りも眠りから目覚めた。凝視《ぎょうし》する船客の眼前に光に満ちた横浜湾が開けた。聖なる富士の高嶺《たかね》は、限りない日の光の穹窿《きゅうりゅう》の中天にかかって、その裾野は依然として目に見えぬまま、まるで白雪《はくせつ》の霊のごとくであった。

流浪の旅から帰って来たその人の耳には、先ほどの言葉が響き続けた、「ああ！　皆さんは下の方ばかり見過ぎますよ！　もっと上を――もっとずっと上をご覧なさい！」――その言葉が響き続けた。そしてその言葉は、彼の胸中に湧きあがる抗《さから》いがたい、大いなる無限の感動と、いつか茫洋《ぼうよう》たるリズムをあわせた。するとすべてがぼーっとにじんだ。もう彼の眼には、空高くの富士の山も、その下に広がる山々がおぼろな青から緑に色を変じつつ近づいてくるのも、湾中で混みあう大小の舟も、また近代日本の一切の事物も、見えなくなった。

そしてそのとき彼の心の眼に見えたもの、それは古き日本だった。西洋に新を求めた彼が一度は忘れようとつとめたもの、一旦は捨て去ったものの面影がよみがえってくる。ハーンは『ある保守主義者』の結びで富士山が日本人に対して持つ精神史的意味をこのように描いた。バーナード・リーチ（一八八七―一九七九）も日本で幼年期を過ごした人だけに一九〇九年来日した際、横浜湾から富士山を見、ハーンのこの一節も思い出し、感銘を新たにした。私は一九五九年、五年間の外国生活を終えて船底に近い下等船客として帰ってきた。貧乏学生だったが、日本から持参したワイシャツ一着だけ、その時までさらのまま取ってあった。それを着て上甲板に出、写真を撮った。遠くの富士山も近くの鋸山も懐かしかった。傘寿をこえた今も、新幹線から富士山の見える日は子供のように心が高鳴る。私に幼児性が抜けないからだろうか。だが「三つ子の魂百までも」the child is father of the man という諺にはアイデンティティーの何たるかが示唆されているようである。

言い添えるとハーンは単なる親日家ではない。日本人雨森信成《あめのもりのぶしげ》の祖国への回帰の心理を鮮やかに描けたのは、執筆当時のハーンが、初期松江時代の日本熱がさめ、西洋という祖国への強い回帰の情に捉われていたからである。だからこそ日本人の回帰の場合にも感情移入し得たのだ。ハーンは日本に帰化して小泉八雲となったが、自己のアイデンティティーを英語執筆の中に認めた人であった。

創造主のための壮大なる祭壇

では富士に象徴される日本の神道的な宗教文化とは何か。クローデルはフランス外交官として中国に勤務中の一八九八年、四週間日本に遊んだ。日光山中の杉に感銘を受けたのが神道的雰囲気にふれた最初の体験である。駐日フランス大使として再度来日して一九二三年、講演『日本人の心を訪れる眼』を行なった。フランスの日本研究を代表するオリガスが若かった頃、フランス語で書かれた最高の日本論は何か、と話し合って結局これに落着いたことを思い出す。クローデルは、日本人が日光の森などでおぼえる、理知には到達し得ない優越者に対する畏敬の念こそが神道の宗教的態度を示すものと述べ、さらに富士山が日本にとって持つ意味に触れる。

「この国土全体の上に、平野や山々、島々や大洋をみおろして聳え立つ山があります。自然がその「創造主」のために打ち立てた最も壮大なる祭壇のように、あるいは、太陽が人影の見えぬ海上を長い間進んで来た後にいよいよ人間の活躍する舞台の中にその進路をとろうとする、まさにその地点を示すのにふさわしい里程標のように、富士山の巨大な塊が聳えているのです」(クローデル『朝日の中の黒い鳥』講談社学術文庫)

そしてその印象を『百扇帖』の次の詩に書き留める。

富士
神の玉座のごと
はかりしれぬ高さで
雲の海にはこばれて
われらの方へと進みくる。

この富士把握も船で海から近づいたときの印象である。カトリック詩人クローデルは富士山を創造主のための祭壇と位置づけた。そして別の一詩では白雪をまとった山を「富士、日本の天使は羽衣をまとわせた」とも歌う。クローデルにとっては富士山もまたキリスト教の神を讃える合唱団の一員なのである。ハーンはキリスト教的偏見から自由だったから日本の霊的な世界に共感しやすかったといえるが、クローデルはカトリシズムと神道とは共存しうると見ていたから「富士はキリスト教の神の玉座」という位置づけをしてその存在を讃えたのである。

広島が原子爆弾で壊滅した直後、クローデルは『日本への惜別』という一文をしたためた。昭和日本の没落の責任は軍部にありとしたが「しかし、だからといって、冬の夕闇の中からくっきりと浮かび上がる富士山の姿が人間の目に差し示された最も崇高な光景のつであることに変わりはない」と日本に不滅の価値を与えるものとしての富士に言及した。クローデルの感銘と私ども日本人の感銘とが重なることが有難い。クローデルは日本が不死鳥のごとく廃墟から復興することを信じていたのである。

富士山はわが国の永遠や日本人の死生とも関係する。この霊峰を仰いで祖国の永遠を祈念することはやはり宗教感情の現れである。海軍航空隊の司令官が戦時中に試みた富士百詠の歌（『市丸利之助歌集』佐賀出門堂）も添えさせていただく。

紺青《こんじやう》の駿河の海に聳えたる紫匂ふ冬晴れの富士
既にして富士ははるかに遠ざかり機は一文字南《みんなみ》の島

後の歌は昭和十九年八月木更津基地から硫黄島へ向かった機上での作で、これが市丸利之助が富士を詠んだ八十三番目の、そして最後の歌となった。市丸少将は二度と内地に戻らない。硫黄島で米国大統領に宛てた遺書を日英両文でしたためて玉砕したからである。*8

わが国土護らざらめや富士秀で桜花咲く天皇《すめらぎ》の国

民族の永生を祈る心

人は個人として幸福を望むとともに家族の幸せも願う。家族の末長い繁栄を望むとともに民族の永遠をも祈る。富士山が国土の永遠を祈る心には尊い霊峰であるように、連綿と続く天皇家は日本民族の永生を願う心のひそかな依りどころとなっている。「天壌無窮《てんじょうむきゅう》」という皇室を寿ぎ奉る古風な表現は、そのような祈願がこめられた言葉であろう。日本国民が皇室に寄せる敬愛は、そうした祈りの気持に発している。それというのも天皇家は、伊勢神宮が示すように、わが国の神道の根源に連なる家柄であり、歴代の天皇は祖先の神を敬いきちんと祭祀《さいし》を行なうことがおつとめなのである。そして陛下と国民はその祈りの気持によって結ばれている。

地震の被災者は天皇皇后のお見舞いに心慰められる。国のために殉じた人の遺族は両陛下のご参拝によってはじめて安らぎを覚える。それは被災者や遺族に物質的な救援物資が届けられたからではない。「有難い」と感ずる精神的な慰藉《いしゃ》が尊いのである。天皇は敗戦後の憲法の定義では国民統合の象徴だが、日本人の歴史によって形づくられた定義では「万世一系」すなわち民族の永続の象徴である。個人の死を超え、世代を超え、永生を願う気持はおのずと宗教的な性格を帯びる。「祈りを通じ国民と共にある」陛下であればこそ国民は感動するのである。

二〇〇四年の皇太子殿下のご発言は多くの国民には理解しがたいものであった。妻への私情がすべてに優先したウィンザー公とシンプソン夫人の場合が参考すべき先例として世間で取り沙汰されるようでは、疑念は深刻である。皇室の将来はどうなるのか。皇室典範は改正しなくてよいのか。関係者は天皇家の最高のお務めが何か、よく自覚していないのではないか。また君主制に反対し共和制を主張する人もいる。東京都知事の座をめぐって美濃部亮吉と若き日の石原慎太郎が争った昭和五十年、学生運動がまだ盛んな頃、こんな議論をした。「もし大統領制だと、美濃部大統領か石原大統領になるんだぜ」。するとふだんは声高《こわだか》な新左翼の学生が「それよりは昭和天皇の方がいいな」と言った。正直な本音《ほんね》だろう。失礼ながら平成の日本を共和国にし「小沢大統領がいい」とか「鳩山大統領」がいいとかいう者がいるとも思えない。

なぜそんな好悪《こうお》の差が生じるのか。それというのも政治的な大統領と天皇とは役割が違うからである。皇室は、卑近な国政の外にあって、続くことに第一義の意味がある。古代から天皇家はまつりごとを司《つかさど》ってきた。「まつりごと」は政事と書くと政治だが、祀事と書くと祭祀、すなわち民俗宗教の儀礼になる。天皇家にはご先祖様以来の伝統を守る神道の祭司としてのおつとめがある。それは長い目で見れば皇室外交のお務めよりもさらに大切である。グローバル化して外の世界に向けて語りかける地球社会の日本人も、産土《うぶすな》の伝統にアイデンティティーを求める。多くの日本人は内なる心の依りどころを不知不識のうちに神道文化に求めている。帰国して富士山を見て覚える感動はその証しであろう。皇室外交は世界に向かって開かれることの大切さをこの国民におのずと示しているが、その外の面とともに、皇室は神道文化の要《かなめ》に位置しているという内なる面の大切さを忘れてはならない。外国から重要任務を果たして帰国した人が陛下に拝謁して労《ねぎら》いのお言葉に覚える感動は単なる儀礼に由来するものではないだろう。

鈴木貫太郎首相は昭和二十年八月十四日午後十一時過ぎ永別の挨拶に来た阿南《あなみ》陸相に対し肩に手をかけ「日本の皇室は御安泰です。陛下は春と秋との御祖先のお祭を必ず御自身でなさっておられるのですから」といった。そんな苦難の時にも日本外交の大先輩が守りおおせたわが国の由緒ある皇室である。末長い御安泰を祈らずにはいられない。

連綿と続く天皇家を日本人が大切にするのは、私たちが御神木を大切にするのと同じ気持に由来する。それが神道的感情であり、人間として、民族として、自然との共生を永く願うからである。天皇家は神道の祭司(priest)の役目をはたしてきた。神道の神社は森を背にしている。日光の杉の木立にクローデルは神道的雰囲気を感じた。御神木のある森こそ神々の宿る森である。その命のとこしえに続くことを祈る気持を私たちの多くはわかちもっている。平成三年、昭和天皇の喪が明けてはじめてのお歌会始めに今上陛下は次の歌をよまれた。

いにしへの人も守り来し日の本の森の栄えを共に願はむ

このような機会に、お先祖様も守って伝えてくれた大和島根の森の栄えを大事にしていきたいと言われたことの含意は、とりもなおさず陛下が、私どもの宗教文化を大切にしていきたいと願っておられることと、このお歌からお察し申し上げる。緑の森につつまれた日本の栄えを陛下とともに謹みて祈る次第である。*9

（7）寛容の原語の tolérance には「仕方がないが認める」というニュアンスがあり、フランスは一九四七年まで公認されていた女郎屋を maison de tolérance と呼んだ。

（8）この軍人歌人について平川祐弘は深い敬意をこめて『米国大統領への手紙　市丸利之助伝』（佐賀出門堂）を書いた。

（9）本稿で言及したハーン、クローデルの神道観については Sukehiro Hirakawa, *À la recherche de l'identité japonaise: le shintō interprété par les écrivains européens* (Paris: l'Harmattan, 2012) とその日本語増補版、平川祐弘『西洋人の神道観』（河出書房新社、二〇一三）を参照。なお本稿は雑誌『諸君！』最終号（二〇〇九年六月号）特集「日本への遺書」に寄稿した文章に加筆したものである。

第五章　『五箇条ノ御誓文』から『教育勅語』へ

――明治の開国と昭和の開国

明治元年の『五箇条ノ御誓文』から明治二十三年の『教育勅語《ちょくご》』にいたる明治前半の歴史を、この二つの文書を中心に、それにまつわる個人的体験を織り交ぜることで、記させていただく。この移り変わりは「開国から愛国へ」という国是の重点の置き方の変換を示したものと私は巨視的に把握しており、すでに *Cambridge History of Japan* (Cambridge University Press, 1989) vol 5に発表した。*10 そのような正史に対して本稿は昭和一桁生まれの一日本人である私が、自分自身の体験として感じた明治の二大文書についての回想をまじえて書く私史である。『五箇条ノ御誓文』と『教育勅語』を暗記して育った人はいまや稀少的存在となりつつある。私は記憶力が良いといわれるが、だからといって少年時代の記憶に歪みがないという保証はない。しかし八十を過ぎた今、そのような個人的な追懐を記すこともまた大事な学者の仕事であると自覚される年齢となった。『五箇条ノ御誓文』や『教育勅語』については敗戦後の歴史学界の一部にはそれを軽視するあまり無視し、また別の一部には重視するあまり内容の批判をも斥ける傾きにある。そんな対立を不毛に思い、より広い視野に立ち、明治の開国が昭和の開国といかに重なるかをのべさせていただく。はじめに個人的体験にふれさせていただく。

明治の開国と戦後の開国――個人的体験

昭和二十一年一月一日、昭和天皇は『詔書』を出された。「神格化否定」の詔書と『近代日本総合年表』(岩波書店)には記され、世間は天皇の「人間宣言」と取沙汰して今日に及んでいる。しかしラジオでアナウンサーが朗読するのを聞いたとき、私が少年の心に何を感じたかというと、「茲ニ新年ヲ迎フ。顧ミレバ明治天皇明治ノ初国是トシテ五箇条ノ御誓文ヲ下シ給ヘリ。曰ク」とまず『五箇条ノ御誓文』が朗読され、それを聞いてはっとし、かつほっとしたということである。

一、広ク会議ヲ興シ万機公論ニ決スベシ
一、上下心ヲ一ニシテ盛ニ経綸ヲ行フベシ
一、官武一途庶民ニ至ル迄各其志ヲ遂ゲ人心ヲシテ倦マザラシメンコトヲ要ス
一、旧来ノ陋習《ろうしゅう》ヲ破リ、天地ノ公道ニ基クベシ
一、智識ヲ世界ニ求メ、大ニ皇基ヲ振起スベシ

この「万機公論ニ決スベシ」という第一条は、デモクラシーの原則そのものではないか。敗戦後、占領軍の指示もあって、民主主義の原理が新聞やラジオで毎日のように繰り返し唱えられ、学校でも教えられた。一部の勢力が独断専行するのでなく、皆が議論した挙句、多数決で決定する。そのようなルールの民主主義を尊ぶことは敗戦後二、三カ月のうちに国内ではすでに公論となっていた。しかし中学の朝礼で民主主義を説く校長の変わり身のあまりの早さに「時流に乗っている」という苦々しさを少年たちは感じ、黒板に吹流しを落書きしたりした。しかし校長を批判したその生徒も私もすでに「民主主義者」になっていたのである。そうした思想の変動期であったから、英語の時間にFeudalism is over とマッカーサー元帥の声明を暗誦《あんしょう》したりした。私は戦争末期、疎開先でも教官室に配達される新聞を毎日必ず読む二人の中学二年生の一人だったが、そんな少年は敗戦後はもちろん新聞を読んでいた。そうした少年が、民主主義の原理と同じことがすでに『五箇条ノ御誓文』の冒頭に述べられている、そう気づいてはっとしたのである。また『御誓文』の第四、第五の条を聞いたときは、そうだ、日本は知識を世界に求めなければならない、と痛切に同感した。旧来の日本に閉じこもっていては駄目だ。そんなことはもはや許されない。私は戦争中、日本の科学戦における劣勢を自覚した人々によって発案され実施された特別科学組に選ばれ集中的に理科教育を受けた。そんな期待の目で見られた「理科少年」の一員だっただけに、精神力の鼓吹だけでは駄目だと自覚していた。日本帝国の軍国主義的な膨脹は明らかに大失敗であった。世界を敵にまわすこととなった昭和前期の軍部主導の日本は誤った道を進んだ。その自覚は強かった。そんな科学面、軍事面、経済面、政治面などで「遅れている日本」と感じた。それだけに、これからの日本が進むべき方向が『五箇条ノ御誓文』にすでに示されていたと知ってほっとしたのである。

そして、これは後から気づいたことをいま裏返していうのだが、私たちは明治以来の日本の過去を全否定する必要はなく、明治の初年から日本ではこうした国際社会の公道に基くべきことがすでに良しとされていた。それを逸脱せず、それを引き続いてこれから先も進めばよいと感じていた。このような気持は多くの家庭でわかちもたれていたのだと思う。それだからこそ敗戦後二十年が経つと司馬遼太郎の『坂の上の雲』という明治のネーション・ビルディングの歴史物語が日本国民に広くアッピールしたのではないだろうか。だがそのような感覚がもし私の家でとくに強かったのだとしたら、それには多少説明が要る。ここで私史を記すに際し、家庭の背景にふれることを許させていただく。

父は大正七年に京都帝大を出た技術重役で、家はアッパー・ミドルに属していた。そのような家では、重臣を殺害した五・一五事件や二・二六事件の青年将校に対する反感は以前からあった。それだから敗戦後、昭和の動乱についての責任は軍部にあるとする批判が世間に出まわるや、私は愛国少年だったけれども、それに同調した。理工系出身者が揃っていた家庭だったから、日本精神をひたすら讃美する風潮に対しては戦時中から違和感を抱いていた。戦争末期の冬、警戒警報が発令され、電燈の光が外へ洩れぬように遮蔽《しゃへい》しながら英語教科書を読んでいると、父は「ロンドンの下宿で隣の少年が朗読するのを聞くような気がする」と褒めてくれた。もっとも子供の発音の良し悪しなど教師次第でたちまた変わる。I先生からY先生に変わった後「その発音は何じゃ」と父にいわれたが子供にはわけがわからない。子供の発音など教師である大人次第なのだ。実はそれと同様、子供の、いやおそらく多くの大人たちの軍部批判なども、世間の風潮次第だったのだろう。ある日、食卓でそんな批判を繰り返したら、父は私の批判に同調せず「明治以来の先輩が築いてくれた日本をこんな状態にしてしまったのはわしらの世代の責任だ」と重い口調でしんみりと答えたので、私ははっとして口をつぐんだ。

そんな雰囲気の中で育った少年であってみれば「智識ヲ世界ニ求メ」ることは当然であった。というか太平洋戦争前夜の昭和十四年当時でも父の「洋行」という言葉は輝きを帯びていた。その「智識ヲ世界ニ求メ」るという日本の進むべき道がすでに『五箇条ノ御誓文』という国是によってさし示されていたということが再確認できたとき、軍部暴走の昭和前期の日本を否定しようとしていた若い者が、明治の初心に戻り、日本がふたたび開国和親の西洋化路線に戻ることを良しとしたのは当然であろう。『五箇条ノ御誓文』にはそのような近代化路線の正当性があらためて感じられたのである。それだからこそ私ははっとし、かつほっとしたのだ。いま思い返しても、あの時の少年の心が本能的に感じたことは間違っていなかったという気がする。それというのは明治元年は近代日本の開国第一年であり、昭和二十一年一月一日は戦後日本の第二の開国第一年でもあったからで、そこには多くの相似性と継続性があったのである。

私はその後も二つの開国をなにかと重ねあわせた。たとえば昭和二十年の秋に私が夢中になって読んだ第一の書物は、敗戦の焼跡から明日の太陽を信じて立ち上がるスカーレット・オハラを描くミッチェルの『風と共に去りぬ』だったが、私たちは南部アメリカのアトランタ市の焼跡からの復興を日本の焼跡からの復興と重ねあわせて読んでいたのである。敗戦後の日本にもレット・バトラーのようなヴァイタリティーを感じさせる闇屋やブローカーは大きな顔をして闊歩していた。夢中になって読んだ第二の書物は、攘夷の旧弊を捨てて開国に向かう明治維新を地方から見た島崎藤村の『夜明け前』であった。私たちは明治の開国を戦後の開国と重ね合わせていたのである。そして個人的なことをさらに語ることが許されるならば、「尊王攘夷」の日本が「開国和親」に転ずるや明治の留学生が新知識を海外に求め、祖国の建設に邁進《まいしん》したように、私も森鷗外らを範として戦後最初期の留学生の一人として西洋に渡ることとなるのである。福澤諭吉や中村正直、森鷗外や夏目漱石、上田敏――そうした人たちが敗戦後の祖国復興期に学生時代を過ごした私の先輩として浮かび上がったのは一種の必然でもあったろう。

なぜ私が『五箇条ノ御誓文』からそんな印象を受けることを得たのか。「そこに民主主義原理がすでに出ていると気づいたから子供心に感銘したのでしょう」と話したら明治神宮国際神道文化研究所研究員の今泉宜子《よしこ》さんは「そんなこと本当にあり得ますか」といった。そう疑問に思うのは当然だろう。私がませていたにせよ、そこまで大人びた反応があり得たはずはないと世間は思うだろう。無理はない。それというのも、今の日本人は『五箇条ノ御誓文』という名前は知っていても中身は必ずしも知らない。それだけに私が記憶力の良い人間だと知っている人も、また私が英才教育特別科学組の一員だったと知っている人も、少年がそんなことまで憶えているだろうかと思うのである。後から作られた記憶でないかと疑うのも無理はない。しかし放送を聞いて、十四歳の少年がなぜ即座に反応したかというと、わけがあった。私は昭和十八年、当時は国民学校といった小学校上級の国史の時間に『五箇条ノ御誓文』を習い、すでにきちんと暗記していたからである。その文言《もんごん》をはっきり脳裡にとどめていたからこそ、たとえ敗戦後しばらくの間は頭の隅に追いやっていたとしても、翌二十一年の元日、詔書朗読を聞いた私の耳には『五箇条ノ御誓文』は新しい意味を帯びて響いたのである。*11

私はその後、唯物史観を奉じる傾向的な学生たち――その一人が不破哲三だった――の中で寮生活も送ったが、明治維新以来の日本の歴史を全否定するような歴史観に対しては左翼の手前勝手な wishful thinking と感じていた。明治維新を不徹底な革命だといったり、日本にはフランスのような大革命がなかったから市民社会の成立が遅れたのだといったりするような、ないものねだりに類した歴史解釈にはなじめなかった。自分がフランス人でないといって歎いてみせるような仏文出身インテリ・タイプとは肌があわなかったのである。もっともパリで顔をあわせた森有正も私のことを話が合わないと言っていたそうである。

子供のころの私は戦中も戦後も維新以来の明治日本の発展を輝かしい歴史として感じていた。ごみごみした下町の中で滝野川から新庚申塚までは電車のレールが真っ直ぐにのびている。その線に魅力を感じた。そのような近代の工業化された進歩を有難いものに感じていた。工業や医学などの物質面だけではない。文学面でも小学校四年以来漱石の『吾輩は猫である』や蘆花の『思出の記』を読んでいた私だが、それ以前の江戸時代の文学は大人になっても長い間よくわからず、徳川時代に対してはなにか暗い別世界という印象を持っていただけに親しみが湧かなかったのだろう。両親が昭和初年に揃えた円本の改造社『現代日本文学全集』には明治以後の文学しか収められていなかったから、それしか読まなかったわけだが、漱石も鷗外も西洋に学んだ知的巨人だからこそその文章は別格なのだとやがて確信するようになる。そのように日本の近代に西洋の光がさすのが明治であって、その開幕を告げる『五箇条ノ御誓文』はその文言の響きからしてすでにすばらしかった。その五箇条を戦争中に繰り返し唱えて記憶していたからこそ、敗戦後はじめて迎える元旦の日、明治元年の言葉はあらためて中学二年生の耳にラジオからはっきりとはいったのである。

こんな思い出もある。私はその後大学へ進み、日本の近代を説き明かすべく比較文化史を志して「内と外からの明治日本」を研究の中心課題にすえた。東京大学大学院に戦後創設された比較文学比較文化課程ではナショナルな枠で閉じられた帝国大学風の古い学問区分の視野狭窄《しやきょうさく》を打破しインターナショナルな学問を標榜していた。私が第一回の入学生、第一回の留学生だったこともあり、非常勤講師のような恰好で大学院に出講していた戦中派の教授たちから、私は若い癖に生意気な比較の大学院の学問的イデオローグと目されていた。私自身の研究の対象が知識を西洋に求め、明治日本の国造りに参画した人々であったこととも関係するのかもしれないが、私がそのような方向に比較研究の意義を主張すると、「平川は『五箇条ノ御誓文』のような男だな」とギリシャ哲学の井上忠教授から揶揄されたことがある。影響関係を重視するコンパラティスムが「智識ヲ世界ニ求メ」た先人の跡をたどる学問であってみれば、なるほどそういう風にも見えたのだろう。西洋文化を摂取した明治を私はいわば戦後の日本の今の問題としても調べていたので、私にとって森鷗外は多くの意味においてロール・モデルであった。そしてそんな仕事をしていた私は、*Cambridge History of Japan* が企画されるや『五箇条ノ御誓文』から『教育勅語』に至る時期を執筆するようマリウス・ジャンセン教授から要請されたのである。依頼された章は第五巻（十九世紀）のJapan's Turn to the Westの章で、その日本語版は『古代中国から近代西洋へ――明治日本における文明モデルの転換』と題して発表してある。*12 それで、ここでは多く個人的な思い出をたどることで、前者に書きそびれたことも書き留め、明治の開国と昭和の開国の重なる所以を述べておきたい。

暗記と捧読

ここで、『五箇条ノ御誓文』や特に『教育勅語』と国民とを結びつけることに関係した暗記という形の教育にふれたい。暗記には良い面と悪い面がある。暗記は憶える対象が価値ある文章ならば教育として悪いことではない。たとえ意味がよくわからずとも子供が百人一首や『論語』をそらんじることはよいことで、知識は暗誦することによって血肉化する。もっとも私は先年、明治神宮の展示室で『五箇条ノ御誓文』の第三条の「上下心ヲ一ニシテ」に「ショウカ」とルビを振ってあるのに驚いた。小学生として「ジョウゲ」と暗記してその後もずっとそう発音していたからである。私は「ショウカ」を異な発音に感じ今にいたっている。

昭和十年代に小学生活を送った私はよく暗記した。神武、綏靖《すいぜい》、安寧、懿徳《いとく》と歴代の天皇の名前をことごとく暗《そら》んじただけでなく、中学一年生の時には東洋史の最初の時間に夏、殷《いん》、周、秦、漢、三国、晋、南北朝、隋、唐、五代、と中国の王朝の名も憶えた。日本の歴代の天皇の名前は戦後もまだ暫くの間は第百二十四代まで憶えていて、悪戯者《いたずらもの》の私は孝明、明治、大正、今上、といって一呼吸おいて、熊沢、といって級友を笑わせたりした。[*13]そんな戦後の混乱期にあらわれた熊沢天皇と称する人の名を入れるけしからぬ悪ふざけが許されたのも、もはや不敬が咎《とが》められなくなった戦後らしいが、そんな少年たちが天皇をキリスト教的な意味でのゴッドとか God-Emperor などとは戦時下でも思っていなかったのは当然だろう。しかし私は御先祖様を神棚に祀ると同じ意味で、明治天皇を明治神宮に祀るのは国民感情にいかにもかなっているし、昭和天皇も昭和神宮に祀られてよい方ではないか、と畏《おそ》れ多いことながら思っている。しかし昭和の日は制定されても神宮は建立されない。それが戦後というものだろうか。若い頃は除夜の鐘が聞こえると、私は家から歩いて明治神宮へ初詣に出かけた。当初はボーイ・スカウトが参拝者の整理にあたっていたが、それには任せきれなくなったからであろう、やがて機動隊員が整理にあたるようになった。靖國神社へも参拝に行ったが、昨年は人ごみを避けて、大晦日の昼間に高尾の昭和天皇陵に詣った。

しかし戦後が私にとって決定的に戦後となったのは歴代の天皇の名前をいつか忘れてしまった時からかもしれない。左翼内閣の官房長官は今の天皇は第百二十五代ということを知らないといって憤慨する保守党代議士がいたが、しかしその代議士自身が歴代の天皇の名前をみな言えるとも思えないから、そうしたことで追及したりすることはしない方がいい。また人民史観の立場から歴代天皇の名前を暗誦させたかつての教育を愚劣と指弾した人がいたが、その人には、アダムやその息子アベル、ノアや法《おきて》を立てたモーセ、族長のアブラハムや王ダビデ、イスラエルとその父や子供たち、そしてイスラエルが忠実に仕えたラケルなどの名を暗誦させた聖書教育も実は似たものだったということを想い起こしてもらいたい。

日本の時代は神代は別格として、大和、奈良、平安、鎌倉、室町、安土桃山、江戸、明治、大正、昭和ともちろん憶えていた。しかし今の子供は違う覚え方をする。最初に神代とはいわず縄文、弥生といっている。中国の皇帝の名はもともと覚えなかったが、歴代の王朝の名前はいまも覚えている。共産軍が南下し始めたころは、これも宋、元、明、清、中華民国、といって一呼吸おいて中華人民共和国、などと言ったりした。

日本の『マグナ・カルタ』

『五箇条ノ御誓文』は一八六八年において清新な国是の宣言であったが、その四分の三世紀後の一九四六年においても日本国民にその行くべき道をさし示す宣言であり、そのさらに四分の三世紀後になろうとする今日においても、なおきわめて意義ある文書と私は思う。

明治元（一八六八）年に明治の新政府によって出された『五箇条ノ御誓文』は日本が進むべき方向とそれに処する心構えを示した我国のマグナ・カルタともいうべき一大憲章であった。「広ク会議ヲ興シ万機公論ニ決スベシ」という開かれた姿勢がいい。徳川時代の密室政治とは違う、民主主義的政治精神をうたっているではないか。また「智識ヲ世界ニ求メ」「天地ノ公道ニ基クベシ」という主張は鎖国主義と違う、国際主義を高らかに標榜している。それは明治日本の改革開放路線の宣言であろう。それから百年後の文化大革命後の鄧小平の改革開放路線は、経済面では改革開放であるが、しかし中南海の一党独裁による密室政治を続けている点では旧態然たるものである。『五箇条ノ御誓文』はいまなお日本の義務教育の時間に少年少女に暗誦することをすすめるべき文献と私は感じている。明治天皇の晩年の御製《ぎょせい》に、

よきを取り悪しきを捨てて外つ国に劣らぬ国となすよしもがな

とあるが、この精神は健全である。『五箇条ノ御誓文』の精神とは留学の精神である。日本から外国へ行く留学生が二十一世紀になって減り始めたのは「智識ヲ世界ニ求メ」る精神が衰え、日本の国民全体が引きこもり現象を呈し始めたからだろうか。一部には夜郎《やろう》白《じ》大《だい》の日本至上主義者がいて外国へ出たがらない。確かに日本国内は安全で暮らしやすい。

しかしだからといってそういう安直な選択を奨励してはならない。[*14]

イギリスの外交官で優れた日本史家であったサー・ジョージ・サンソムは『西欧世界と日本』の中で『五箇条ノ御誓文』を「これが明治の日本の政治の源泉であり基礎とみなしてよい、『五箇条ノ御誓文』は憲法という言葉こそ使われていないが、これが近代日本の最初の憲法である」、the first constitution of modern Japan と呼んだ。[*15] 英国人にとってもっとも大切な憲章は、人民の自由と議会の権利を擁護したとされる『マグナ・カルタ』（一二一五年）だが、このラテン語 Magna Carta を英語にすると the Great Charter となる。誰が最初に『五箇条ノ御誓文』に the Charter Oath の英語をあてたのか、それをあてた人は知恵者だったに相違ない。私もこの『五箇条ノ御誓文』を近代日本の国是として重んずる一人だが、内外の日本研究者の中には『五箇条ノ御誓文』をそれほど重要視しない人もいる。ドナルド・キーン教授は大著『明治天皇』の中でさほど重視していない。しかしそれは戦後の日本史学会に強い、傾向的な史観の反映ではないかと私は感じている。

戦後の左翼の歴史家は、天皇と関係する文書はすべて重視しないようにしてきた。まず『五箇条ノ御誓文』と敬語の接頭語をつけて呼ばず日本史教科書にも『五箇条の誓文』と書く。岩波書店の『広辞苑』の項目も『五カ条の誓文』になっているが、それでも説明の最後に『五箇条御誓文』と歴史的な呼称が載せてある。私は日本の歴史に愛着もあり、自分の気持に素直に従い『五箇条ノ御誓文』と呼ばせていただく。テレビ局のアナウンサーには俳優やスポーツ選手には敬語を使うが宮中関係の話になるとにわかに敬語をつけなくなるものがいる。「御」を抜けばいいと思っている記者もいる。しかし「御所」や「御殿」を「御」抜きにして「所《しょ》」「殿《てん》」と呼んだら滑稽だろう。それと同じで「御誓文」を「御」抜きにして「誓文」と呼んだら歴史的文書としての重みもなくなってしまう。もっとも彼らの狙いは『五箇条ノ御誓文』にせよ『教育勅語』にせよ、その重みをなくすところにあって、それでそのような偏向言語の使用を強制しようとするのであろう。しかしそのような操作を加えようとする、イデオロギー先行の歴史家たちであるから、文章も機械的で生命力に欠けるのではあるまいか。

この国是としての『五箇条ノ御誓文』の意味は何か。日本という固有のナショナルな宗教文化の伝統のある国柄と、『五箇条ノ御誓文』に宣言された国際主義、「智識ヲ世界ニ求メ」というインターナショナルな発想との関係はいかなるものか、王政復古と国際主義には矛盾はあるのかないのか、尊王攘夷の尊王と攘夷は切り離せるのか離せないのか、『五箇条ノ御誓文』は一八六八年というその時期かぎりの国是なのか。それとも近代日本を貫く国是なのか。

神道的儀礼との関係

まず神道文化との関係を儀式面から見てみよう。慶応四年は西暦一八六八年にあたり、陰暦九月八日に明治元年に改元した明治維新の明治元年となる。その陰暦三月十四日、明治天皇は京都御所の紫宸殿《ししんでん》で公卿・諸侯・百官を率いて、天神地祇《てんしんちぎ》、あまつかみくにつかみに誓うという形でこの『五箇条ノ御誓文』を公表した。

その間、これは偶然の一致だが、江戸では大総督府参謀西郷隆盛と旧幕府陸軍総裁勝安芳が江戸鹿児島藩邸で前日に会見、江戸開城の交渉が成立したのが三月十四日、『五箇条ノ御誓文』が京都の御所で誓われたと同じ日である。徳川幕府を倒した新しい維新政府は『五箇条ノ御誓文』を宣言することにより、これからの日本がそれによって進むべき新しい基本方針、国是を宣言したのである。その宣言に際し、天皇・公卿・諸侯・百官が天神地祇に誓うということは、儀式の形式面から見ても明らかなように、日本が神道文化に立脚した国であることを象徴している。それは米国新大統領が就任に際し聖書に手をあてて宣誓することが米国がキリスト教の文化に立脚した国であることを象徴しているのと同様であろう。

この『五箇条ノ御誓文』は御誓文発布の儀式が、天神地祇に誓う祭祀というまつりごとと公卿・大名・百官がこの国是の遵守を天皇に誓約する誓詞奉呈儀式という二つから成り立った。この形式は直接には王政復古に強い影響力をもった復古神道の影響があったが、天皇が臣下に遵守を求めるだけではなく、天皇も天を敬い天神地祇に国是の遵守を誓うという態度は、専制君主でもなくましてや独裁者ではない、日本の君主の姿勢をよく示しているように思われる（そのような姿勢は明治二十三年の『教育勅語』が君主の命令という形式ではなく「朕汝臣民ト倶ニ拳拳服膺《けんけんふくよう》シテ咸《みな》其徳ヲ一ニセンコトヲ庶幾《こいねが》フ」という、天皇自身もいままで述べた徳目を常に心に留め、それに服する願いを表明する態度に共通する）。神道とは理知には到達しえぬ優越者をすなおに受けいれる態度であり、私たちをとりまく神秘の前で私たち個人の存在を小さくおしちぢめてしまうことである。日本では一番上に立つ人でも、自分に到達し得ない天をおそれ自らつつしむという心がけがある。それだから天皇も天神地祇に誓い、「臣民ト倶ニ」同じ徳目に「拳拳服膺」することを希《ねが》うのである。その天や空の広々とした心をできれば自分の心としたいというのが明治天皇のお歌の、

あさみどり澄みわたりたる大空の広きをおのが心ともがな

などによく示されていると拝察する。

開国から愛国へ

『五箇条ノ御誓文』が新しい時代の開幕を告げる宣言であったとするなら、明治二十三年

（一八九〇年）、同じく明治政府によって出された『教育勅語』は、一つの時代の終焉《しゅうえん》とはいわないまでも、『五箇条ノ御誓文』の国際主義の主張から国家主義の強調へ、いいかえると「開国から愛国へ」の方向転換を示したものであった。この『五箇条ノ御誓文』と『教育勅語』は明治日本が世に出した公的な二大文書であるばかりか、明治・大正・昭和前期を通じての二大教育文書でもあった。その二つは第二次世界大戦が終わるまでは、わが国で初等教育を受けた者が小学校で暗記することを求められた文章でもあったからである。[*16]後の『戊申《ぼしん》詔書』とか『青少年学徒に賜りたる勅語』などは、多くの人は暗誦どころか中身もほとんど知らなかったことに比べると、前二者の重要性は明らかであろう。

では明治の日本国民に新しい方向を指し示し、一つの時代の開幕である『五箇条ノ御誓文』と、その方向性に一定の枠をはめた『教育勅語』の両者では、一体何が違うか。最大の相違点は西洋に対する態度の変化にある。新しい国際主義を宣言した第四条と第五条には「旧来ノ陋習ヲ破リ、天地ノ公道ニ基クベシ。智識ヲ世界ニ求メ、大ニ皇基ヲ振起スベシ」とある。これは、倒幕に成功し政権を掌握した尊王派が、統一国家としての新日本の広く世界に向かって開かれた、文化的・政治的政策方針を宣言したものである。明治政府はここで「天地ノ公道」という言い方をすることによって国際社会のルールに日本が従おうとする努力目標を掲げた。[*17]その際、国際社会とは西洋主導の世界であった。その大勢に順応しようとすることは、それ以前の攘夷主義や鎖国主義の否定であり、さらに一歩進めていえば、鎖国時代の日本が暗黙裡に従ってきた中国中心の華夷秩序からの脱却をも間接的に意味した。

国民目標としての模範をどこに求めるのか

『五箇条ノ御誓文』が、国民の目標としての模範を、日本人たちがその文化の優越――と意識された――を実感していた西洋に求めようとしていたのに対し、二十二年後の『教育勅語』は、それを先験的な日本の歴史性の内に求めようとしていた。『教育勅語』は次のように始まる。

朕惟《ちんおも》フニ、我ガ皇祖皇宗国ヲ肇《はじ》ムルコト宏遠ニ、徳ヲ樹《た》ツルコト深厚ナリ。我ガ臣民克《よ》ク忠ニ克ク孝ニ、億兆心ヲ一《いつ》ニシテ世世厥《そ》ノ美ヲ済《な》セルハ、此レ我ガ国体ノ精華ニシテ、教育ノ淵源亦實《またじつ》ニ此ニ存ス。

ここで「億兆」という数が日本の人口の実数ではないように――兆という数字が億の十倍かそれとも億の一万倍かなどということは先ず誰も問題にしていないであろう――、肇《ちょう》国《こく》以来二千五百五十年続いたと称する「宏遠」な万世一系の歴史も修辞的表現であった。

日本人の多くはこれらは文飾であると感じていたにちがいない。忠孝という二大徳目についても、その漢字から推して中国起源の儒教道徳である以上「此レ我ガ国体ノ精華」といってよいかと感じた学者はいたに相違ない。*18

しかしそのような歴史的起源や文化的背景の是非を問う気持は『勅語』を賜ったとされる多くの国民の側には別になく、忠孝を説くことで教育の大本を明治の日本国民に指し示すことは結構だと納得していた人は知識層にも多かった。そもそも隣邦中国では孝行という徳目こそ重んぜられたが、忠義という徳目は建前としては口にされたが実際には重んぜられることは少なかった——漢学知識に富む人はそうも考えていたであろう。それだから普通の日本人にとっては「我ガ臣民克ク忠ニ克ク孝ニ」という徳性が日本民族の歴史的事実として述べられ、それが「此レ我ガ国体ノ精華ニシテ」と聞かされても、とくに違和感は覚えなかったのではないかと思われる。そして『教育勅語』は「爾臣民」に向かってさらに次のように具体的な徳目を述べた。

……父母ニ孝ニ、兄弟《けいてい》ニ友《ゆう》ニ、夫婦相和シ、朋友相信ジ、恭倹己レヲ持シ、博愛衆ニ及ボシ、学ヲ修メ業ヲ習ヒ、以テ智能ヲ啓発シ、徳器ヲ成就シ、進デ公益ヲ広メ、世務《せいむ》ヲ開キ、常ニ国憲ヲ重《おもん》ジ、国法ニ遵《したが》ヒ、一旦緩急アレバ義勇公ニ奉ジ、以テ天壌無窮《てんじょうむきゅう》ノ皇運ヲ扶翼《ふよく》スベシ。

ここに述べられた一連の教えは、伝統的な国民感情に深く訴えるところがあった。国民の多くはそれを道徳的な目標として受け入れたのであろう。それはここに述べられた徳目が自明な徳目だと思われたからである。そのことはその逆を考えればわかるだろう。「父母ニ不孝ニ」がいいのか、「学ヲ修メズ業ヲ習ハヌ」ことがいいのか、「国法ニ遵ハヌ」ことがいいのか、といえば誰もそうは思うまい。それにこの勅語は努力目標であって命令ではない。天皇が上から国民に強制するわけではない。天皇自身が結びに「朕爾臣民ト倶ニ拳拳服膺シテ、咸其徳ヲ一ニセンコトヲ庶幾フ」「私もまた国民の皆さんと共に、祖父の教えを胸に抱いて、立派な日本人となるように、心から念願するものであります」と述べている。『教育勅語』に「夫婦相和シ」という徳目が説かれているが、だからといって夫婦が不和で離婚したからといって勅語に違犯したとして罰せられるわけのものでもない。——そして勅語は日本の国民は「克ク忠ニ克ク孝ニ、億兆心ヲ一ニシテ世世ソノ美ヲ済」したとし、それを我が国の美点である「此レ我ガ国体ノ精華ニシテ」とした。『教育勅語』はこのように少なくとも修辞的には、国民統合と国民道徳の淵源を日本国史の歴史的起点にまで遡らせたのである。国民の多くはそのような強調は一種の修辞的強調で、それが正確な歴史的事実に基いていなくともさほど問題視しようとは思わなかったであろう。しかしこの『教育勅語』の字面をそのまま史実として信ずることを強要するような雰囲気が生じ、

『教育勅語』の内容について批判的に言及することが許されなくなったとき、このような歴史主義は、逆に、すべての時代を通じてそのような統合と道徳が継続的に存続していたことをも想定することになり、ここに、超歴史的な「国体」あるいは「国体の精華」といった国家主義的観念が生まれ、思想統制が始まったのだともいえよう。

しかし『教育勅語』発布の明治二十三年当時、「国体の精華」を強調したからといって『教育勅語』の内容自体が全面的に反西洋的だったというのではない。むしろ新時代の教育のすすめという点では西洋的な市民道徳を強調していたともいえる。「学ヲ修メ業ヲ習ヒ、以テ智能ヲ啓発シ、徳器ヲ成就シ、進デ公益ヲ広メ、世務ヲ開キ」という一連の学問の勧めは、明治三年に中村正直の手で訳されて明治の最大のベストセラーとなったスマイルズの『西国立志編』が説いた市民道徳と内容的にほぼ重なる。しばしば儒教的反動と呼ばれる『教育勅語』にも新時代にふさわしい要素は採りいれられているのである。そもそも『教育勅語』の執筆は最初は中村正直に委嘱《いしょく》されたのだという歴史的事実を忘れてはならない。この意味において、この勅語は、自国の伝統をそのまま普遍原理として主張しようとするのではなく、むしろ、当時にあって普遍原理とみなされていた諸価値を古来の伝統に即したものとして主張しようとする姿勢をもつところに特色があった。その意味では「斯ノ道ハ實ニ我ガ皇祖皇宗ノ遺訓ニシテ、子孫臣民ノ倶ニ遵守スベキ所」というのは歴史的事実というよりも教訓を垂れようとする人が修辞的に強調した教育的配慮ともいうべき一節であり、「之ヲ古今ニ通ジテ謬《あやま》ラズ、之ヲ中外ニ施シテ悖《もと》ラズ」という『教育勅語』の結びは一種の強がりであった[19]ともいえるのである。

『教育勅語』の特色は『五箇条ノ御誓文』との比較において判然とする。誰しもが気づく点は、『五箇条ノ御誓文』に比べて『教育勅語』の視野の中から他国の存在が消えているということだろう。幕末以降の日本史の特色は、鎖国時代のそれと違って、好むと好まざるとにかかわらず、西洋を中心とする外国の存在が影を落としていることだった。『五箇条ノ御誓文』では国際社会に遅れて参加した日本が、自国の独立を保全する手段として外国に学び文明開化の道を進むことが天皇・公卿・諸侯・百官を対象に高らかに宣言されている。それに対して『教育勅語』は、天皇が広く国民全体を対象に教育というか国民道徳を述べている。『五箇条ノ御誓文』が京都の紫宸殿で日本の政治エリートとともに誓った文言であるのに対して、『教育勅語』は西洋に直接触れることのない国民一般を対象としている。その点では『五箇条ノ御誓文』とは発布時の性格を異にしている。しかしそうとはいえ、『教育勅語』の中では日本と外国の関係が示されている言葉としては、「一旦緩急アレバ義勇公ニ奉ジ、以テ天壌無窮ノ皇運ヲ扶翼スベシ」という非常の事態を想定した語句が存在するのみである。『教育勅語』では日本以外の国の存在は視野から消え去ったかのごとくであった。しかし西洋の存在がいっさい無視されて「国体」イデオロギーのみが高らかに宣揚されているこの『教育勅語』は、日本人の自信の回復を示すものだろうか。けっしてそうではない。外国の存在が無視されているのは――外国とのかかわり合いが『五箇条ノ御誓文』の場合と逆にネガティヴな「一旦緩急アレバ」という場合のみで示されていることからわかるように――外国の存在が落とす影を払い切ることのできない日本人が、ことさらに内発の価値に依拠しようとした。『教育勅語』はそのような不安に満ちた姿勢を表すものであった。この勅語には共通の国民道徳の遵守と、その道徳の淵源を共有する意識によって、国民内部の団結を図ろうとする意図が一貫しており、それは始まりの言葉「我ガ臣民克ク忠ニ克ク孝ニ、億兆心ヲ一ニシテ」から「朕爾臣民ト倶ニ拳拳服膺シテ咸其徳ヲ一ニセンコトヲ庶幾フ」という結びにいたるまで一貫してはっきりと表現されている。

日本の西洋との愛憎関係

このようにして『教育勅語』は、『五箇条ノ御誓文』がその始まりを象徴した、ひたすらな「西洋への傾倒」の時代を終わらせるべく宣言されたものであり、かつて『五箇条ノ御誓文』が、いまだ日本において顕現されていないものとして、到達すべき目標として「天地ノ公道」という価値を打ち出したのに対して、むしろすでに日本の歴史において実現しているものとして、依拠すべき根拠として「国体」という価値を打ち出したのである。

西園寺公望《きんもち》は井上毅《こわし》の主張に強がりがあることをさとく感じていた。一八九八（明治三十一)年には文部大臣として第二の『教育勅語』を作る腹づもりであったといわれる。従来の道徳は社会が上下の関係で組織された時代の産物であるから、これからは人々が平等の関係で自他たがいに尊敬して自ら生存するとともに他人を生存させることを教えなければならないと考え、よりリベラルな方向へ向けてもう一つ勅語をつくろうとして、明治天皇のご承諾も得ていたが、内閣の総辞職で実現しなかった由である。

『五箇条ノ御誓文』に表現されたのは、世界の中ではじめて物心がついた幼児の、外なるものを取り込もうとする姿勢であった。大雑把《おおざっぱ》に言えば、そこに生じたのは、世界へアイデンティファイしたいという欲求であった。しかしながら、そのような姿勢による「西洋への傾倒」を急ぎ過ぎたと気づいた二十歳過ぎの明治日本がなによりも切実に求めたのは、大雑把に言えば、自己のアイデンティティーであった。『教育勅語』はそのアイデンティティー確認の努力の幾分かを表現している、とでもいえよう。

非西洋の国日本とその国民はその二十二年間に西洋から多くの量の基本的なものを取りこんだ。それらは、それらの制度や観念なしでは国家のアイデンティティーを確立することが不可能でもあったろう。そしてそれらなしには「西洋」によって支配され秩序づけられた国際社会において、日本国家が独立して存在することは不可能であったろう。しかしそれとともに、その西洋からの全面的な取りこみは、日本人にとって、それあるが故に白分自身を獲得して自立する、という自己確立の基礎過程を不安に満ちたものとした。すなわち、一面における西洋文明を摂取せねばならぬという国家理性の要請と、その種の努力によって日本の文化上の自己同一性が犯されはしまいかという焦燥感——そのような自尊心の傷つきやすい心理上の問題が底辺にひそんでいたからこそ、日本人は対西洋諸国との外交危機に際して、その後も不思議とも思えるほどの熱狂を示したのではなかろうか。「国体護持」という言葉がかつて人心を深くとらえたことがあったのも、その種の心理上の問題と深いつながりを有する事柄に相違ない。日本の西洋との愛憎関係が注目に値する所以である。

ハーンが報じた勅語奉読式

ここで祝日の行事としての勅語奉読にふれたい。『教育勅語』奉読式の模様をいちはやく正確に記述したのはラフカディオ・ハーンで『英語教師の日記から』に出ている。ハーンが勤めた松江の島根尋常中学校の最初の勅語奉読式は明治二十三年十一月十五日に行なわれた。[*20]

午前八時、我々中学校の関係者は全員講堂に集って知事の来校を待った。知事は天皇のお言葉を各校で読むのである。我々は起立して知事に一礼する。ついで国歌が歌われた。それから知事が演壇にのぼると勅語を取り出す。漢語片仮名まじりの巻物で、絹の袋に納めてある。ゆっくりと絹織の袋から引き出すと、恭《うやうや》しく額《ひたい》のところまで持ちあげ、巻物をひろげ、ふたたび額のところまで捧げると、一瞬厳《おごそ》かに間《ま》を置いてから例のよく通る朗らかな深い声で、まるで朗詠のような古式の読み方で一音一音に節《ふし》をつけるごとく読み出した。

We consider that the Founder of Our Empire and the ancestors of Our Imperial House placed the foundations of the country on a grand and permanent basis, and established their authority on the principles of profound humanity and benevolence.

That Our subjects have throughout ages deserved well of the state by their loyalty and piety and by their harmonious cooperation is in accordance with the essential character of Our nation; and on these very same principles Our education has been founded.

You, Our subjects, be therefore filial to your parents; be affectionate to your brothers; be harmonious as husbands and wives; and be faithful to your friends; conduct yourselves with propriety and carefulness; extend generosity and benevolence towards your neighbors; attend to your studies and follow your pursuits; cultivate your intellects and elevate your morals; advance public benefits and promote social interests; be always found in the good observance of the laws and constitution of the land; display your personal courage and public spirit for the sake of the country whenever required; and thus support the Imperial prerogative, which is coexistent with the Heavens and the Earth.

Such conduct on your part will not only strengthen the character of Our good and loyal subjects, but conduce also to the maintenance of the fame of your worthy forefathers.

This is the instruction bequeathed by Our ancestors and to be followed by Our subjects; for it is the truth which has guided and guides them in their own affairs and in their dealings towards aliens.

We hope, therefore, We and Our subjects will regard these sacred precepts with one and the same heart in order to attain the same ends.

ハーンは勅語の英訳を東京の教育雑誌 *The Museum* から拾ったことを注記し、翻訳では原文が与える荘重《そうちょう》な感じをとても伝えることが出来ない、としている。ちなみに G. B. Sansom, *The Western World and Japan* の旧版には、これとは違う『教育勅語』の公認の英訳文が引かれており、その英語文体については註に「おそるべき」atrocious の語で酷評されている（日本教育再生機構関係者の中には『教育勅語』を尊重するあまりその英訳文が外国人に感銘を与えたかのような説をなす人がいるが、贔屓《ひいき》の引き倒しに類する発言であろう）。英訳された『教育勅語』が必ずしも西洋人に感銘を与えないということは、裏返していうと、『教育勅語』の美点はその漢文体訓読体としての文章の良さにある。単純な人間が守るべき教えの基本を盛った達意の朗々たる響きのよい名文なのである。その漢文訓読体の文体の力で『教育勅語』はもっていた。そのことは国民道徳協会が拵《こしら》えた口語訳を読みあげてみるとわかる。口語訳は文章のしまりがなく、意味の訳も正確でない。感化力があろうとは思われない。

私が体験した勅語捧読式

私は小学校以来、四大節に東京文理科大学学長が『教育勅語』を奉読するのを聴いた。起立して頭を垂れ、冬は洟《はな》をすすって聴いた。歴代学長の中で河原春作学長の朗読が、声音が美しくめりはりがあった。しかし敗戦後のある日こんな椿事《ちんじ》があった。昭和二十年十一月三日の明治節の朝かと思う。東京高等師範学校附属中学校生徒は焼け残った小学校講堂に小学生もろとも集められたが、恒例の式が始まらない。事務官があわただしく行きつ戻りつする。勅語が見つからないという。それで奉読なしで式は終わった。そしてそれきり次の四大節にも勅語奉読はなかった。一体あれは何だったのだろう。あの日、本当に勅語は見あたらなかったのだろうか。空襲か戦後か校舎が混乱して保管場所がわからなくなったのだろうか。

しかし敗戦後の一九四五年十月、占領軍総司令部はいちはやく軍国主義的教育・超国家主義的教育の禁止を指令し、文部省も占領政策に反意を示す者の解職を通達した。それだから現場では『教育勅語』を奉読してよいか否かわからず「勅語が見つからない」を口実に奉読なしにしたのだろうか。戦時中は美術研究所で矢代幸雄所長は『教育勅語』を誤読して退任を余儀なくされたが、戦後は『教育勅語』を奉読して校長は退任を余儀なくせざるを得ないのではないか、という怖れも逆にあったのだろう。そして実際、一九四六年十月、文部省は勅語奉読の廃止、勅語・詔書の謄本の神格化廃止を通達した。そして一九四八年六月十九日、日本の衆参両院は『教育勅語』『軍人勅諭』の失効確認・排除に関する決議案をわざわざ可決したのである。

そんな戦中・戦後の過渡期に生きた私は、二つの時代を生き、二つの面を見たことで歴史の実物教育を受けた。戦後に教育を受けた民主主義世代の人たちは教科書で習ったことをそのまま信じ、その点いかにも単純でソフィスティケーションが足りない。だから戦後的価値の信奉者と『五箇条ノ御誓文』や『教育勅語』について私が話そうとしても話が通じないことがままあるのである。それはいまの人は『五箇条ノ御誓文』や『教育勅語』の名前は知っていても、内容を知らないからである。中身は知らないが『教育勅語』についてはなにか反動的という否定的な印象だけは持っている。だから『教育勅語』について話をすること自体に拒否反応を示す人もいる。またそれとは逆に、占領下に『教育勅語』が失効させられたことに不満を抱き、その中身もよく知らないが『教育勅語』の復権を主張する人もいる。私は前者も困り者だが、後者もやはり困り者だと思っている。とくに『五箇条ノ御誓文』と『教育勅語』を一くくりにして反対する人と、一くくりにして賛成する人とがいるが、ともに単純すぎるのではあるまいか。私はこの両文書についてまず文章に即して説き明かし、その中身を味わうのがよいと考える。そして両者の相違を話題とし、その二つの文書によって始めと終わりをくくられた明治前期の歴史について考えることも意味があるといいたいのである。

なお『教育勅語』については内容よりもそれの取扱い方、あの余りに仰々しい勅語奉読の儀式、あの ceremonialism だけはなんとか廃止できぬものかといった一九四五年十二月当時の占領軍総司令部内部の議論[*21]には一理あると私は思う。しかしそれだからといって占領軍総司令部が日本の教育内容に干渉してよいことにはならない。

そして最後に『教育勅語』の扱い方を隣国の『毛沢東語録』の扱い方とも比べてみたい。暗記には良い面と悪い面があるといったが、暗記は憶える対象が価値ある文章ならば教育として悪いことではない。しかし文化大革命下の中国のように何億という国民が声を揃えて『毛主席語録』を暗誦する。中学生の英語の時間はその英訳の暗誦で始まる、という国民教育はさすがに馬鹿々しいと中国人も口にこそ出さね思ったからであろう、鄧小平が実権を握って改革開放路線に転ずると『毛主席語録』は顧みられなくなり、誰も大声をあげて朗読しなくなった。北京の道端で売られていた古本の『毛主席語録』の値も天安門事件の後では十元だったかと記憶する。ちなみにその冒頭に出ているのは「領導我們事業的核心力量是中国共産党」という言葉だが、中国の民衆はもはやそんな党の指導に満幅の信頼を置いていないから『毛主席語録』の古本は日本円で二百五十円の安値となったのであろう。二十元で売っている人を見かけ「很貴《ヘングイ》」と値切ろうとしたが応じなかった。そのときこの中年の古本を売っている男は『毛主席語録』の価値をひょっとしてまだ信じているのだろうか、と考えた。

　勅諭という皇帝の文書を謹んで承らせるのは中国文化の伝統である。冒頭に掲げた皇帝なり主席なりの主張を畏《かしこ》まって無条件で承認せねばならない。そしてそのような権威に慴《しゅう》伏《ふく》する心理的伝統は『論語』などを聖賢の教えとして無条件に有難がった知的風土と密接に関係している。しかし「承詔必謹《しょうしょうひっきん》」「詔を承りては必ず謹《つつし》め」と無条件に道徳律を押し付けられるのは困る。そうした権威主義的発想は、自己自身の考え方に従って行動しようとする人には、押しつけがましく感じられるであろう。それは西洋でも『モーセの十戒』などの押しつけに反対する人がいるのと同様であろう。しかも『毛主席語録』をふりかざすことは自己の忠誠証明でもあった。日本で校長が『教育勅語』を誤読して辞職を余儀なくされたが、『毛主席語録』を誤読などすれば三角帽子をかぶらされて吊し上げられかねなかった。『毛主席語録』をうっかり上下逆さに手にもって振りかざしただけで周囲の非難を浴び、反逆心を疑われたことであろう。

私は戦争末期、金沢市からさらに市の東はずれの第三中学に疎開した。八月はじめの夜、空が赤く富山が空襲されたとわかった。そのとき田中良運先生が廊下に立っていた。これは奉安殿が爆撃され御真影《ごしんえい》や勅語が焼失すると一大事だから、それで寝ずの番をしていると私は思った。かつて御真影焼失の責任をとり自殺した小学校長の話は聞いていた。ところが戦後三十年経ってその話をクラス会でして級友に笑われた。当時は塩不足で海水を料理に使った。含まれるマグネシウムのため生徒は下痢をおこし、長い廊下の先の電燈もない大便所まで行かずに洩らしてしまう。三中から苦情が出る。それで特別科学組の担任が夜見張りに立っていたのだという。私は自分がいかに観念的な皇国少年だったかをその時思い知らされた。

御真影拝礼

ハーンは『教育勅語』奉読式と並んで御真影拝礼の場面も『英語教師の日記から』の第十

節に紹介している。四大節に拝礼することは明治二十一年以後行なわれたが、諸外国でも君主の写真に敬意を表さぬ者が出たように、日本でも天皇の写真に礼を拒む者が出た。第一号は一高教授でキリスト者の内村鑑三で、内村は当時は非常な非難を浴びたが、戦後はなにかその内村の「不敬」が正しかったかのように一部でいわれている。そのような意見があることは、現在の日本が複数の価値観の共存を許容することを示してはいる。しかしハーンが『英語教師の日記から』の第十八節で述べた一中学生徒との会話が、いまも私たちに強く訴えるものを持っていることを忘れてはならない。石原喜久太郎はのちに東大医学部教授となってツツガムシ病リケッチャを発見した人だが、ハーンはその石原生徒がある日、二本の梅を持って来て、こんなことを自分に言ったと書いている。

「先生が天長節の式の際に天皇陛下の御写真の前で御辞儀をなさるのを見ましたが、先生は前にいらした英語の先生と違います」

「どういう風に違いますか？」

「前の先生は私たちは野蛮人だと言いました」

「なぜです？」

「ゴッド——といってもその先生のゴッドですが——そのキリスト教の神様以外に尊ぶべきものはなく、卑俗で無知な者だけがそれ以外のものを尊敬するのだと言いました」

「その先生はどこから来た人ですか？」
「その先生は牧師で、英国臣民であると言っていました」
「しかしもし英国臣民であるなら、英国の女王陛下を尊敬しなければならぬはずです。その人は帽子を脱がずには、女王様の御写真のある英国領事の事務室にだってはいれないでしょう」

ハーンは明治時代に来日した西洋人中、キリスト教的西洋の絶対的優位を当然自明のこととしない例外的な人だったが、右の会話に出てくるような西洋人宣教師こそ、「野蛮人で、卑俗で、無知で、凝り固まったクリスチャン」だと思っていた。

バジル・ホール・チェンバレンもこの件についてはハーンと同意見で『日本事物誌』中の「御真影拝礼」という記事に、「皇帝御自身の前でする敬礼が偶像崇拝にならないというのなら、その写真の前でする敬礼がどうして偶像崇拝になるといえるのか。御真影拝礼の場合と異教徒の偶像崇拝の場合とは同日の論ではない」と書いている。

複眼の歴史観

私は東大の一般教育演習で、内容の是非はともかく影響力という点で、過去百五十年の日本史を通して重要な公式文書であるとして『五箇条ノ御誓文』、『教育勅語』、『日本国憲法』（前文と第九条）の三つを読み比べさせ、日本と外国との関係という見地から、その感想を問うたことがある。すると一九七九年当時の東大生が良しとしたのは『五箇条ノ御誓文』が第一で、一九四六年の『日本国憲法』（前文と第九条）より評価がはるかに高かった。学生の感想は教師の意見に影響されやすく、その結果かもしれないが、その反応を興味深く感じた。それというのは、第二次大戦後の日本の歴史学界は左翼が乗っ取った格好で、その人たちの手になる教科書では、『五箇条ノ御誓文』やとくに『教育勅語』にたいしては評価が高くはない。というか低い。それと裏腹に『日本国憲法』の平和主義にたいしては評価が高い。他方、保守系の論客の中には昭和二十一年の占領下の『日本国憲法』こそ改正すべきであって、『教育勅語』は立派と主張する向きがいる。私の演習に出た東大生はイデオロギーにあまりとらわれず感想を書いた人が大半だが、まず文章という点で『日本国憲法』の翻訳調は一九四六年憲法成立における占領軍の圧力を感じさせる点で評判が良くなかった。

日本と外国の関係については「一旦緩急アレバ義勇公ニ奉ジ、以テ天壌無窮ノ皇運ヲ扶翼スベシ」という非常事態の想定のみがある、いわば臨戦態勢を思わせる『教育勅語』は、戦後世代には評判は良くなかった。しかし「戦争放棄」の『日本国憲法』第九条「日本国民は正義と秩序を基調とする国際平和を誠実に希求し、国権の発動たる戦争と武力による威嚇又は武力の行使は、国際紛争を解決する手段としては、永久にこれを放棄する。前項の目的を達するため、陸海空軍その他の戦力は、これを保持しない。国の交戦権はこれを認めない」は、周辺諸国が軍事的恫喝を加えてきた際、それにどう対処するかを述べていない。これは非常事態を想定していないという意味で安心感を与えてくれない。口先だけの理想主義が欠陥となっていることを多くの学生も承知していた。それだけに日本と外国の関係について「智識ヲ世界ニ求メ」「旧来ノ陋習ヲ破リ、天地ノ公道ニ基クベシ」という明確な指針を示す『五箇条ノ御誓文』が昭和末年の東大生にも好評だったのである。

しかし「天地ノ公道」についてはその内実が具体的に示されていない。だから日本の「旧来ノ陋習ヲ破」ろうとすると、反射的に西洋文明を謳歌し、それに心酔する欧化主義の危険性も『五箇条ノ御誓文』にはすでに含まれていた。そして敗戦後の日本にも根無し草の国際主義は流行した。知識を世界に求めた英才才媛のある人の中には「脳内白人化」する傾向が見られたからである。

事態はその後さして変化していない。しかし昨今の日本の相対立する歴史教科書問題については、私は文字通り安価に問題を解決しうる時期に近づいていると考える。名門高校では相対立する二種類の近代史教科書を生徒に購入させ、複数の視点から歴史を再考させる。そのような訓練こそが本物の学問であろう。教科書問題の深刻さに比べれば二冊の歴史教科書代など安価なものではあるまいか。また大学側の入学試験問題も特定の史観に基く「正解」に丸をつけさせるような現状を放置してはならない。受験生に自分の頭で答えを考えさせるべきで、右であれ左であれ歴史の授業を政治的洗脳の学習に使うべきではないだろう。二つの面を自分の目で見させることこそが最良の歴史教育なのではないだろうか。

馬立誠《ばりつせい》氏が二十一世紀の初頭に『戦略与管理』誌で予測したごとく「開国から愛国へ」という精神史的変化は実はいまや隣の大国でも再び進行中である。かつての日本の轍《てつ》を中国も踏むのだろうか。しかしいずれの国の歴史についても愛国主義的歴史観や自虐史観の一つのみで判断を下すことのないよう自戒したい。二本足の学者の養成をめざした比較日本文化論の一教授として私はそのことを願っている。

(10) Sukehiro Hirakawa, "Japan's turn to the West," M. Jansen ed., *Cambridge History of Japan* (Cambridge University Press, 1989) vol 5, pp 432-498. この論文は Bob T. Wakabayashi ed., *Modern Japanese Thought*, (Cambridge University Press, 1998) pp.30-97 ならびにさらに補完された形で Sukehiro Hirakawa, *Japan's Love-Hate Relationship with the West*, (U.K.Folkestone: Global Oriental, 2005) pp.47-126 にも再録されている。

(11) ちなみにこの詔書の冒頭に『五箇条ノ御誓文』を入れるようにと指示されたのは昭和天皇ご自身であるという。なお詔書の天皇の「人間宣言」という側面については都会の少年は別に驚かなかった。後年私は『平和の海と戦いの海――二・二六事件から「人間宣言」まで』を執筆した際、一九四六年一月五日の『ニッポン・タイムズ』に「天皇の新年の詔書は国内でよりも海外においてさまざまな論評と注目を惹《ひ》いたかに見受けられる。どうやら驚愕したのは日本人よりも外国人であったらしい」という皮肉とも取れる社説を読んで「ああそうだったな」と感じたものである。

(12) 平川祐弘・竹山護夫『古代中国から近代西洋へ――明治日本における文明モデルの転換』は『竹山護夫著作集』補巻(名著刊行会、二〇〇九。一―一一七頁)に収めてある。執筆分担は平川が六分の五、竹山が六分の一であるが、歴史学の論文としては日本近代史を専門とした今は亡き義弟の協力に謝意を表してそちらに発表したのである。

(13) 大陸で秦の始皇帝から始めて歴代皇帝の名を読みあげ、最後に宣統帝溥儀《せんとうていふぎ》といい、それから一呼吸おいて毛皇帝、といったならば、その人はどんな目に遭うだろうか。

(14) 官庁や大企業や大学の本流は日本とともに外国にも留学した体験者で構成するように仕組めば、その範にならって、留学志望者はおのずと増加するはずである。外交官試験に外国語の能力を求めないようなことをするから、日本人の外国へ向けての発信力は低下し、あわせて外務省そのものが地盤も沈下してしまうのである。通訳を介して恋愛はできない。人間外国人と濃密な交渉をするには自分で外国語を用いねばならない。

(15) G・B・サンソム『西欧世界と日本』(ちくま学芸文庫)下、第十三章　明治初期・政治情勢　二　封建制の残滓《ざんし》。

（16）そのほか、戦時中は『宣戦ノ詔勅』を、また軍の学校を志望する中学生は『軍人勅諭』を暗記しようと努めた。私もその一人であった。

（17）以下に第一次世界大戦以後に生じた日本はいかなる国際秩序を尊重すればよいのか、という問題を註記する。明治維新に際して「脱亜入欧」へと文化政策を転換した日本は、華夷秩序から脱却したものの今度は西洋本位の世界秩序の中に組み込まれた。その方向転換をある人々は「脱亜入欧」と非難したが、日本人が漢学より英学を尊び、語学的並びに文化的に脱漢入英した史実は疑うべくもない。そのようなアングロ・サクソン本位の文化秩序の中に日本は進んで入ったが、しかしその種の西洋本位の国際秩序にただ従順に従えばそれでよいのか、という問題が生じた。一九三〇年代、「持たざる国」である独・伊・日は「持てる国」である英・米・仏・蘭などの既成の国際秩序へ挑戦しようとして失敗した。日本はアジアで覇権を確立し西洋本位の世界秩序から別の東亜新秩序の建設を試みて失敗した。だが「英米本位の平和主義を排す」ることは悪い事なのか。そこには良い事の可能性は全くないというのか、という問題は完全に解決されているとは言えず、その種の「革新的」主張は今後も必ずや唱えられるであろう。用心すべきことである。

（18）内藤湖南は後に『日本文化史研究』に収められた『日本文化とは何ぞや』（其一）という一九二二年の論文で、日本人の自国の文化が自発的であるとするお国自慢を批判して、こう述べている。

例へば茲《ここ》に忠孝と云ふ事がある。忠孝と云ふ名目は勿論支那より輸入した語であるが、忠孝と云ふ事実は元来日本国民が十分に具《そな》へてゐて、自分が所有せるものに支那から輸入した名目を応用したものと云ふことに解釈しようと欲する傾がある。然しながら之を根本より考へて見ると、既に国民がもつて居つた徳行の事実があり、而して又他方に固有の国語がある以上、何か其の事実に相当した名目がなければならぬ筈である。……忠孝と云ふ語の如きは、日本民族が支那語を用ゐる以前に如何なる語で表してゐたかゞ殆ど発見しがたい。孝を人名としては、「よし」「たか」と訓むが、其れは「善」「高」と云ふ意味の言葉であつて、親に対する特別語ではない。忠も「たゞ」と訓むのは「正」の意味で、「まめやか」と云ふ義に訓するのは、親切の意味で是も君に対する特別の言葉ではない。一般の善行正義と云ふやうな外に、特別な家族的な並に君臣関係としての忠孝と云ふことが、既に古代に其の言葉がなかつたとすれば、其の思想があつたか否やが大なる疑問とするに足るではないか。

(19)ちなみに先に引用した *The Museum* 掲載の『教育勅語』英訳には「之ヲ古今ニ通ジテ謬《あやま》ラズ、之ヲ中外ニ施シテ悖《もと》ラズ」という箇所に示された古今中外に通じる「正しい道」という真理性の強調のニュアンスはよほど薄らいでいた。なおこの種の宣言にはお国自慢といおうか国民的自負は露骨に示されがちなものである。それは各国の国歌の歌詞にはいずれも自国の美徳が強調される傾向が見られるようなものであろう。

(20)『英語教師の日記から』の第七節、小泉八雲著『明治日本の面影』講談社学術文庫所収。

(21)詳しくは William P. Woodard, *The Allied Occupation of Japan 1945-1952 and Japanese Religions* (Leiden: E. J. Brill, 1972)。ただしウッダードの記述にはミッショナリー・プレジュディスに類した先入主も見られる。

第六章　『福翁自伝』とオランダの反応

『福翁自伝』の英訳 *The Autobiography of Fukuzawa Yukichi* は一九三四（昭和九）年に東京北星堂とロンドン、W.G. Allen 書店から出版された。すると翌一九三五年三月二十四日、オランダ、アムステルダムの『デ・テレグラーフ』*De Telegraaf* 紙に『福翁自伝』英訳に対する長文の書評が出た。ところがオランダ語で書かれたためであろう、今まで日本に紹介されたことがなかったようである。拙訳を掲げるが、それに先立ち西洋人が見た『福翁自伝』について多少感想を記させていただく。

『福翁自伝』にいちはやく注目し紹介した有力外国人はバジル・ホール・チェンバレンである。一九〇五年に出た *Things Japanese*『日本事物誌』の第五版に「福沢は自国民を開化することを己れの使命とした。それは彼らを東洋主義《オリエンタリズム》から脱却せしめ欧化すること、というか、より正確には、アメリカ化することであった」と述べて『福翁自伝』を明治日本人の著作の中で最高傑作と呼んでいる。その見事な長文の紹介を私は全文拙著『進歩がまだ希望であった頃――フランクリンと福沢諭吉』（新潮社、一九八四年、後に講談社学術文庫）に訳出したので、ここではこれ以上それについては再説しない。しかし右に引いた数行からだけでも福澤が目指した目標が日本の西洋化であり、チェンバレンもまたそれを良しとしたことが察せられるであろう。

欧化主義とは西洋文明の価値を上に置き、それに同化することを良しとする態度であるから、西洋人にとっては自己の文明の価値が非西洋の人によっても肯定されたことになる。それだけに心地よいことであった。その福澤諭吉は「日本の英学の父」とも呼ばれた。そんな人であってみれば、福澤の自伝が一九三四年に出た際に、英米で好意的な注目を浴びたのは当然だろう。書評はロンドンの *Times, Literary Supplement* 一九三五年一月十七日号に、また *Manchester Guardian* 一九三五年一月九日号にいちはやく出た。その二つの新聞記事は慶應関係者の目をひき、書評の日本語訳は『三田評論』同年四月号に二つとも掲載されている。『タイムズ文芸付録』の書評は『マンチェスター・ガーディアン紙』より詳しいが、福澤の「孫の一人で現在慶応義塾に英語を教へてゐる」清岡暎一の英訳についてこんな風に述べている。

塾長の小泉（信三）教授は序文中に此の「今日の日本文明の恩人」に称讃の辞を捧げ、その徳川末期より明治の大半に亙る福澤の事業の歴史的意義を力説し、又この自叙伝は「其文体に於て、其内容の面白さに於て、著者と其時代とに関する文献としての重要性に於て」世界の自叙伝文学中の最高のものと比較せらるべき傑作であると云つてゐる。

> 日本人は通常、武士道を基礎とする習慣の為、感情の抑制と沈黙とを以て特性としてゐる。故にその沈黙を破り、胸襟を開いて物語つてあるといふ点だけでも、此の本は慥《たし》かに欧洲人にとつて非常に面白い「生きた文書」である。此書の読者は、稀有の独立的性格と封建的束縛に対する嫌悪と深き祖国愛と祖国に対する献身的奉仕とを併せ具へた一人物の奥底の心持ちから家庭生活までをも窺ひ知ることが出来る。

この『福翁自伝』は第二次世界大戦後さらに西洋人の注目を惹くこととなった。コロンビア大学出版局からペーパー・バックで出版され、エドウィン・ライシャワー教授が日本の近代化をもっとも雄弁に説き明かす一冊の書物は『福翁自伝』であるといったからである。ライシャワーは一九五〇年代から六〇年代を通して北米の日本研究をリードした学者で、ケネディー政権当時には米国の駐日大使もつとめた。米国の大学の日本学科ではY. Fukuzawa: *The Autobiography*, tr. Eiichi Kiyooka（New York: Columbia University Press, 1966）は必読文献に指定された。福澤の理想は「絶遠の東洋に一新文明国を開き、東に日本、西に英国と相対して後れを取らぬやう」にすることであったから、西洋人読者には『福翁自伝』は西洋を師として学ぶべきことが力説されている。それは別の言い方をすると『福翁自伝』は the West as Number One: Lessons for the Japanese を説く書物として英米人に読まれたのだといってもよく、西洋で好評だったのは当然であろう。

しかしそのような米英人の自己満悦的な読み方には問題もないわけではない。私は一九七〇年代の後半から北米へ再三教えに行く機会に恵まれ、その際講演の題目の一つとしてBenjamin Franklin and Fukuzawa Yukichi: Two Autobiographies Comparedを用意し、プリンストン大学、ブリティッシュ・コロンビア大学、台北のロータリー・クラブ、また龍谷大学とハワイ大学と共催の学会などで繰り返し発表した。その平川論の日本語版が先に引いた『進歩がまだ希望であった頃――フランクリンと福沢諭吉』なのだが、講演の英語版はSukehiro Hirakawa, *Japan's Love-Hate Relationship with the West*（Global Oriental, 2005; Brill, 2010）に収めてある。このような比較はフランクリンと福澤を相対化することを意図したものである。すると英国のコータッチ大使が*Asian Affairs*に「平川は英語で読めば『フランクリン自伝』の方が面白いが、日本語で読めば『福翁自伝』の方が面白いと読者を挑発するような論評を試みた」と書評した。パリ第七大学のブライミ教授も同じ感想を述べた。「すべてのヤンキーの父」フランクリンはいわば横綱で、日本の福澤ごときは十両以下の人物だと西洋人も日本人も思ってきた。そんな両者の取組みはあり得ないと頭から決めていたから、両者を同じ土俵にあげ本格的に比較論評する人もいなかったのである。現にドイツのキルシュネライト教授はこの二人の比較論の可能性を頭から否定している。同じ土俵の上で優等人種と劣等人種が優劣を競うことなどあり得ないと思う人は、西洋人はもとより普通の日本人にも、とくに脳内白人化した日本人にもいるであろう。しかし岩波文庫で二冊を読ませると日本の学生は九割方『福翁自伝』の方が断然面白いとけろりと言うので、これは私が東京女子大で教えたときの女子学生たちのきわめて正直な反応であった。かつてフランクリンを絶対視して褒めあげた斎藤勇東京女子大学長などには、そんな反応が自分たちの足元から出て来ようなどとは夢想だにしなかったのではあるまいか。

ただし『福翁自伝』を英訳で読ませ Franklin, *Autobiography* の英文と比較させると、米国人はもちろんフランクリンが上だと言う。世界最大の国アメリカの最大の偉人で「すべてのヤンキーの父」と呼ばれている人の自伝の方がどこの誰だか名も知れないフクザワの自伝より上に決まっている、と頭から決めてかかっているのである。英文で読み比べた人はフランクリンの英語原文の方がパンチが利いていると感じるであろうが、しかしたとえ二冊を読まずとも、フランクリンが上だと言う人は結構多いであろう。

さてそんな中で『福翁自伝』については日本人が見落としてきた西洋人側のやや複雑な反応がある。それは西洋人の中で英国や米国に劣らず自伝の英訳に関心を示した人に、数こそ少ないが、オランダ人もいた、ということである。オランダ人は自分たちは小国であるから日本人がオランダ人の感想などに注意を払わないのも止むを得ない、と半ばあきらめた節もあったであろう。しかしオランダ新聞人がそのような心境であったとしても、昭和十年ごろのオランダ人の声にまったく耳を傾けなかった日本側の態度に私はきまりの悪さを覚える。なんだか日本人として恩知らずのような気がしてならない。

それというのは徳川時代後期の百年間、日本の俊秀が一生懸命に学んだ外国語は漢文についでオランダ語だったからである。その様が『福翁自伝』には活写されている。またそれだからこそオランダ人にとって『福翁自伝』は格別の興味を呼ばずにはおかない書物だったのである。一九三〇年代のアングロサクソン人にとっては、地球の他の地域の人々が世界共通語となりつつあった英語を学習する様はもうほとんど陳腐な風景であったろう。しかし当時のオランダ人にとって他国で、それもヨーロッパを遠く離れた日本というオランダの植民地でもない地域で、自分たちの言葉がつい七十年前までは熱心に学ばれ、そのオランダ語が日本においては西洋文明東漸《とうぜん》の貴重なチャンネルとなっていたという歴史的事実は真に驚くべきことであった。

そんな福澤は長崎や大阪でオランダ語を勉強したばかりでない。大君《タイクン》の使節に随行して一八六二年にはオランダも訪ねている。そんなオランダ人の『福翁自伝』に対する人並みはずれた関心のほどは『福翁自伝』英訳についてもっとも長い書評が出たのがオランダの新聞であったという一事からも察せられよう。『デ・テレグラーフ』紙の一九三五年三月二十四日の日曜版はその第五ページの七割方をこの書物の紹介と書評に当てているのである。その書評の特色は『福翁自伝』の内容を平明に紹介するところにあるが、評者が『福翁自伝』の中の何に注目したかを知ることは私ども日本人にも逆に面白い。適塾のヅーフ辞書のある部屋で会読の前の晩、誇り高い書生たちは誰の助力も乞わず独力でオランダ語の原書を読み解こうと黙々と下調べをしている。そのさまをオランダ人記者は Jong Japan leert Nederlandsch opdat Japan beter kan verstaan「若き日本人たちは、それでもって日本の理解力が進むようにオランダ語を学んだのである」と評したが、旧制高等学校の寮での原書講読の下調べもそんな様であったことを思い出す。そしてオランダ人がもっとも感動したのは『福翁自伝』の次の一節であったことは間違いない。幕末維新の動乱の際、徳川の学校は潰れてしまい、維新政府はまだ学校どころではない。そのときに慶應義塾だけは学問を続けている。そのとき福澤が塾の者にいったのは、

「むかしむかしナポレオンの乱にオランダ国の運命は断絶して、本国は申すに及ばずインド地方までことごとく取られてしまって、国旗を挙げる場所がなくなったところが、世界中纔《わずか》に一箇所を遺《のこ》した。ソレは即ち日本長崎の出島である。出島は年来オランダ人の居留地で、欧洲兵乱の影響も日本には及ばずして、出島の国旗は常に百尺竿頭《ひやくしやくかんとう》に翩々《へんぺん》してオランダ王国は曽《かつ》て滅亡したることなしと、今でもオランダ人が誇っている。シテみるとこの慶應義塾は日本の洋学のためにはオランダの出島と同様、世の中に如何《いか》なる騒動があっても変乱があっても未だ曽て洋学の命脈を断《た》やしたことはないぞよ、慶應義塾は一日も休業したことはない、この塾のあらん限り大日本は世界の文明国である、世間に頓着するな」と申して、大勢の少年を励ましたことがあります。

私も一九六〇年の騒ぎのときに福澤のこの一節を後輩の大学院生たちに述べたことがある。そのときは目を吊り上げて私の忠告を斥けて国会周辺へデモに行った人たちも一九六八年になると、立場が逆転して学生たちに責められる側になり、それで学生騒動の実態はマス・ヒステリーだという見方に合点するようになった。すると「上野で戦争していたときも福澤は英書の講釈をしていた、と平川さんは安保騒動の時に言っていたな」と私の顔を見てソフィスティケートした笑いを浮かべるようになったものである。その私は一九六九年、東大紛争が終熄《しゆうそく》し、授業再開に際し『教養学部報』に「反大勢の読書」と題して「反体制」を唱えて騒いだ学生たちに『福翁自伝』の読書を薦める一文を寄せた。ちなみに私はパリでも北京でも台北でも『福翁自伝』を教えたものである。

余談はさておき、ここでこのオランダ新聞記事を私が目にした経緯にふれる。戦後の日本で英語翻訳書を出版したのは講談社インターナショナルだが、それが出版事業を停止して以来、日本は外国に向けて自国の出版物を自前で世に送り出す、という手だてを失ってしまった。採算が取れないからであろう。そのことを思うと、戦前の日本で英訳書物を出版した The Hokuseido Press は尊敬に値する。

Fukuzawa, *Autobiography* を出版した北星堂書店の中土義敬(一八八九—一九四五)はオランダから届いたこの新聞紙を大切に保存していた。ところでその中土が経営した昭和初年当時の北星堂はハーン関係の書物を多数出版した。その縁でヘルン文庫のある富山大学図書館に北星堂関係資料は保存されることになった。そこにこの『福翁自伝』書評の記事もたまたままじっていたのである。それを中土家の縁戚の千田篤氏から見せられた私は、慶應大学関係者は当然このオランダ紙の書評を日本語に訳しているものと信じていた。その日本語訳を読みたいものと思い、慶應義塾福澤研究センターに問い合わせた。しかしはかばかしい返事がない。私は慶應大学で開かれた『福翁自伝』のシンポジウムに自分自身で傍聴にでかけ、関係者に質問してみたが新日本古典文学大系の『福澤諭吉集』に校注を付した松沢弘陽氏もどなたもそんな書評のことは知らない。というか関心をお持ちでない。だいぶ時間が過ぎてから「翻訳されたか、されているかいないかわからない」と同センターの西澤直子教授から回答があった。翻訳されたかどうかわからない、という有様ではオランダ紙の書評は事実上世に知られていないということである。そう判断して、私は自分で『デ・テレグラーフ』紙の見出しも含めて全訳を拵えてみることにした。以下がそれで見出しもあわせて訳出する。

一日本人闘士の生涯
福澤諭吉はいかにして彼の祖国に貢献したか
オランダ文化との最初の接触

福澤、新生日本を語る

一九〇一年二月に日本人福澤諭吉は死んだ。彼は自分の祖国がなお封建支配の暗黒の混乱の中にあって祖国が外国人によって屈辱の憂目に会っていた時代に生まれた。外国人たちは近代的な小艦隊でもって文明において何世紀も立ち遅れている国に対しやりたい放題のことをやっていたのである。

福澤諭吉はオランダ語を学んだ。オランダ人は日本が関係を保持した唯一の西洋人であり、しかも出島 Decima に自分たちの居住地を有していたからである。後になって世界を広く旅した福澤はオランダも訪問している。外国人に対するありとあらゆる憎悪や福澤自身の生命に対する危険にもかかわらず、ヨーロッパ文明を学んだ福澤は、何人かの人々とともに日本を内面的にも外面的にも近代化するという事業にとりかかった。ルソーが十八世紀のフランスにとって大きな意味を持つ存在であるのと同様、福澤も彼の祖国日本にとって大きな意味を持つ存在である。本書で福澤諭吉は自分の一生を記述しているが、この一冊にはこの思想家であり闘士であった人の精神的昂揚、一途でひたぶるな気持、智慧や賢さがいっぱい蔵されている。

福澤諭吉が死んだとき彼の視線は新しく生まれ変わった日本に安らかに注がれていた。その日本はシナという巨人をすでに戦いで制圧し、ほどなくヨーロッパ最大の強国からも勝利を博すにいたろうとしていた。

十七世紀の初年から日本と外国の人々との間で通商は行なわれなくなっていた。そのような状態は十九世紀の中葉に日本が米英露その他の国々と通商条約を締結する時まで続き、そのあいだ日本は世界のいかなる国とも交わらずまた世界の進歩に加わることもしなかった。しかしそれに引続く七八十年の間に日本は世界を畏敬させるほどの精力と速度とをもって世界の一大強国へとなるにいたったのである。それは歴史上に比類を見ないもので、強いて比べれば、この日本の躍進は、一八五〇年頃まではまだ鎧をまとって徘徊し斧や槍を武器として使用していたプロシャ人たちが、それ以後プロシャを中心とするドイツ帝国としてにわかに急速な興隆をとげたこととおそらく肩を並べる歴史的発展といえるだろう。

軍事研究

日本は過去数十年の歳月のあいだに西洋の書物やヨーロッパの学芸と科学……そして西洋の軍事技術の研究に没頭することによってこの高みに到達した。西洋が日本についてその水準がどの程度であるかおよそ知らないでいたころ、日本人も西洋の水準がどの程度であるかおよそ見当もつかないでいたが、そんな時代に福澤は彼の同国人の仲間たちに日本以外の世界がすでに日本をいかに引き離しているかをいちはやく教えた――こうして福澤は日本人同胞の西洋学術研究の指導者となったのである。

一八五三年にアメリカの一小艦隊が日本の領海内に現れて日本政府に外国人に対し港を開くよう強要した。日本人は歴史始まって以来初めて西洋強国の意のままにされるという屈辱を味わった。というのも日本は自国が無力であると痛感したからである。ナショナリズムの大波が日本国中に荒れ狂った。攘夷熱は燃え上がりおよそ西洋的なるものはなにであれそれに対する拒否反応がひろまった。しかし何人かの政治家と何人かの学者は、なんらかの方法で日本の独立と将来を堅固な基礎の上に据えるためには、西洋がそれによって自己にその支配を可能ならしめたところの手段を日本もまた我が物とせねばならぬということを認識していた。そしてその手段とは知識の学習――西洋の軍事防衛の力と民族発展の研究にあると理解したのである。

福澤は自己の意見を自由闊達に表明する世にも稀な少数者に属する。福澤の知識の幅はきわめて広く、非常に優れた洞察力をもっている。それに加えて、福澤はすべての人が親近感をもたずにはいられない、人を惹きつけてやまない文体の持主でもある。それが福澤をして人気のある著述家たらしめたのであろう。近代的なものすべてについて日本人がまだまったく無知であった時期に、福澤は世界の歴史地理の概説、化学や物理の初歩的な原理、天文学、複式簿記、戦術と戦略、要塞建設法、歩兵銃の製作法、等々を教えたのであった。村田銃の発明者として有名な村田経芳将軍は自分は銃と射撃に関する最初の知識を福澤の書物から得たと語っている。

サムライ

福澤の父親は侍で、九州という島の豊前地方の中津の首長である大名に仕えるという位のある家臣であった。福澤の誕生後一年半、この父親は死亡し、母親は五人の子供とともに彼女の生まれの土地に引揚げたが、その故郷で一家は苦境に耐え辛い目をしのばねばならなかった。

福澤の父は物質的な物に対する強い軽侮の念を抱いていた。この際注目すべき点は福澤の父が彼の主君の財務を監督していたということである。おそらくそのような仕事ゆえに福澤の父は古風な哲学研究と静かな自適の生活に心を惹かれたのに相違ない。父は子供たちの何人かをある塾の教師のもとへ送り出したところ、子供たちに数の勘定も教えていることに気づき、非常に腹を立てた。「無邪気な子供たちに数の使い方を教えてはならぬ。そんなものは商売人の道具だ。こうした教師がこの先さらに何を教えるかわかったものではない」。

家族は郷里に引っ込んでどうかこうか暮らした。子供たちは近所の子供たちとほとんどつきあわなかった。東京の北星堂書店から出たこの *Autobiography*, The Hokuseido

Press Tokyo の中に著者福澤によって描かれているこの家族の肖像も、著者自身の肖像も、また当時の福澤を取り巻いていたちょうど今から一世紀前の日本の姿もまざまざと浮かび上がる。この武士階級のサムライは立派ではあるが扱いにくい二本の刀を持って引き摺るような服装をして出歩いていた。……この侍たちは楽器などは手にしたこともなければ芝居小屋を覗いたこともなかった。芝居は上品な娯楽とは思われていなかったのである。福澤はもっぱら勉強した。彼は中国古典の勉学から始めた。――シナはそれに世界そのものであったし、日本は中国文化の影響下にあったからである。福澤はたいへん器用であった。錠を作るとか家の壁紙を張るとか屋根の修理などもした。そうした暮らし方であったから……職人たちに興味があったのである。当時の侍は使用人を雇えるほど裕福ではなかったから、自分たちで用足しをしなければならなかった。それで夕方になるのを待って、小さな布で顔を隠して買物に行った。しかし福澤は顔も丸出しで白昼堂々、自分の酒瓶を振りながら買物に出掛けた。それでも二本の刀は挟《さ》していた。大小を挟すことが武士階級にふさわしいこととして求められたのである。福澤は高位の役人で冬の間も夏の間も同じ着物一枚で過ごしている人がいると聞くや、すぐに自分も床《ゆか》の上に一枚かけただけで寝たりした。

福澤は民衆の迷信も退治した。当時多くの家庭で魔除けのために大切にされていた御《お》札《ふだ》を盗み出した。それでなにか罰《ばち》があたるのではないかと心配したが、なんの目にも会わなかった。福澤の目はいよいよ醒めた。

十九歳になった年、ペリー提督がアメリカ艦隊を引き連れて日本の海域にあらわれた。これが国民的な生気回復の原因となった。国家防衛と新しい戦術の問題で侍たちはにわかに忙しくなった。オランダ人だけがこの軍事技術を教えていた。十七世紀以来、オランダ人だけが日本人との交流を許されていたからである。福澤の兄は彼にアルファベットの横文字について話した。近代的な砲術について多少なりとも学ぼうとする者は誰も「原書《ゲンショ》」を研究せねばならない。

〈「原書」とは何のことです〉と弟は質問した。

〈「原書」とはオランダで出版された書物のことで字が横に並んでいる。日本語に訳された書物も何冊かはあるが、しかし西洋の学術知識を学ぼうとする者は原《もと》の言語に即して学ばねばならぬ。お前はオランダ語を習う気はあるか?〉

〈私はオランダ語だろうがほかの言葉だろうが習いたいです。ほかの人が読むことができるのなら私にだって読むことは出来るはずだ〉

長崎へ

こうして福澤は長崎へ向け旅に出、そこでオランダ語を習った。「今では日本国中到る所に、ビールの瓶の貼紙を見ても横文字はいくらもある。目に慣れて珍しくもないが、初めての時はこの奇妙な横文字がなかなかむつかしく異様でした。私は二十六のアルファベット文字を習うて覚えてしまうためには丸三日も掛りました……」。

福澤はオランダ語を習いながら有らん限りの仕事を働いた。「上中下の仕事なんでも引き受けて、これは出来ない、それは忌《いや》だと言ったことはない」。井戸端で水を汲んで大きな荷桶を担いで立ち上がったその時にぐらりと大地震に襲われたこともある。高価なオランダ語の書物を買うだけの金の持ち合わせはなかった。福澤は読みたいものだ、貸していただけないかと借用して、それを昼夜兼行で二百ページ余の本を写したりした。何日か経つと福澤はその原書を返上に行き〈この書物はまことに結構なものでございます。とくと眺めさせていただきました〉と挨拶した。刻苦精励《こつくせいれい》の仕事を続け実直な生活を送ったが、それでも福澤は自分が酒が大好きでたまらなかったことも公然と包み隠さず白状している。――そしてその酒を嗜《たしな》む癖はついに禁ずることができなかった。

オランダ語の書物はレンブラントと同様におよそ稀少である。――学校に全部で十部しかない。各学生は会読に際して割当てられた分を銘々一語一語みな写した。鉄のペンはないから筆でもって書き写した。徐々に鵞筆《がペン》でもって写す習慣を身につけた。その学校には『ハルマ』と呼ばれたヅーフ博士の手になる辞書の写本が一部あった。それにもう一冊ウェーランドという辞書もあった。試験の頃になると単語の意味を調べるために学生たちはみなその「ヅーフ部屋」で勉強している。若き日本は日本がより良き理解力をもつようにオランダ語を学習したのである。

当時の日本にはまだ蒸気機関はなかった。化学を習う道具も手段もなかった。若い学生たちが実験にとりかかると臭くてたまらない。その周辺《まわり》一帯はとてもいたたまれない。それで学生たちはとどのつまり櫂で漕ぐ舟を一艘雇い、淀川の上で実験することにした。しかし悪臭が風にのって岸に吹きつけると両岸の住民が喧《かまびす》しく叫び出す。それでも彼らは蘭学の学習を続け、それと同時に彼らは中国文化を学ぶ漢学の学生を馬鹿にし始めた。漢医書生は服装も立派だが、それを軽蔑してこんなことを言った、〈空々寂々《くうくうじゃくじゃく》チンプンカンの講釈を聞いて、勉強したと思っている。こうした連中が医者になって人を殺すとは恐ろしいじゃないか。今に見ろ、彼奴《あいつ》らを根絶やしにして呼吸《いき》の音《ね》を止《と》めてやるから〉。

将来

これから先どのような時代になるであろうか。それについては学生は誰一人見通しは立たなかった。福澤は江戸に向けて旅立つこととなった。

彼の身分で藩の公用で江戸で勤番するとなると家来を一人連れて行くのが定例《じょうれい》だった。福澤は素寒貧《すかんぴん》だったけれども、他の階級の者を一人家来として連れて行くことにした。こうして事は整った。

福澤は（横浜で）ヨーロッパの言葉が（看板などに）印刷されているのを見かけるが一向にわからない。福澤は英語の勉強を始めた。それはいかにも時宜《じぎ》に適ったことであった。一八五九（正確には一八六〇）年に福澤は彼は生涯のチャンスをつかんだ。彼は日本の「軍艦」に乗り込んでアメリカに渡った。これはオランダ人から買った小さな帆船でヒュルプ・ストーム・マシーネ（補助蒸気機関）がついており、日本人の手で運航された。日本は一八五二年に（ペリー艦隊の第一回来航は正確には一八五三年）その港を開くことを強要されるという屈辱を味わって以来、日本人はオランダ人から航海術と蒸気船の技術を習得し、初めて日本の船を一艘太平洋を横断させてサンフランシスコへ派遣したが、これは実際に大航海であり、日本人が良き生徒であることを示したものといえよう。初めて蒸気船を見てから七年が過ぎるや、日本人は咸臨丸《かんりんまる》を嵐の中をかいくぐって激浪の大海原を横切って米国へ送り込んだのである。……当時の日本人には外国為替という観念がなかった。それで現金――米ドルを持参した。劇《はげ》しく海が荒れたためにすべて散乱して船室はコインだらけになった。

新世界は驚きの連続であった。福澤たちが理論的に学んだことがここでは現実として存在していた。それでもマッチは日本人一行にとって目新しいものであった。福澤は自分が顔を赤らめている花嫁のように感じた。人々がダンスをしているのを見たが、一体そもそもかれらが何をしているのかすぐには見当もつかなかった。人間の立居振舞がいかにも奇妙に思われた。一家の主婦が座ってお客とお喋りしている。一家の主人は出たり入ったりして使用人に指図している。驚いたのは物が浪費されていることで、いたるところに空《から》の石油のブリキ缶、缶詰の空殻《あきがら》、壊れた機械類が沢山捨ててある。これが日本だと火事があれば焼跡から釘を拾おうと人が集まってくるのだった。

福沢はまた非常なる畏敬の念をこめて、

〈ワシントンの御子孫はどこにおられますか？〉

と質問した。

〈ワシントンの子孫にはたしか女がいるはずだが、どこにいるか知らない。なんでも結婚したと聞いたように記憶する〉

この相手の冷淡な調子に福澤は深い衝撃を受けた。ワシントンの一族といえば日本でならば幕府の基を築いた一族のように別格に遇されているだろうと思っていたからである。

外人憎悪

日本では攘夷熱が燃え熾《おこ》った。外人憎悪である。外国の文化や言葉に対して健全な関心をまったく示さない。福澤はアメリカ行きの直後、今度は幕府の通訳に雇われてヨーロッパへ旅行した。彼は英領インド、フランス、オランダ、ロシア、ドイツなどを訪問した。四十人から成るミッションで、――その一行とともに食料品や賄方も随行した。これらはすべてヨーロッパでも日本人のままでいられるようにという配慮からであった。何百箱の食料、金行灯《かなあんどん》、寝台までも持参した。パリに到着した際は随行員は多数だから下宿はなるべく本陣に近い所に頼むというと、接待員は〈皆さんは四十人ばかりだから、お安い御用だ。これればかりの人数なら同じホテルの中に二十組くらいは泊めることはできます。その程度のホテルはいくらでもあります〉と答えた。

使節団はオテル・デュ・ルーヴルに案内された。一行は広大なホテルの中で路に迷う始末である。各室には温めた空気が流通し、ガス燈は完備している。日本から箱入で持参した高価な食料品も、金行灯も、諸道具一切も不用の長物と化してしまい、結局誰かに贈物としてくれてやった。使節団の高位の一人が便所へ用を足しに行く。しきたりに従って家来がボンボリを持ってホテルのガス灯の明りでてらされている通路を先導して行く。家来は便所の戸を開いたままそこに畏まって主君の刀を恭しく捧げ持っている。福澤は偶然この光景を見、通路を行き来する多数の人々の表情を見て、戸を打ち締《し》めて、その家来にもっとヨーロッパの風俗にならって振舞ってもらいたいと頼んだ。

「また各国巡回中、待遇の最も濃《こま》やかなるはオランダの右に出《いづ》るものはない。これは三百年来（日本とオランダの）特別の関係（の自然の結果である）。ことに私をはじめ同行中に横文字を読む人で（ほかの外国語の学習を始める前に）蘭文を知らぬ者はないから（言葉を使うという限りにおいてはオランダは第二の祖国のようであった)。

それはさておき(なかなか意味深長なエピソード)がある。あるとき使節が紳士紳商に面会して、このアムステルダムの土地は売買勝手なるか、と問うた。彼《か》の人が答えて、

〈もとより自由自在〉

〈外国人へも売るか〉

〈値段次第、誰にでも金を支払う用意さえあるなら、われわれは何ほどにても土地を売るはずだ〉

〈もし外国人が大金を投じて広く土地を買い占め、そこに城郭砲台でも築くことがあったら、それでも勝手次第か〉

オランダ人は妙な顔をして答えた、

〈われわれはソンナ可能性はこれまで考えたことはない。いかに英仏その他の国々に金満家が多いとて、誰かこんな企てに金を使う商人がいるとは思わない〉」

使節団のメンバーが外国人と自由に接触しようとすると、いたるところに自分たち日本側の目付がついて来る。それでも福澤は多くの興味深いことを習うことに成功し、その見聞したことをつぶさにメモ帖に書きとどめた。彼は自分の体験をたちどころに日本語で記すとそれでもって自国民を啓蒙したのである。フランスにおける使節団のミッションはやや唐突に終わった。一英国人が江戸の近郊で薩摩藩の者に殺害され、それで突

然フランス政府の態度ががらりと変わったのである。使節一行はいかにも物々しいフランス陸軍部隊が護衛する中を進んで乗船した。フランスは自国の力を見せつけたのである。

砲撃

これから福澤の大事業がいよいよ始まろうとする頃、日本はイギリスと戦争を交えるという面倒な事態におちいった。ついに砲弾が打ち込まれた。外国人はすべて追い払えという攘夷の命令が発せられ、下関海峡を航行するオランダ船に対しても砲撃は加えられた。日本国内には不穏の気がつのる。上に立つ者や国民のうちにある保守的な精神が非常なる不幸をもたらすのではないかと福澤には危惧された。イギリス、フランス、オランダ、アメリカは三百万円の償金を要求して、長い談判の後にそれを獲得した。西洋は日本の門戸を叩いたが、各藩はいよいよ固く門戸を閉ざそうとする。幕府は何もできない。激しい内戦の末に近代派が権力を掌握し、日本は目覚め、国内統一をなしとげる。封建領主たちは彼らの特権を放棄し、ばらばらであった国土は領主たちの手から解放され、日本は一つの統一された国家となった。この情念と憎悪と相対立する利害というさながら魔女の大釜が煮えたぎる幕末維新の動乱の中にあっても福澤は教育を続けた。彼は塾生たちに向けて〈昔ナポレオンの乱にオランダ国は独立を失った。それでも出島ではオランダの国旗がいつも長崎湾の微風に誇らしげに翻っていた。それと同じでこの動乱の最中にあってもわれわれは出島におけるオランダ人のごとく振舞わねばならぬ。この塾のあらん限り大日本は世界の文明国である〉という趣旨を語ったのである。

福澤は日本にありとあらゆることを教えた。彼は自分で『時事新報』という日刊新聞の基礎を築いた。彼がそれを発刊したのは一八八二（明治十五）年のことだが、『時事新報』は引続き成功して今日に及んでいる。福澤は自分の祖国が繁栄し興隆する時代を身をもって生き抜いた。そして祖国があらゆる屈辱から免れるさまを見たのである。——祖国の建設を助けた賢人たちの中でその生涯を福澤ほど幸福に閉じることを見とどけた人ははたして何人いたであろうか。

以下に訳者平川のあとがきを添える。

オランダ人記者は書評を「福澤は自分の祖国が繁栄し興隆する時代を身をもって生き抜いた。そして祖国があらゆる屈辱から免れるさまを見たのである。——祖国の建設を助けた賢人たちの中でその生涯を福澤ほど幸福に閉じることを見とどけた人ははたして何人いたであろうか」という言葉で結んでいる。これは直接的には『福翁自伝』の結びに出てくる明治国家の興隆を喜ぶ「愉快とも難有《ありがた》いとも言いようがない。命あればこそコンナことを見聞するのだ。前《さき》に死んだ同志の朋友が不幸だ、アア見せてやりたいと」思ったという節を踏まえているのであろう。だとするとこの書評の結びの言葉は福澤の発言とはニュアンスをやや異にする。しかしオランダ人書評者の言葉はただ単にその節を踏まえただけでなく『福翁自伝』全体を通読した際に彼が覚えた読後感をこのような形で述べたのであろう。だとするとこのオランダ人記者の紹介の結語は、それはそれなりに正しいといってよいのではあるまいか。明治のネーション・ビルディングに関係した日本人の中で福澤ほど幸福にその人生を終えた言論人は少ないのではないか、と私も感じている。なおこのオランダ人書評者の名前は新聞には出ていない。

私は訳しながら西洋人がおちいりやすい誤解について感じるところがあった。一例をあげると、福澤は兄から江川太郎左衛門という人は近世の英雄で、寒中袷《あわせ》一枚着ているというような話を聞いて、自分も負けん気を起こして「毎晩搔巻《かいまき》一枚着て敷布団も敷かず畳の上に寝ることを始めた」それを hij slaapt van nu af op den grond, bedekt met een deken. と紹介されてしまうと、原文の「敷布団も敷かず畳の上に」の畳の上という日本の家屋の内部のことが西洋に通じないから「自分も床《ゆか》の上に一枚かけただけで寝た」という西洋語になってしまう。grond は西洋家屋だと床だが、そんな冷たい床と日本の畳の間は違う。日本語訳でルビを振らないと「自分も床《とこ》の上に一枚かけただけで寝た」と誤読されかねないがこの西洋語訳は床《ゆか》の上である。

その種の違和感は、オランダ語書評者が福澤が江戸の奥平の屋敷からの命令で大阪から江戸へ行く。それについて、原文に「およそ藩の公用で勤番するに、私などの身分なれば、道中並びに在勤中、家来を一人くれるのが定例で」あるけれども福澤には「家来なんぞということは思いも寄らぬことで」それで適塾の者で江戸行きを希望する者はいないかと声をかける。そうした江戸行きの機会を蘭学書生仲間に与えてやろうというのが福澤の気持だが、英訳文からはそこまで読み取れなかったのだろう「他の階級の者を一人家来として連れて行くことにした。こうして事は整った」と『デ・テレグラーフ』紙の書評では紹介されている。しかし連れて行った古川節蔵は他の階級でなく他の藩（広島の人）である。

西洋人と日本人で同じ『福翁自伝』を読んでなぜ双方の反応にギャップが生じるのか、読み手の感受性の違いがその原因の第一だが、原文と訳文が与える印象の違いもその原因の第二である。一例を原文に即して述べると、竹内下野守の遣欧使節について、四十人から成るミッションで「――それに食料品や賄方も随行した。すべてヨーロッパでも日本人のままでいられるようにという配慮であった」en proviand, keukenpersoneel, alles is meegenomen om in Europa Japanner te kunnen blijven という『デ・テレグラーフ紙』の報道はそれなりに面白いが、『福翁自伝』原文の「日本の鎖国をそのままかついで来て」などの類のいいまわしの妙趣にはとてもかなわない。日本語原文にはそれだけパンチが利いているということである（なお右に引いたオランダ語はドイツ語の素養のある人にはすぐにそれと内容がわかる一節で keuken は Küche、meegenomen は mitgenommen、blijven は

bleiben である。なおその先の Hinderden kisten rijst, olielampen, bedden「何百箱の食料、金行灯、寝台までも持参した」の最後の「寝台までも」は西洋人記者の誇張である。そんなことは清岡訳の英文にも出ていない。徳川末期の日本人はベッドで寝なかったから、日本からベッドまで持参することはそもそもあり得ないことであった)。

日本人にはわかりやすいことでも西洋人には通じないことがある。しかしこの種の問題点は列挙しだすと多くなり過ぎるから、ここでは右の例を述べるに留めたい。

なお訳文中に話が通じやすいよう括弧を用いて「福澤は(横浜で)ヨーロッパの言葉が(看板などに)印刷されているのを見かけるが一向にわからない」などと説明を補足した箇所がある。『福翁自伝』からの引用で『福翁自伝』にない言葉が書評者によって補足されている場合も括弧を用いて説明した。「ヨーロッパ各国に行く」の章の中でオランダについて語るあたりは同じ内容がより平明なオランダ語に置き換えられている。これは清岡の英訳がすでに平明になっているからでもあるが、先にも述べたように平明化の過程で原文のパンチ力を失うこともある。『三田評論』一九三五年二月号には英訳を受取った岩永裕吉の「完璧の翻訳」などの日本有識者の讃辞が印刷されているが、それらはあくまで儀礼的な御挨拶というべきであって「完璧」を字義通りに取るべきことではないであろう。

なおこの種の誤解は特にオランダ語新聞の書評者の不理解に由来するというよりは、日本物の外国語訳一般に随伴しがちな誤解である場合もある。こんな例もある。咸臨丸が渡米したとき「当時の日本人には外国為替という観念がなかった。それで現金——米ドルを持参した。劇しく海が荒れたために（艦長木村攝津守の部屋で）すべて散乱して船室はコインだらけになった」と紹介されている。これは実際は弗《ドル》紙幣を持参したので『福翁自伝』の本文には「弗《ドルラル》が何百枚か何千枚か知れぬ程散乱して居る」と出ている。枚というからには紙幣のはずである。しかし清岡暎一の英訳で On opening the door, I found the whole floor covered with dollar coins.｛p116｝とすでにコインとなっていたのであり、英訳者も紙幣よりもコインの方が絵になる情景と感じてつい筆が滑ったのであろう。ちなみに『福翁自伝』のこみだしそのものが「銀貨狼藉《ろうぜき》」となっている。

最後にお金にまつわる私事も述べさせていただく。

若い頃の私は、日本の近代化を論ずるには明治以前の蘭学者のことも調べねばならず、オランダ語も習いたいものと思っていた。しかし二十代半ばの西欧留学中、仏・独・英・伊の順で外国語をそれぞれの地で習うのが精一杯で、オランダ語については最後の五年目にパリ大学で習おうとしたが、申込みに行ったところ、オランダ語は二年に一度しか開講しないという。結局習いそびれた。それで三十過ぎてイタリアへ再留学した折は、オランダ語圏にまわり短い滞在期間中であったがオランダ語教師のもとへ毎日通った。当時一回四十分で四千円の授業料はかなりの出費であった。なぜ半世紀前の金額を克明に覚えているかというと、先生が一分遅れても「百円損した」と思ったからである。最後のレッスンが終わり、珍しく紅茶が出た。私が飲みながらなお二十分ほど会話した。すると別れ際に老先生が「今日は六千円」と請求した。途端に笑いが私の顔面から消えた。反駁《はんばく》できるほどオランダ語ができない。にわかに懐に淋しさを覚えた。外食はとりやめ、簡単にすまそうとパン屋で食パンを買い、切ってもらうと、手数料をとられた。牛乳を買って公園で飲もうと、ストローをつけてもらうと、ストロー代をとられた。「これがダッチ・アカウントか」と思った。憮然《ぶぜん》たる気持であった。

外国語の習得にはかなり投資した私だが、長いあいだ元がまったく回収できなかったのはオランダ語であった（中国語はかつて万愚節に戯文を『中文導報』に投稿して多少の稿料を得た）。このたびついにオランダ語を使い「日本拝金宗の祖」とも呼ばれた人の自伝の書評を『デ・テレグラーフ』から訳して、なにがしか懐に入るかと思うと、いささか嬉しくないこともない。ただしこの程度の幼稚な語学力である。余白に昔話を書きつけて、訳者の能力のほどを白状し、拙訳の不備につき、あらかじめ御容赦を乞う次第である。

第七章　新渡戸稲造の『武士道』

――西洋にさらされた日本人の自己主張

なぜいま新渡戸か

なぜいま新渡戸稲造《にとべいなぞう》をとりあげるのか。日本人として初めて英語でまとまった日本人論である *Bushido* を一九〇〇年に著した新渡戸稲造は日本で初めて西洋文化を意識して比較文化論を試みた学者だともいわれる。*[22]

これから述べる考察は、狭くは比較研究者《コンパラティスト》としての、ないしは交流文化研究者としての、新渡戸稲造の仕事振りを私たち自身の仕事振りと照らし合わせて眺めようとするものではあるが、広くは新渡戸の生き方に照らして、これから先のグローバル社会で一本の足を日本に、もう一本の足を外国世界におろして活動するであろう日本人の生き方をも再吟味するための試みである。

そもそも私たちは両足をどこに据えるべきなのか。立脚点はどこにあるのか。複数のコンパスの脚を持つべき私たちは、主脚をどこに据えるべきなのか。そのような問い掛けは、時代の節目においてのみか、私どもの人生の節目においても、なされてしかるべき問題提起や自己反省ではあるまいか。その自己反省の一つのきっかけとして『武士道』の著者、新渡戸を論ずるのであって、自己の立場を不問に付した新渡戸研究を行なうわけではない。その点はあらかじめ御了承願いたい。

森鷗外と新渡戸稲造

新渡戸はどのようにすれば文化史上に明確に位置づけることができるのか。新渡戸を森鷗外、内村鑑三、辜鴻銘《こ こうめい》など三、四の人と対比することで彼の位置づけをまず試みたい。

新渡戸稲造は森鷗外と同じ一八六二年に生まれ、鷗外より十一歳長生きして一九三三年十月十五日にカナダのヴィクトリアで没した。いかにも国際人らしい最期という印象を与えた。それは日本暦の昭和八年で、満州事変が始まった翌年、私が二歳の時のことだった。満七十一歳で亡くなったから、長生きした人という印象をかねてもっていたが、いつのまにか私の方が年長になってしまった。そのような年齢から振返ると、かつて私自身が新渡戸に対して抱いていた評価そのものにも多少変化が生じたことを感ぜずにはいられない。実はかつての私は新渡戸にたいして冷淡であった。

若者には尊敬する人物というか自分もこうなりたいというモデルがある。森鷗外はかねて私どもの比較研究者の研究対象であったが、実は単にそれだけではなかった。鷗外という人の生き方は私ども比較研究者の role model でもあったからである。私が半世紀前留学する時に送別会の席で「二本足の学者」になることが理想として説かれた。これはもちろん鷗外の言葉を念頭に言われたことで、鷗外のように生きることこそが、余人は知らず、私どもがひそかに掲げた理想でもあったのである。鷗外はすぐれた翻訳によって西洋文化を日本に紹介しただけでなく、独創的な作品を著すことによって日本の知的社会をリードした。私どもも及ばずながら翻訳だけでなくオリジナルな学問研究の成果を芸術的な作品にしあげて世に示そうとしてきたのである。その目標をどこまで達成できたかはともかくとして、すくなくとも理想はそこにあった。

当時の私たちというか、私の目は、アメリカよりもヨーロッパに向いていた。それだからかもしれないが、森鷗外が理想的先達に見えたのに反し、新渡戸稲造は私の視野に浮かんでこなかった。鷗外の文筆活動に比べると、新渡戸の文筆活動は芸術的に劣る。日本語で書いたものの多くは啓蒙的雑文である。私は講談社学術文庫の新渡戸『西洋の事情と思想』の解説に「世の中には一方に、高度な学術的内容を含みながらしかも読みやすく書かれている啓蒙書がある。他方に、必ずしも学術的内容を含んでいないが通常平易に書かれている啓蒙書もある。本書はその後者に属するものである」と書いた。一九八四年のことで、文庫本の解説など著者の提灯持ち《ちょうちんも》ちに類した内容が普通だから、私のネガティヴな評価に出版社側は辟易《へきえき》の気味であった。私の『西洋の事情と思想』に対する評価そのものは昔と変わらないのだが、しかしそれにもかかわらず新渡戸の生涯の行跡に対しては、近年敬意の念のつのるのを覚える。日欧関係に比べて日米関係の重要性が増大するにつれて、私自身もヨーロッパよりアメリカと関係をもつことがなにかと多くなった。東京大学でフランス語やイタリア語を教えていたにもかかわらず、私自身が使う外国語も四十代の末から英語が断然多くなった。それやこれやで、生涯英語を駆使した新渡戸における諸問題を、私どもが体験する諸問題とくらべあわせて検討したい気持にかられるのである。

外国語能力

真のグローバル人材もそうであろうが、比較研究者には複数の外国語の能力は不可欠である。新渡戸稲造の世代は物心がついたとき明治維新であり開国であった。ということは当時の頭の良い子の何人かは選ばれてもっぱら英語など外国語を外国語漬けになって勉強した。太田雄三氏が『英語と日本人』（TBSブリタニカ、一九八一）でいう「英語名人世代」とは子供の頃すべての普通学をも英語で習った世代をさすが、新渡戸はその一人である。彼は満十一歳で東京外国語学校に入学し、満十五歳で札幌農学校第二期生として入学した。そして満二十二歳でジョンズ・ホプキンス大学に留学した。そして三年後の一八八七年にはさらにドイツへ留学した。

ところで昭和一桁世代も物心ついたとき戦争であり、ついで敗戦に直面した。この世代にとって敗戦は第二の開国であった。しかし明治も最初期を除いて日本人一般は英語以外の普通学を日本語で習っていたから、英語名人世代の再現とはなりがたかった。それでも東京大学教養学部教養学科のインテンシヴな外国語教育は例外的に徹底した二年半で、日本で比較研究者が出てくる上でかけがえないバックグラウンドを提供してくれた。しかも教養学科の一回生は過渡期で飛び級をしていたから、今日の学制では大学にストレートで入学する者がこれから第二外国語を始める満十八歳という年齢でドイツ語ではゲーテをフランス語ではモーパッサンをすでに習っていた。過渡期には過渡期の特権があるのである。そして後述するように教養学科の創設には新渡戸の理想とする教育理念が実は無関係ではなかった。私自身は新渡戸の愛弟子であった矢内原忠雄氏が東大教養学部長、東大総長の時代に東大生で、その上、最後の Nitobe boy と呼ばれた前田陽一教授が中心となって創設した駒場の東大教養学科で教育を受けた。日本のグローバル人材育成の有力な母胎の一つは駒場であるから、そうした私個人の背景にふれつつ論ずることもなにとぞ許していただきたい。グローバル人材というかより具体的には比較研究者にとり外国語の力は必要不可欠であるから、まず言葉の問題にふれた。

国際心とは何か——インターナショナリズムの価値基準

ではなぜ外国語をインテンシヴに習ったのか。それは文明の中心は外国にあると感じたからである。そしてその外国の文化と自国の文化との間に非常な落差がある、と感じたからである。その落差の自覚があったからこそ、明治の開国に際しても、敗戦後の第二の開国に際しても、西洋に対する憧れはあれほど強かったのだ。それが日本で比較研究を躍進させる際にもドライヴィング・フォースとして働いたのではあるまいか。

偏狭な日本本位は困りものである。戦時中の陸軍軍人のような日本至上主義は御免こうむりたい。そうした気持は子供心にも強かった。そしてここで付け加えたい。学問世界でも一国本位の発想は困るのである。単に一国ナショナリズムだけでなく、排他的な一国単位の学問研究も時には困りものなのである。

では国家主義に対するものとしての国際主義や国際心が説かれたが、その実体とは何であったのか。国際主義といってもモスクワ本位のインターナショナリズムもあれば、アングロ・サクソン本位の国際主義も、アメリカニズムに近いグローバリズムもある。フランス文明中心の普遍主義もあれば、西洋キリスト教本位の普遍主義もある。国際主義を奉ずるかにみえる国際比較文学会も一九九一年に東京で開催されるまでは明らかに西洋中心の国際主義だった。公式用語は英語とフランス語であって、戦前の国際聯盟と同じく欧米先進国クラブでもあったのである。

そのような国際主義のいずれを私たちは良しとしてきたのか。日本人の精神状況はどうだったのか。敗戦後の日本人としての自信喪失の状況下では、知識人や大学生は日本中心主義を唱えることはありえなかった。しかしだからといって占領下に来日した宣教師が説くキリスト教が日本人を特別ひきつけることはなかった。いいかえるとアメリカのキリスト教本位の普遍主義に日本人が全面的に服することはなかったのである。それはアメリカ人を妻としクエーカーとなった新渡戸の場合でもそうであった。後述するように新渡戸が『武士道』を書いたのは彼の中に自己の日本人としてのアイデンティティーを主張したい気持があったからである。世界をキリスト教と異教の二つに分け、前者のみを良しとする発想に新渡戸は反撥した。

そのような反撥は明治のインテリ層の日本人キリスト教徒の間にも強かった。敗戦後の日本で脚光を浴びたのは日本人が中心となって活動した無教会派のキリスト教であったということは、彼らも日本人としてのアイデンティティーを実は暗々裡《あんあんり》に求めていたからでもあろう。敗戦直後の東京大学では南原・矢内原と二代無教会派のキリスト教徒が総長をつとめた。昨今と違って東大総長の発言が総理大臣の施政方針演説以上に注目されるような異常な雰囲気があった当時であったから、昭和初年まで無教会派のリーダーであった内村鑑三（一八六一―一九三〇）が、その平和主義とあいまって、注目を浴びた。しかしそこには自分たちは西洋のクリスチャンとは違うという日本人性へのこだわりも実は無関係ではなかったのである。

内村鑑三と新渡戸稲造

ところで新渡戸の位置は内村の位置と連動してきた。内村と新渡戸はいつも対《つい》になる二人として扱われることが多かった。二人は共に東京外国語学校、札幌農学校の出身者である。いちはやくキリスト教に改宗した。二十代でアメリカに留学した。帰国後第一高等学校で地位も時期も違うが、教壇に立っている。二人とも英語で日本について語っている。日米関係について多く論じた。それぞれ論壇の雄であった。内村も新渡戸もクリスチャンではあるが、内村はいかにも宗教家と呼ぶにふさわしく、新渡戸は宗教家というより教育家と呼ぶにふさわしい。内村が無教会であったのに対し新渡戸はクエーカーであった。

しかしその二人のコントラストについてはこうもいわれた。三谷隆正は竹山道雄に「内村さんは圭角《けいかく》があったが、真に尊敬すべき人だった。それにひきかえ新渡戸先生の方は、近く接してみると尊敬地を払ってしまうような人だった」[*23]

日本ではこうした人物評価がまかり通った。通りやすかった。一体、日本の論壇では出世でなく挫折が、常識でなく反抗が、調和でなく破滅が、文学青年や思想青年には魅力があった。それだから孤高のおもむきのある独立独歩の内村は尊敬され、官界に仕え、世間的常識の尊重を説き、通俗啓蒙雑誌で修養をすすめる新渡戸は、俗物とみなされたのである。日本の論壇では、思想家の反常識的な超俗は古来なんとなく権威があり、一種の美意識ともなっていた。

しかし新渡戸の常識には尊ぶべきものがある。内村鑑三やそれに類した人では、国際聯盟事務局次長などの職務はものの一週間といえども務まらなかったであろう。こと対社会的発言に関しては、内村の言説よりも新渡戸の時事的発言の方がはるかに傾聴に値するものが多いのではあるまいか。新渡戸を評価する数少ない戦後の日本人の中に同じく国際官僚として働いた緒方貞子がいることは注目に値する。緒方は一九二〇年代の自由主義的民間団体の性格を分析し新渡戸が果たした役割にもふれている。*24

International minded persons の養成

東大教養学部の教養学科や大学院比較文学比較文化課程のような新しい学科や新しい大学院はどうしてできたのか。島田謹二教授は新制度ができたから存分に教育者として研究者として力を発揮することができたが、その新制度はそもそも誰がお膳立てしてくれたのか。

敗戦直後の日本の文部大臣は前田多門であった。この人は一高生として新渡戸の弟子であり、クエーカーであり、ジュネーヴやニューヨークで積極的に働いた。東京大学に教養学部教養学科を創設した一高教授前田陽一はその長男でジュネーヴ育ち、最後のニトベ・ボーイと呼ばれたが、戦時中はヨーロッパに留まり、外交官としても働いた人である。矢内原学部長の支持もあって東大駒場キャンパスに創設された教養学科の理念は、偏狭なナショナリズムを排し、international minded person を養成することといわれた。「国際心」を養成し、世界の中の日本という自覚をもつ、とは日露戦争後、西園寺公望《きんもち》が文相として、新渡戸稲造が一高校長として、唱えた主張であり、一高に伝わるその良き伝統は自覚的に駒場の東大教養学部教養学科に引き継がれたわけである。そして東京大学駒場では大学院としての比較文学比較文化課程は、国際関係論課程とともに、その教養学科の上に築かれた、という背景をもっていた。本郷の旧帝国大学の学問区分がナショナルな単位であったとするなら、駒場の大学院の学問的理想はナショナルな区分、国家単位の壁を破るところにあった、といえるだろう。

世界の中の日本

世界の中の日本を自覚する人間は、今ならグローバル人材などと呼ばれるのであろう。しかしそのような漠とした人間の形成を考える前に、世界の中の日本を研究する比較研究者の形成を具体的に振返ってみたい。

比較文学は「世界の中の日本」を考える上で有効な学問であった。しかし当初は日本における西洋の影響ということがもっぱら話題となった。そしてその際、無言の前提として西洋から影響をこうむることは良いことだ、という発想があった。世界の中心は西洋であり、日本はマージナルな存在として自覚され、中央の感化を浴びることが良いこととされたのである。学士院賞を受けた島田謹二博士の主著は『日本における外国文学』と題され、副題に「比較文学研究」とある。西洋学者ではあったが島田先生にとって日本文学もまた大切なものであった。島田氏にはまた日本人にとっての西洋文学とは何か、という日本人の学者の主体性にまつわる意識があった。そうした意識が未整理ではあったにせよ、ともかく脳裡にあったからこそ、その自己の主体性を生かしたいという学問的本能に促されて、島田先生はフランス派英文学とか比較文学とかに向かったのである。[*24]

島田先生にも影響・被影響の関係、西洋文学の受容ということだけには甘んじることのできないなにかがあった。北原白秋が四十になる島田氏に向かって「あなたはまだこれという仕事がないねえ」と言ったのは的を射ている。島田氏は日本から英語で発信した人としてヨネ・ノグチがオクスフォード大学へ招かれて俳句について講演したことを、壮挙のように話されたこともあった。しかし野口米次郎その人についても、またその野口をとりあげた島田氏についても、なにか力みのようなものを私は感じた。そして野口よりも九年前の一八八四年に渡米した新渡戸も西洋にさらされたことによって自己の日本人性を言わずにいられぬ衝動を感じた人なのである。野口は芸術家であったから日本の芸術について語ったが、新渡戸は倫理的な問題関心の強いプロテスタントの国で倫理の問題について日本人として何か言わずにいられなかった。そうして書かれたのが *Bushido* だったのではあるまいか。

日本人の英語著述の中で

ここで一九〇〇年刊の *Bushido* を当時の日本人の外国語著述の中で位置づけてみよう。森鷗外は一八八六年頃ドイツでナウマンと論争をした。これはドイツ語で論争形式だが、日本についての誤解を正したい、という西洋にさらされた日本人の反応としては新渡戸の *Bushido* などと相似た執筆動機に発するものである。しかし日本人の日本文化発信の英語著述者としては新渡戸により近く位置する人として、新渡戸より一歳年上の内村鑑三と新渡戸と同じ一八六二年生まれの岡倉天心があげられる。

内村は一八九三年に *How I Became a Christian* を脱稿し、九四年には *Japan and the*

Japanese を刊行した。後に『代表的日本人』などの題で日本語訳もされた武士をもふくむ論である。前者『余は如何にして基督信徒となりし乎《か》』が後者より有名であるのは、前者が内村の個人的体験を語っているからだろう。後者は西郷隆盛、上杉鷹山《ようざん》、二宮尊徳、中江藤樹、日蓮上人などを語って必ずしも説得力のないお国自慢をしている。それでは*How I Became a Christian* が鈴木俊郎の訳文が世間に与える印象ほど立派な書物かというと、私はそうは思わない。『ぼくはどんな風にクリスチャンになったのか』とでも訳せばよいこの幼稚な本から受けた印象のことはよそに記した。[*25] それだから繰り返さないが、西洋人がこの本をさして評価したとは思わない。文明の程度の低い人間がどのように改宗するか、という興味から読まれた、というのが実相ではあるまいか。

東洋の文化の内容をはるかに深く知り、それを洗練された英語で発信した人は岡倉天心である。一九〇三年に *The Ideals of the East* を、一九〇四年に *The Awakening of Japan* を、一九〇六年に *The Book of Tea* を西洋で出版した。

その内村と岡倉の英語著述の間の一九〇〇年、新渡戸の *Bushido, the Soul of Japan* が出ているわけである。

なおこれと同じような東洋人の英語による自己主張には、北京大学の初代の英文科教授でありながら、辮髪《べんぱつ》を切らず、英語で儒教精神を唱え、そのため日本で評判の良かった *The Spirit of the Chinese People*（1915）の著者辜鴻銘（一八五七―一九二八）や林語堂《りんごどう》（一八九五―一九七六）などがいる。

両方向への文化仲介者

新渡戸はいちはやく留学した人である。留学の思想とは自閉的な中華思想とは逆の発想で、外国体験の意味を肯定するものである。そして新渡戸の場合、キリスト教本位の思想も強かったが、文明を肯定する思想があった。外国語で自国について発信したい衝動にかられたが、単に国威宣揚のためのナショナリスティックで幼稚な衝動だけではなかった。西洋もアメリカだけでなくドイツをも知っていた。限られてはいたが三点測量もできた人である。

コンパラティストやグローバリストにおける文化的アイデンティティーとは何か、という問題は日本に限らず多くの国の比較研究者につきつけられてしかるべき問題と信じるが、留学して長くアメリカ人に取り囲まれて暮らし、日本について頓珍漢な質問をされ、アメリカ人の妻にも自国と自分のことを説明する必要に迫られた新渡戸は、自分の家の先祖と自分の育ちを考え、その中の何が自分自身の中に抜き差しならぬほど深く刻み込まれたかを考えたのであろう。その肉体化した倫理上の教えを武士道という言葉で要約した。そして英語国民にわかるように、さまざまな西洋知識を借りてきて *Bushido, the Soul of Japan*

を書いたのである。

日本に対しては西洋文化の紹介者であり、西洋に対しては日本文化の紹介者である、という両方向の仕事を一人でこなしえた人の数は、実は今日にいたるまでまことに少ない。日本を知らない外国人の間で日本を美化して、あるいは悪口を述べて、宣伝することには危険もあるが、しかしだからといって、日本についての説明をただ外国人のみにまかすべきことではない。日本についての誤解を上手に解く人は必要である。望ましいことは、外国で日本について外国語で語った人はその内容を日本語でも発表して世間の批判の目にさらすべきであろう。それでは *Bushido* は学術書として価値ある書物なのか。

外国における日本発見

Bushido は日本人向けに武士道を学問的に検証して書いた学術書ではない。その際、新渡戸は『葉隠《はがくれ》』も読んでいなかったではないか、とか彼の日本知識は偏頗《へんぱ》であった、といって非難することは容易である。しかし日本についての日本人専門家の著書が外国語に直訳されたところで西洋人読者に訴えるか否かは保証の限りではない。そこには外国語における自己表現の能力の問題もからんでくる。それに外国で日本について教えることの意味は相手の外国人のコンテクストの中で説明することにより、日本人同士では当然自明とさ

れている無言の前提をも言語化することにもある。多くの宗教は伝教師が異国へ布教しに行く過程で宗教的内容を自覚的に再把握したが、それと同じように、日本倫理の再定義も日本が外にさらされることによって可能となる。明治以前それほど多用されなかった武士道の語が士族階級が消滅した後、外地において自覚化されたとしても不思議ではない。それは英国が興隆期にあったヴィクトリア朝で紳士道が自覚化され、ジェントルマンシップが下の労働者階級にも伝わったように、民族興隆期の明治日本で武士道が自覚化して唱えられることにより士族以外の平民の階級にひろまったとしても不思議ではない。また学術書ではないにせよ、矢内原忠雄訳『武士道』が岩波文庫で版を重ねてきたという事実は、この書物が読物として価値を有することを示している。一つの古典とみなす人もいるであろう。

Bushido と武士道は同じか

新渡戸が英語で綴った *Bushido* で言わずにいられなかった主張は、異教国としてややもすればさげすまれる日本には日本なりの倫理がある、ということであろう。新渡戸の言葉を借りれば、自分にも幼児から「正邪善悪の観念」は武士の家庭で植え付けられてきた。そのことを述べたかったのであって、山本常朝《じょうちょう》だの山鹿素行《やまがそこう》だの斎藤拙堂《せつどう》だのを考えていたわけではない。新渡戸が語りたかったのは副題の *the Soul of Japan*、いいかえると日本人には日本精神や大和魂があるぞ、ということである。新渡戸の *Bushido* の語はその程度に取るべきである。書物のタイトルとしてよりアッピールすると考えて「武士道」の語を用いたまでだから、日本倫理思想史の中で厳密に武士道とは何であったかを詮索して異論を呈したところで始まらない。津田左右吉は明治三十四年にいちはやく新渡戸の *Bushido* は大和魂の意味で用いているのではないかと指摘して、歴史的な武士道は新渡戸が説くところと違う旨詳説している。[*26]

もっとも新渡戸にしてみれば、自分は農民や町人の家に生まれたのではなく武士の家に生まれたのだから武士道といったのが自然だと思っていただろう。また数多い西洋の引用については皮肉る評家は内外に多い。しかし西洋人読者に読み聞かせる以上、そうせざるをえなかったともいえる。そのレトリックの戦術において、欧米の日本専門家向けにはともかく、一般読者向けには新渡戸はその時代には、すくなくとも短期的には、成功したのではあるまいか。*Bushido* の中に武士道関係の日本人の人名は二十名であるのに対し外国人名は百四十名を越える。これは新渡戸の教養が西洋に傾いていたからだが、しかし西洋人名を引くことで Nitobe は西洋の読者を得たとも言えるのである。

祖父新渡戸傳との関係

新渡戸の父は早く死んだから、母と父方の祖父の影響が強かった。南部藩に仕えた祖父傳《つとう》はたぐいまれな行動力と創意の人で、十和田湖周辺の荒野の開墾を計画し、不毛の大原野に十和田湖から疎水するという、明治維新以前としては空前の灌漑《かんがい》工事を二十余年の歳月をかけてやりぬき、三本木原を沃野《よくや》とすることに成功した。明治九年、東北巡幸のおり、明治天皇は祖父の開拓事業によってできた小さな町三本木を訪れ、稲造の生家に宿泊し、新渡戸家の人々は拝謁の栄に浴した。東京ではどの新聞も自分の生家に天皇が行幸したことを報じた。「私は自分の家族の歴史と、今後の自分の責任の重さに思いを馳せて胸が高鳴った」。そして事実、明治天皇が祖父伝の開墾事業を賞し「子々孫々克く農事に励めよ」とのお言葉をたまわったことに感激し、新渡戸は農業経済の専門家となり、明治二十四年から三十年まで札幌農学校で教え、三十四年、台湾総督府技師となり糖業による統治の基礎を確立した。三十六年京都大学教授となり農政学を講じ、志を貫いたのであった。

単純な日本主義者と何が違うか

新渡戸の *Bushido* は学術の書物ではないから、学術書としての欠点をあげつらう批判は私は行なわない。学術書ではないとして、では何のために書いたのか。新渡戸の執筆動機に好意的な見方を示した和辻哲郎は、新渡戸の書物について『日本倫理思想史』でこう述べている。

新渡戸が捕えて見せたのは、戦国時代以来武士の間におのずから芽ばえて来た廉恥《れんち》の道徳・高貴性の道徳、及びそれを儒教によって根拠づけようとした士道の考えなのであって、鎌倉時代以来の武者の習いでもなければ、また封建的な上下の秩序をささえる忠孝の道徳でもなかった。新渡戸は士道の摘出によって日本人の道徳的背骨を明らかにし、日本人が西洋人の理解し得ないような特殊な民族でないことを示そうとしたのであった。従って日本主義者とは全然反対の方向に向いていたといってよい。

新渡戸は日本の例をあげ、それに相応する西洋の例を引き、比較文化論的な考察を重ねながら、日本の武士道は西洋の騎士道の等価物であることを強調する。新渡戸は西洋人が日本において奇異とみなすものが西洋にも存在することを例示する。「いかに違うか」を言い立てずに「いかに似ているか」の説明に努力する。そのように共通点を探し求めたのは日本ないし日本人が西洋社会にアクセプトされることを新渡戸が強く望んだからであろう。

新渡戸は東西の和解を求める人という見方もそこから出てくる。そこは内輪同士でナショナリズムの気勢をあげて日本のお国柄の外国と異なる所以をほめあげる単純なタイプの日本主義者とは違う所以であり、新渡戸における国際主義の問題が単純な日本主義者や国家主義者における国際主義の問題と異なる所以でもある。

では新渡戸はナショナリストではないのかといえばやはりナショナリストである。日本にも西洋と同じものがある、ないしは西洋にも日本と同じものがある、と言い立てたのは、新渡戸が「外国人より侮《あなど》りを受けたくないと気張」[*27]っていたからなのだ。しかし本物のインターナショナリズムはナショナリズムを踏まえてこそ成り立つのだから、新渡戸がナショナリストでありかつ国際人であったことに矛盾はない。ただしその強がりから来る大仰な言い方は私の趣味ではない。

松王丸の子とアブラハムの子イサクの犠牲

西義之は、新渡戸はその本心においてかならずしも賛成でない日本の切腹、敵討ちなどの風俗習慣を外国人に対しては弁護したのではないか、と先の論文で推理している。しかしそれはあくまで西の推定だから、それでもって是非の決着をつけるわけにはいかない。西は新渡戸がとりあげた『菅原伝授手習鑑』も「クサイ芝居」だという。矢内原忠雄訳では新渡戸の紹介はこうなっている。

その物語は我が歴史上最大人物の一人たる菅原道真に関するものである。彼は嫉妬讒《ざん》誣《ぶ》の犠牲となって都から追われたが、無慈悲なる彼の敵はこれをもって満足せず、彼の一族を絶やそうと計り、その子いまだ幼かりし者の所在を厳しく詮議して、道真の旧臣源蔵なる者が密かにこれを寺小屋に匿《かくま》いいる事実を探り出した。日を定めて幼き犯人《とがびと》の首引渡せとの命令が源蔵に渡されし時、彼のまず思いついた考えは適当なる身代りを見出すことであった。彼は寺子の名簿を按《あん》じ、寺小屋に入り来る児らをば一々注意深き眼をもって精査したが、田舎生まれの児らの中には彼の匿える若君と聊《いささ》かの似通いをもつ者もなかった。しかしながら、彼の絶望はただ暫《ざん》時《じ》であった。見よ、器量賤《いや》しからぬ母親に連れられて寺入り頼む一人の児あり、——主君の御子と同じ年頃の上品なる少年であった。

幼き君と幼き臣との酷似を、母も知り少年自身も知っていた。我が家の奥にて二人は祭壇に身を捧げたのであった。少年は彼の生命を——母は彼女の心《ハート》を。しかし外には色にも出さなかった。かくとも思いよらず、源蔵は心ひそかにこれと定めた。

ここに犠牲の山羊が獲られた!……定めの日に検視の役人(松王丸)が首受取りにやって来た。贋首《にせくび》をもて彼を欺《あざむ》きうるであろうか。……松王丸は彼の前に置かれし浅ましの首を引き寄せ、静かにためつすがめつした後、落ち付いた事務的な調子で、紛《まが》いなしと言い放った。――その夜淋しき家にて、寺小屋に来た母が待っている。彼女はおのれの児の運命を知るや。彼女は戸口の開くのを熱心に見守っているが、それは児の帰りを待つのではない。彼女の舅《しゅうと》は久しき間道真の恩顧を蒙ったが、道真遠流《おんる》の後、夫は事情余儀なく一家の恩人の敵に随身《ずいじん》した。彼自身は、残忍とはいえ自己の主人に不忠たるをえなかった。しかし彼の子は祖父の主君の御役に立つをえたのである。道真の家族を知る者として、若君の首実検の役目を命ぜられたのは彼であった。今その日の――しかり一生の――つらき役目を仕遂《おお》せて、彼は家に帰り、敷居を跨《また》ぐや否や妻によびかけて言った、「女房喜べ、倅《せがれ》は御役に立ったわ、やい！」。

「何という無残な物語！」と、読者の叫ぶのが聞える。「両親が相談の上で、他人の生命を救わんがために罪もなきわが児を犠牲にする！」。しかしこの児は自ら知りかつ甘んじて犠牲となったのである。これは代贖《だいしょく》の死の物語である。

個人的なことを述べさせていただいて恐縮だが、私の母は歌舞伎が好きで松竹の株主になっていた。招待券が贈られてくるので大学生の私も母のお供を命じられ、最初に見たのが『菅原伝授手習鑑』だった。それだものだから、その歪められた人間性に閉口して、私はそれですっかり歌舞伎ぎらいになってしまった。ところで新渡戸は『菅原伝授手習鑑』

は代贖の死の物語で、アブラハムがイサクを献げようと思った物語と同様に意味深いとして話を進めているが、私の反応はちょうど逆である。二つの物語は、『菅原伝授手習鑑』に限らず創世記のイサクの物語も同様にマゾヒスティックで、両者ともに不愉快だ、と申したい。伊作という名を父につけられた子供は父のことをどのように感じただろうか。矢内原伊作の『若き日の日記』は父矢内原忠雄との葛藤を記してまことに貴重だが、息子は「基督教以外はすべて邪教だ」と断言する父、「あの基督者以外の人間を人間ともみない排他的な口調」の父忠雄に反撥する。伊作は昭和十四年十二月二十九日に書いている。

「父のあの眼の険しさ、あれはどうしても憎悪の眼だ。単なる軽蔑ではもはやない。……私はあの眼の故に父を嫌悪し、憎みさへする」

それを読んだ時、私は矢内原忠雄という人の信仰に由来するあの眼つきや過激な説教に病的なるものを感じて反撥した学生時代の自分には、それだけのわけがあったのだな、と感じ納得した。

よく考えてみると、新渡戸が『菅原伝授手習鑑』について弁護せねばならなかったのは新渡戸がキリスト教信者として、イサクの犠牲の話を肯定せねばならぬ立場に立たされていたからではあるまいか。日本人でありながらキリスト者であるために生じた無理という点にも、世間はいま少し注意すべきであろう。

台湾で教えたことの意味

新渡戸稲造の生涯を収めた教育用のドキュメンタリーのビデオ・カセットがある。「太平洋の橋」だったことが強調されているが、新渡戸の台湾時代がすっぽり抜けている。これは台湾の植民行政に関係した新渡戸を「帝国主義者」と非難した飯沼二郎のような歴史観の持主に気兼ねしてのことであろう。しかし日本の台湾統治が後の朝鮮統治とは異なる評価を受けている歴史的事実については、きちんとその理由を考えなければならないのではあるまいか。

一八九八(明治三十一)年、児玉源太郎が総督となり、後藤新平が民政長官となると、西洋の一部の国が植民地政策の主眼に宣教を考えたのに対し、日本はそうではなく衛生に主眼を置いた。これはまさしく文明の統治であった。新渡戸自身は植民政策にはヴィジョンがなければならないと言いゾルフ博士の語を引いて「植民は文化の伝達である」と後年矢内原に言った由である[*28](しかしそのゾルフの原語は Kolonisieren ist missionieren というドイツ語で「植民地化とはキリスト教化である」というスペインの中南米征服以来唱えられてきたと同じお題目なのであった)。その下で一九〇一年、新渡戸は殖産課長として精糖産業の青写真を描き、実際に成功した。その実務家としての手腕に驚かされる。台湾の経済状態が良くなるや一九〇三年に京都大学教授となり、三年間農政学を担当した。

日露戦争

日露戦争に際して新渡戸夫妻は、内村鑑三とは対照的に政府の立場を支持した。新渡戸の妻メアリーが弟のジョゼフ・エルキントンに宛てた一九〇四年十二月十二日付の手紙にこうある。

内村さんを愛していても、彼の極端な考えにはとてもついていけません。彼は自分と反対の立場を取るものは黒と決めつけてしまう人で、彼の判断が必ずしも正しいものではないということを分かっていただきたいと思います。……今は政府を抑制すべきではありません。戦争は確かに恐ろしい。けれども、日本が当然自分に権利があると自負する土地をかち取るのに、文明の現段階においては、戦うことしか方法がありません。

「戦争反対」に反対とはいいにくい。しかしそう言わなければならぬ時もある。その点をクエーカーの新渡戸夫人メアリーが言っているところが興味深い。非戦論とか戦争反対という人はしばしば思考中止というか思考放棄におちいる。そこには独善的な態度も見られる。メアリーは内村にその傾向を感じたのだろう。

大和魂

そして *Bushido* も日露戦争における赫々《かくかく》たる日本の勝利を説明する英文著書として広く読まれたのである。日露戦争当時、岡倉天心の弟の岡倉由三郎《よしざぶろう》はイギリスに留学していたが *The Japanese Spirit* なる一書を出した。それには英国の作家メレディスが序文を付した。*Bushido* も *The Japanese Spirit* も同じような読まれ方をしたのであろう。夏目漱石は若い頃は英字新聞の記者として外に向けて発信するという野心を抱いたこともあった。しかし留学中はなにもしなかった。そうした機会を与えられるにはあまりに自閉的な生活を送っていたからである。しかし日本に帰国して日本語で世間の風潮に対して揶揄することはできた。『吾輩は猫である』の六で漱石はこう書いている。

「大和魂！　と叫んで日本人が肺病やみの様な咳をした。大和魂！　と新聞屋が云ふ。大和魂！　と掏摸《すり》が云ふ。大和魂が一躍して海を渡つた。……東郷大将が大和魂を有つて居る。肴屋の銀さんも大和魂を有つて居る。詐欺師、山師、人殺しも大和魂を大和魂有つて居る。……大和魂はどんなものかと聞いたら、大和魂さと答へて行き過ぎた。五六間行つてからエヘンと云ふ声が聞こえた」

そして日本海海戦の後、談話『戦後文界の趨勢《すうせい》』で、明治時代の日本人の心理について次のように述べている。

吾々は大和魂――亦は武士魂といふことを今までも口にしたが、然しこれを今日まで無暗に口にしたといふのは或必要から出たのではあるまいか、これを事実の上に現ずる事なしに、その声をして高からしめんと叫んだのは、一方に精神の消耗といふ事を思はせるのと、一方には恐怖といふことを抱いたが為めではあるまいかと臆測するものがあるのも余儀ないことになる、自信があつていつたのではなくしてその精神の消耗を杞憂する恐怖といふ語の呼び換へられた叫びであると思はしめたのも余儀ないのである。

この漱石の洞察が真実をついていることは否定できないだろう。

弟子との関係

新渡戸は一九〇六年、明治三十九年九月に第七代一高校長になり、足掛け七年つとめた。

そのころ小石川の小日向町に床面積三百坪、部屋数三十の和洋折衷の邸を建てた。庭は一千二百坪あった。外国人もしばしばこの邸に泊まった。日本関係の洋書も揃ったすばらしい図書室もあった。ちなみにそこで書生をしていた一人が田島道治《みちじ》である。鶴見祐輔、前田多門らはその邸に出入りした一高の愛弟子であった。

新渡戸は毎週日を定めて自宅に一高生を招いて話をすることを好んだ。前田陽一教授が戸山原に建った平屋の狭い公務員住宅に東大教養学科フランス科の学生を招いて熱っぽい口調で語ったのは、そうした先例にならってのことだったのか、と今になって合点される。

交換教授

新渡戸は一高校長在任中の一九一一(明治四十四)年、最初の日米交換教授として渡米した。鶴見祐輔も同行した。九カ月の間に百六十六回講義・講演をした由である。驚くべきパーフォーマンスである。ただ面白いことに祐輔の長男鶴見俊輔は『戦時期日本の精神史』という講義を一九七九年にマッギル大学で行なった際「英語を話す日本人は信頼できない」と英語で言った由である(太田雄三『「太平洋の橋」としての新渡戸稲造』みすず書房)。その講義・講演の回数もさりながら、*The Japanese Nation, its Land, its People and its Life* の内容が後世の検証に耐え得るものであるか否かこそ、さらに重要であると考える。

しかし校長在任中に一年近くも留守にするとは何事かという非難は当然ながら起こった。

植民地帝国日本との関係

新渡戸は一高校長に任命されたと同時に一九〇六(明治三十九)年東京帝国大学の植民政策担当教授となり、一九一五(大正四)年まで教えた。新渡戸は植民政策を一面では肯定していた。西洋列強の植民地政策をよく調べた新渡戸は、当然それに張り合う国としての植民地国家日本を構想していたのだろう。とくに新渡戸本人が関係した台湾における成功が朝鮮併合を歓迎する談話ともなったのに相違ない。

しかし新渡戸は一面では日本の植民地的発展の否定的な面にも注意していた。矢内原忠雄の「新渡戸先生一高校長辞職に関するノート*29」に面会日に次のように語ったと記されている。

日本人ハ個々一身ヲ省ミズシテ一ニモ二ニモ国ノ為ナルヲイヒテ行動ス、patriotism ナル美名ノ下ニ多クノ罪悪ハ行ハレツツアリ。彼等ハ individuality ヲ忘レ、patriotism ハ真ニ如何ナルモノナルカノ分別ツカズ、所謂《いわゆる》国威発揚ノ名ノ下ニ於テ幾多ノ野蛮ナル行為ヲナス。サレバ列国ヨリ信ゼラレズ怨マルルハ勿論ノ事ナリ、各国ヨリ爪弾《つまはじ》キセラルルニ至ラバ実ニ大変ナルベシ。事ハ国民全体ニ渉ル故根本的教育ヲ施スハ至難。暖イ事ヤサシイ事ナドハ、ワガ国現今ノ教育ニテハ大ニ neglect セラレテヲル。
植民地ノ腐敗ハ延《ひ》イテ本国ノ腐敗ヲ来タス。

国際聯盟知的協力委員会

一九二〇年から二六年まで、新渡戸が国際公務員として抜群の功績をあげたことは疑いない。非西洋の人間が国際聯盟のために雄弁に弁じ、各地を精力的に訪れ、部下からも信頼された。その新渡戸の功績の一つに国際聯盟の知的協力委員会がある。ギルバート・マリーが新渡戸評を述べたのは彼もその委員の一人だったからである。それが母胎となって戦後ユネスコが生まれた。

ところで前田陽一教授は、東大教養学部内教授会メンバーの多数の考え方が前田の考え方より左傾化していたためだろう、学部長に選ばれず、それもあってユネスコの事務総長の職に就くことを狙われた。しかし一旦はうまくいくかに見えたその話も頓挫した。その時先生がなぜあれほど落胆したか当時の私にはわからなかったが、新渡戸を模範として生きてこられ、ユネスコの誕生に新渡戸が深くかかわっていたという由来を考えると、合点が行くような気がする。*30

しかし狭くなる地球社会では、さまざまな人種や文化が接触の度合いを増せば増すほど、摩擦はいよいよ起きるのであって、楽観的に東西の対話を良しとする程度のオプティミズムだけでは事態はうまく進まないであろう。ユネスコそれ自体も各国が国際プロパガンダを繰りひろげる場になりつつある。

東西平等主義者の陥穽

東洋と西洋が平等であることを前提とするような対話は飾りごとになりやすい。国家主権の平等を前提として対等の文化交流を想定するのは文化の流れの実態にそぐわない。私はユネスコなどの仕事にそれほど信頼を置くことはできない、と考える一人だ。西洋と東洋が対等な文化関係にあるのではない以上、非西洋は苦闘しなければならなかった。そしてそのようなチャレンジとリスポンスの関係こそが比較研究者の好主題なのだ。しかしそういう風に認識するまでには私には時間がかかった。*31

ちなみに私自身は留学四年目、フランスもまたかつては文化的劣等感にさいなまれた時代があった、ということを実感するに及んで、鷗外がドイツ医学もアラビア医学に遅れをとっていた時代があったのだ、と気づいた時と同じように、歴史的視野の広がりを感じ、日本の可能性を信ずることができた者である。

新渡戸の強がりをなしとしない比較文化論にはやはり私は信を置くことはできない。あたかも東西文化が平等の価値があるかのごとく言い立てて、両者の融合をはかる、という主張には無理があるのではあるまいか。

内なる反西洋、外なる反日本との戦い

矢内原忠雄は一九三八（昭和十三）年「人及び愛国者としての新渡戸先生」[*32]の中で、両面作戦を戦った新渡戸についてこう総合的に評価した。

先生は外国人に向つては日本の美点長所を紹介することに随分努力せられた。先生が最初渡米せられた頃は、……日本は未開野蛮の国の様に見られた。それに対して日本の美点を知らすと言ふ立場から書かれたのが英文『武士道』で、之は明治三十二年の事である。当時は日本の存在などは西洋諸国では問題にしなかつた時代であるが、我々から見ると言ひすぎと思はれる程に先生は日本を弁護し、……一方日本に対しては外国の美点長所を紹介せられた。先生に於ては「個」の尊重が Sociality の基礎である如く、国の存在価値の認識の上に国際心を説かれた。かゝる御考へから先生が国際問題の為に努力せられた事は非常なものである。

これと同様の趣旨は森戸辰男も「教育者としての新渡戸先生」[*33]という一文に書いている。

今日から回顧して特に感ぜられることは、『武士道』の著者が吾々に対してこの武士道を理想的なものとして鼓吹せず、むしろその欠陥とも思はれる人格《パーソナリティー》、教養《カルチュア》、社交性《ソシアリティー》等を強調されたことである。先生は武士道によって欧米人をして我国伝来の精神文化の価値に眼を開かせ、根拠なき東洋軽侮の態度を反省させたのであるが、同時に……我国における反動主義者の態度、すなはち、無反省に我国文化の価値を過大評価し、之に感激してひたすら西洋文化を蔑視若《も》しくは敵視するが如き我国における反動主義者の態度には決してくみされなかった。

そのような新渡戸の態度であった。私はそこに矛盾があると言い立てて新渡戸をおとしめるつもりはない。発言は相手に応じて変わるものであり、それが自然だからである。新渡戸の晩年の貴族院議員としての発言や京都における太平洋問題調査会の活動の意味は大きい。なお顕彰するに値する。一九三三（昭和八）年渡米してなお日本のために論じた新渡戸の発言を当時の一部アメリカ人は「軍閥の弁護」と呼んだ。その種の誤解や悪罵《あくば》はこの種の状況下では必ず発生するものである。だからその尻馬に乗ってその人たちと同じように新渡戸のことを私は悪くいいたくはない。その悪意の推理の中には次のような説もあった。いわゆる松山事件で新渡戸は「軍国主義は共産主義に劣らぬ大きな危険である」と発言した。怒った在郷軍人が病院入院中の新渡戸に面会を求め、謝罪を求めた。新渡戸はその松山事件の追及の手をゆるめてもらうためにその二カ月後の一九三二年四月に渡米して、自己の確信とは違う日本弁護の論陣を張ったとする推理である。

新渡戸には「太平洋の橋」たらんとする希望は最後まであった。その意志が伝わったからこそ、その遺志をついで日米戦争の後に日米間のきずなをふたたび結ぶ人があらわれたのである。そして日米関係の再構築の過程で新渡戸山脈の人材が活躍したのは周知の通りである。日本の自由主義者は日本が戦争に突入することを防げなかったではないか、と批判する人はいる。だがだからといって、盲目的にモスクワを信頼し追従したが故に反戦を唱えただけの戦前の日本共産党の立場が正しかったとは私は思わない。

社会教育者

生前の新渡戸にとって聖書に劣らず大切な書物はカーライルの『衣服哲学』であった。そのような新渡戸は宗教よりも修養を説いた。そして『修養』を一九一一（明治四十四）年、『世渡りの道』を一九一二年に刊行した。当時の新渡戸は日本では『武士道』より『修養』

で知られていたと渡部昇一は『幸田露伴の語録に学ぶ自己修養法』[*34]で述べている。そして「近代の教養主義は、修養という言葉を嫌がる傾きがある」としている。[*35]もっともこの修養と教養の問題について矢内原は「内村鑑三と新渡戸稲造」の中で、両方とも英語にすればculture で同じだが、それでも「修養には、今日の教養に比べて頗《すこぶ》る道徳的要素を多く含んでをります」と述べている。

そうした新渡戸には広く社会教育者の面もあった。当然日本における女子高等教育のことも念頭にあった。一九一八（大正七）年、東京女子大の初代学長となった。恵泉女学園の河井道《みち》さんと親しく、クエーカーの普連土《ふれんど》学園のためにも力を貸した。

衣服哲学講義

新渡戸は言葉に敏感な人であった。レトリックにも興味があった。語の広い意味で文学者であり、話し上手でもあった。教育熱心で一高でも校長として課外講義を行なったが、そこで評判だったカーライルの *Sartor Resartus*（衣服哲学）を一九一八年の夏、軽井沢でもまた繰返し行なった。その速記録が『新渡戸稲造全集』第九巻に収められている。話がはずんでいかにも面白い。カーライルの文章を聴衆に鑑賞させる新渡戸の話術はたいしたものである。それは新渡戸自身に *Sartor Resartus* を夢中になって読んだという原体験があったからだろう。「永遠の否定」から「永遠の肯定」へと移るあたりは熱がこもっている。そして「一番汝に近い義務をやれ、さうすればその次の義務は自ら明らかになつてくる」"Do the Duty which lies nearest thee" which thou knowest to be a Duty! Thy second Duty will already have become clearer と説く。その考えはゲーテから来ているのである。新渡戸はこの第二巻で主人公が悟りの道に入るくだりがカーライルの精神的伝記ともいうべく、全編中最も意味深いところとしている。

新渡戸山脈はよみがえる

ここで話を台湾へ戻す。[*36] 第四代の台湾総督児玉源太郎が後藤新平民政長官を連れて渡台してちょうど百年後の一九九八年に出た、台湾の国民中学歴史教科書『認識台湾』には「日本植民統治時期の政治と経済」の章に「農業改革」が次のように記されている。[*37]

日本の植民統治の開始後間もなく、総督府は「農業台湾、工業日本」の政策を確立し、台湾を米と砂糖の生産地とし、積極的に農業改革事業を推進した。1、各地に農業研究機構を設立し、新しい品種と化学肥料を提供するとともに、新しい耕作技術を指導した。2、各地に農会を成立させ、新しい品種と農業技術を推し広め、農民に農業の新知識を注入するとともに、農業資金の貸し付けなどを行った。3、水利工事を行い、耕地灌漑面積を大きく増加させた。その中で最も有名なのが八田与一が設計、建造した嘉南大圳《かなんたいしゅう》で、灌漑面積は15万甲に達した。[*38]

「米の増産と糖業王国の確立」は次のように記されている。

農業改革のもとで、水田面積と二毛作水田は不断に増加し、米の生産量は激増の勢いを見せ、なかでも1922年の蓬莱米栽培の成功は、台湾の米生産にさらなる画期的進展をもたらした。総督府の強制的な推し広めにより、蓬莱米の植え付けは迅速に全台湾へと普及し、米の生産量は大幅に増加し、かつ日本へ大量に移出された。

台湾は砂糖の主要産地であったため、総督府は台湾の糖業の改革に尽力し、日本国内の需要に応じた。サトウキビの生産過程の改良後は、単位面積あたりの生産量が大幅に増加し、作付け面積も拡大した。

日本の植民統治の開始後間もなく、総督府は製糖工業の近代化に尽力し、資金援助、原料採取区域の指定、市場保護の三大措置を実施し、日本の新興製糖資本家への支援と保護を行った。これにより日本の資本家は競って台湾に投資に訪れた。製糖業は台湾で最も代表的な産業となり、その生産量は不断に増加を見せ、最盛期には年間生産量が1

50万トンにまで近づき、台湾を世界における糖業王国の一つにした。

ここに記されているのは新渡戸が確立した農業政策が台湾にもたらした物質上の福利である。八田与一は台湾総督府技師として新渡戸の敷いた政策路線を先に進めた。より正確には新渡戸の祖父が三本木原で行なった耕地灌漑面積拡大の事業がさらに大規模に行なわれた、という継続性を感ぜずにはいられない。八田は一八八六（明治十九）年に金沢に生まれ、東大土木工学科卒、第二次世界大戦に際しフィリピンへ南方開発派遣要員として赴く途中船が沈められ亡くなった。八田夫人は敗戦後、夫が築いた烏山頭《うさんとう》ダムに身を投じて覚悟の入水をとげた。八田与一の名は日本の辞典には出ていないが、台湾では銅像が建てられており深く敬愛されている。日本人が台湾にもたらしたものには精神上のなにかもあったのである。

義務の観念

台湾で新渡戸が敷いた路線に沿って進んだ人には一九二三年生まれの李登輝前総統もいた。台北高等学校を卒業後、京都大学農学部へ農業政策を学びに進学した。そして後にアメリカのコーネル大学博士課程で農業経済学を学んでいる。キリスト教信者でもある。李登輝にとって新渡戸は仰ぎ見る先輩であり、彼にとってのrole modelでもあったのではあるまいか。二〇〇三年には直接日本語で『「武士道」解題』を小学館から刊行した。これは日本の武士道一般を論じた書物ではなく、新渡戸の『武士道』について語ったものである。

李登輝が生まれた年は日本暦の大正十二年で、新渡戸が台湾を去ってからすでに二十年が経っていた。李登輝は直接新渡戸の『武士道』に向かった青年ではない。李登輝はカーライルを通して新渡戸に出会うのである。李登輝は旧制の台北高等学校で英語の時間に *Sartor Resartus*『衣服哲学』を読まされた。著者カーライルが言わんとする大意はじんじんと身に沁《し》みた。しかしもっと深く知りたいという衝動に駆られて李青年は内外の関連書を探して読んだ。そしてその際の偶然の発見をこう伝えている。

そんなある日、台北市内のいちばん大きな公立図書館で……出合ったのです。かつて台湾総督府の農業指導担当の技官として台湾の製糖業などの発展に大きな働きをしていた新渡戸稲造という方が、毎年、夏の軽井沢に台湾の製糖業に関係している若き俊秀たちを集めて特別ゼミナールを開いていたことがあり、その中心教材としてカーライルの『サーター・リサータス』を取り上げていたという事実を知ったのです。ほとんど黄色く変色しかけたその『講義録』を手にしたとき、私は思わず飛び上がって喜びました。

そして、何度も何度も読み返しているうちに、「永遠の否定」が「永遠の肯定」へと昇華してゆく過程が次第に明確に理解できるようになり、いまさらながらのように新渡戸稲造という日本人の偉大さに心酔するようになりました。[*39]

こうして『衣服哲学講義』に始まって李登輝氏はさらに新渡戸の著述が読みたくて『武士道』に向かったのである。『「武士道」解題』では第一部「日本的教育と私」が自伝的で興味深い。李登輝青年の修養努力は日本の旧制高等学校生徒の sich bilden の努力そのものなのであった。

興学院師道謹厳居士

以上比較研究者としての私たちの生き方との対比の上で、新渡戸稲造の人と著作にふれてきた。新渡戸の系譜を引く前田陽一教授に多く触れたが、最後に島田謹二教授の生き方にも触れたい。「興学院師道謹厳居士」は島田謹二の戒名である。島田は日本で比較文学を興したと自負できる人だった。師として弟子の育成に非常な情熱を傾けた。興学院もよい、師道もよい、しかしさまざまな女性にかしづかれた島田に「謹厳居士」とはいかがか、と感じる方もいるだろう。しかし島田はこと学問や教育にたいして実に真剣であった。謹厳であった、と私は感じている。一度「先生は実に真面目に授業をなさいましたが」と先生に直接そのわけをお尋ねしたことがある。すると「若いときにカーライルの *Sartor Resartus* を読んだ。あの本が私に duty ということを教えてくれた」と言われた。島田は若くして台北帝国大学講師となり、台北高等学校でも教えた。人間自分が大切に思う書物を教室でも教えるものである。島田は自分が担任のクラスで *Sartor Resartus* を教えた。そしてそのクラスに若き日の李登輝はつらなっていたのである。李登輝氏が来日したおり歓迎レセプションの席で「私も戦後内地に引揚げてきた島田謹二先生からお習いしたもので」と御挨拶すると「ああ、シマキンか」と総統は私と顔を見合わせて笑った。

新渡戸稲造に始まる人間の系譜が私どもの比較文学と無縁でないことはおわかりいただけたかと思う。私は外国人が日本に来て教えたことが無意味だなどと考えたことはない。それと同様に私たちが外国へ出向いて教えたことも無意味だなどと考えたことはない。それと同様に戦前の日本人が台湾で教えたことも決して無意味ではなかった。そのような系譜の中で、外国語で日本について説明した新渡戸について再考し、あわせて比較研究者はいかにあるべきか、そして間接的にはグローバル人材はいかにあるべきかという問題を吟味してみた次第である。

ナショナリズムとインターナショナリズムの相克

新渡戸稲造（一八六二―一九三三）はすぐれた農政学者であり行政官であるが、同時にカーライルに傾倒した教育者であり啓蒙家でもあった。外国文化にさらされたために日本人のアイデンティティーを武士道に求め、英文で *Bushido – the Soul of Japan* を一九〇〇年に公刊した。国際主義者であり同時に一部の人からは「日本の常習的弁護人」とも呼ばれた愛国者でもあった。この著書と著者に対してはバジル・ホール・チェンバレンを初め、西義之、太田雄三にいたるまで批判者が絶えない。他方、矢内原忠雄を初め新渡戸山脈と呼びうるほどの尊崇者もあり、彼の弟子たちは日本の親西洋の自由主義者の中核を形成した。その系譜は台湾の李登輝前総統に及んでいる。私自身も最後の Nitobe boy と呼ばれた前田陽一教授が創設した駒場の東大教養学科で教育を受け、その恩恵を受けた。杉森久英の伝記はこの「世界の中の日本」を目指した新渡戸の面目を描き出している。

ところで日本におけるナショナリズムとインターナショナリズムの相克《そうこく》は、我国の近代史をいろどってきた大問題である。それはまた文化交流などのコンパラティスムの諸問題を論ずる際の前提ともなるべき問題であるとも筆者は了解している。ではその際の国際主義とは一体どのようなものであるべきか。その問題の解明の一助にもと思い、時代に先がけて世界にさらされた日本人新渡戸稲造の場合を考察し、「二本足の人」として生きる私たちの立場を考え、問題を明確化するよすがにしようと考えた。狭く専門的には比較研究者の場合を論じたが、広く一般的にはこれからの日本でますます求められるであろうグローバル人材の養成の問題をも視野に入れて考えてみたのである。

(22) 西義之「Bushido 考――新渡戸稲造の場合」『比較文化研究』第二十輯、一九八一、三二頁。なお続編は第二十一輯、一九八二に載っている。

(23)『竹山道雄著作集』第四巻、福武書店、二一九頁。

(24) 緒方貞子「国際主義団体の役割」、細谷千博編『日米関係史――開戦に至る十年』(東京大学出版会、一九七三年)、第三巻 三〇七d―三五三頁。

(24) それに対して前田陽一教授は西洋人と同じ土俵で西洋文学を研究するという立場だったから、日本人としての文化的国籍を不問に付していた。その違いを学生の私は非常に強く感じた。西洋人と対話できる立場に立たねばならぬとは思うが、西洋本位の学問であってよいのか、例えば、本文批判などの研究は当該国の学者に任せるべきだというサンソムの考え方の方が自然で素直だと思ったし、いまも思っている。私は西洋の優れた日本研究者のサンソムやウェイリーが日本文化に相対したのと同じ態度で自分は西洋文化に相対すればよいのだと考えてきた。これに対し西洋的な学問だけが普遍的な学問だとお考えの向きは多かった。いまも多いようである。

（25）平川祐弘『西欧の衝撃と日本』（講談社、一九七四年）、第四章。
（26）新渡戸に対しては一方に盲目的に近い礼賛者がおり、他方に芥川龍之介の『手巾《ハンケチ》』、志賀直哉の『鳥取』などのシニカルな批判者がいる。Gilbert Murray の批評は新渡戸自身が『偉人群像』の中に引いたところによると「日本人で武士道を主張し、クェーカー宗派に入って、古代ギリシアの文学を語るとは、何といふ奇態な混合物だ」というのだそうである。外国人の日本研究者では Basil Hall Chamberlain や K.S.Latourette が違和感を露骨に表明している。その反応には日本人が妙に日本語が達者な外国人が日本語で自国弁護をまくしたてると「変な外人」と感じる様に似ていないでもない。勝手なことをまくしたてて評判をとる人に対する違和感でもあろう。もっとも新渡戸が西洋の日本研究の枠組の中におさまって発言しなければならぬ義理はないのだから、学術的水準に達していない、という文句は通用しなかったであろう。実は新渡戸の英文著書は日本の日本研究の枠組の中におさまるべき本でもなかった。新渡戸の述べる武士道の内容に対して学術的な批判を述べた人としては津田左右吉、柳田国男などがいるが、空振りの感を免れないのはそのためである。その二人が後に厳密さを欠く日本人論としてルース・ベネディクトの『菊と刀』に対しても批判的であったことは興味深い。これら日本側の学者のベネディクト批判も日本人のかなりの人を首肯《しゅこう》させたが、戦勝国アメリカの日本研究者の耳には届かなかった。『菊と刀』は学術書の体裁をとったプロパガンダの書物であったからだろう。学術書でない以上、学術的批判だけではやはり空振りの感を免れなかった。
（27）川西実三「新渡戸先生に関する追憶」前田多門・高木八尺編『新渡戸博士追憶集』。
（28）「内村鑑三と新渡戸稲造」『矢内原忠雄全集』第二十四巻、三九五頁。

（29）「内村鑑三と新渡戸稲造」『矢内原忠雄全集』第二十四巻、六六〇頁。
（30）私自身は国際交流基金はじめ多くの文化機関の恩恵をたくさん受けてきた。しかし人には向き不向きがある。五十代の半ばにローマの文化会館の長にならないか、と打診された時、私は自分は国際交流の事務担当の官吏であるより壇上で講演するアクターである、とあらためて自覚した。その後も行政的な仕事はなるべく辞退して研究執筆に専念している。そうした立場から見ていたためか、ユネスコの長に転じようとされた前田陽一教授の気持がよく理解できなかった所以である。
（31）個人的な体験を述べさせていただくと、十六世紀にはフランス人がイタリア文化に対して劣等感を抱いていた。その心理が明治以来の日本人の西欧文化に対する劣等感に似通っていた。仏魂伊才の主張に接して私は和魂洋才の研究を始めることができたような気がする。
（32）『矢内原忠雄全集』第二十四巻、六九四頁。
（33）『新渡戸博士追憶集』一九三六年。これは一九八七年に『新渡戸稲造全集』別巻として再版された。
（34）渡部昇一『幸田露伴の語録に学ぶ自己修養法』致知出版社、二〇〇二年、六頁。
（35）渡部氏は同書六―一〇頁で「早い時期に人生の出世街道に乗ったような人は修養で苦しむことがなかったからではないか」として、こともあろうにその実例として平川祐弘の名をあげ私が「修養的なことは余計な話だ」といったと出典も示さずに書いている。いささか迷惑な話である。なお渡部氏のこの誤解はその後とけた。
（36）私は自分自身が大陸や台湾その他で教えたことが将来どう評価されるのだろうかと考えたことがあっ

た。それはかつての日本人の外地における仕事を全否定する人々がいるからである。全否定する人々は間違っているというのが私の考えである。

（37）『認識台湾』の日本語訳は『台湾を知る』という題で雄山閣出版、二〇〇〇年。引用は同書八三―八五頁。

（38）甲とはもと台湾における地積の単位で約百二十二坪と諸橋『大漢和辞典』にあるが、ここでは甲は一町歩およそ一ヘクタールの意味で用いられているようである。

（39）李登輝著『「武士道」解題』、小学館、二〇〇三年、六五―六六頁。

第八章　日中関係史を解き明かす周作人の伝記

近代の日中両国の交流は、第二次世界大戦をはさんで、ほぼ同じ長さの戦前と戦後に二大別される。一八六八年の明治維新から六十九年経った一九三七年に日中戦争が勃発したが、一九四五年の日本の敗戦から今やほぼ同じ年数が過ぎようとしている。

戦前に来日した留学生からは魯迅《ろじん》（一八八一―一九三六）はじめ数々の有名人が輩出し、その点は欧米に留学した中国人に劣らない。その中でもっとも洗練され、実質的内容に富める人物の一人は周作人（一八八五―一九六七）であろう。しかし魯迅が毛沢東時代にスポットライトを浴び、なにかと持ち上げられたのに反し、周作人は歴史の背後へ押しやられ話題となることが少なかった。中国においても日本においてもそうであった。

ところが日陰者《ひかげもの》扱いをされた知日派文人に光をあて、その生涯を綿密に辿ることで日中近代百年の歴史の縮図を浮き彫りにした名著があらわれた。劉岸偉《りゅうがんい》著『周作人伝』（ミネルヴァ書房）である。

端正な学術作品

著者は日中両国の国交再開後、最初に来日した赴日留学生の一人で、三十代のはじめには博士論文『西洋の衝撃と中日近代文化の創出と挫折――周作人と永井荷風』を河出書房新社から刊行、サントリー学芸賞を獲た。在日三十年、東京工大で中国語を教えている。今回の『周作人伝』は面目一新、内容充実、真に記念すべき大冊となった。史実や出典の裏付けはきちんと精査され、イデオロギー的に割切るような真似は一切せず、話は具象的で日本語文章は生き生きと躍動し、単なる精神史以上の一個の教養小説の趣《おもむ》きさえ備えている。この伝記は一面では近代中国のインテレクチュアル・ヒストリーであるが、周作人という類稀《たぐいまれ》な人が見た日本論日本文学論としてもすこぶる面白い。同時代の中日両国が同じカメラのアングルの中に捉えられ、それが双方ともダイナミックに描かれている。

この『周作人伝』は戦後わが国に来て、天安門事件以後、日本に定着し日本語を媒体として活動する留学生出身の学者が著した最高の学術作品の一冊で、最高の芸術作品といってもよい。森鷗外の史伝を髣髴《ほうふつ》とさせる端正な一冊は、それは見事な日本語で書かれている。広くこの国の読書人にも中国の人々にも読まれることを切望するが、しかし限られた部数の出版だ。世間の眼にふれないかもしれない。それは惜しみてもあまりあることと懸念されていただけに、二〇一二年二月四日『読売新聞』に松山巖の丁寧な長文の書評が出たことは幸いだった。

「全編まさに『神は細部に宿る』の言葉の通り。周作人の生涯を単に辿《たど》るのではなく、折々の政治状況を緻密に調べ、ときに魯迅の文章を、ときに他の作家の証言や行動などをも傍証にして、彼の文と翻訳を検証し解読する。一人の人間の精神の輝きを細密描写したため、二十世紀の政治の残酷さを強く問う、スケールの大きな精神史となった」。そして「彼（周作人）は終生、作家としての矜持《きょうじ》を捨てず、だからこそ多くの知友を得た」という結論にいたったときは、私も深く頷いた。それで同感の意を重ねて書評とするより、周作人にまつわる私の個人的な感想を述べつつ紹介とさせていただく。

日露戦争後の東京留学

周作人は紹興の出である。江南の水都は魯迅の故郷として知られるが、周作人は魯迅の筆名で知られる周樹人の四歳年下の弟で、一八八五年に生まれた。清の光緒十年、日本の明治十八年である。一九〇六年、来日した。

ここで自分の体験を述べると留学して私は孤独感に襲われたが、翌年来仏した芳賀徹は「平川が外国の友人も準備してくれていたから気楽だった」といった。それと似たようなもので、先に留学した兄をたよりにできた周作人も過度に緊張しなかったに相違ない。その明治三十九年は日露戦争の翌年で、夏目漱石は『吾輩は猫である』で島崎藤村は『破戒』で近代作家として登場し、東京の文壇はにわかに活況を呈した。これはナショナル・リテラチャーが日本で新時代を画した興隆期で、比較文化史的に観察するとこう説明できる。日本の知識人は徳川時代以来漢文を主要表現形式としてきたが、その漢文という文言体で書くことをやめ、明治の人は彼らの白話体である日本語の言文一致体で書き出した。その変化を敏感に感じた人は来日留学生であった。その十数年前までは、清国公使館員や朝鮮の亡命志士は、黄遵憲《こうじゆんけん》にせよ金玉均にせよ、中村正直や福澤諭吉を相手に漢文で筆談して事足りていたからである。それが日清・日露の戦争以後はすっかり様変わりした。日本人の英語力が伸びたのに反比例して漢文力が衰えたからである。赴日留学生はこうした外部事情も手伝って本格的に日本語を学び始めた。ということは、着々と西洋化する日本という存在それ自体が周兄弟はじめアジアの留学生たちに強烈な刺戟《しげき》を浴びせたということである。そうした原体験があったからこそ二人は辛亥《しんがい》革命後の新中国で、文言体でなく白話体で書く運動を推進したのだ、と私は考えるのだがどうであろうか。

　ここで拙訳で恐縮だが、周作人の自伝から来日時の思い出を拾ってみよう。紹興から上海、さらには日本へと同行した邵明之《しょうめいし》は鉄道建設を学ぼうとした人である。

上海に着くと、邵君の考えで、わざわざ后馬路だか五馬路だかのとある旅館に泊まった。これは普通の旅館ではなく、湖州の生糸《きいと》商人がもっぱら泊まる定宿《じようやど》だったが、それ以外の人も泊まれるのであった。邵君にどんなつてがあったのか知らないが、こんな特権を彼は手に入れていたのである。いまではもうすっかり忘れてしまったけれども、普通の宿屋ではなかったおかげで、それだけ多少清潔で上品だったことを覚えている。ところがそこに泊まった客があまりおとなしくない連中なものだから、よその客からしきりに苦情が出た。これは実は私たちが良くないので責められるべきは私たちなのである。あの頃の私らはみな年は若く気は盛んで、自分を偉物とみなしてお高くとまっていたから、どうしても他人を見下す風を免れなかった。それで迷信を打破すると主張して、文字が印刷されている紙を大切に尊ぶのは陋習《ろうしゆう》だ、これを断然除去すると称して、いつも便所へ行くたびに必ず新聞紙を使用した。これは実に衛生に合わぬことであった。もっともこのような悪さが人々に嫌われたのは、文字が記された紙を冒瀆《ぼうとく》したことが嫌われたというのは二の次で、第一は他の人も共犯者として罪を得、罰せられはしないか、とおそれたからである。それで宿の客たちは連合して抗議した。表面上はたいへん平和的で、便所用の紙を提供するから、字を印刷した紙だけは使わないでくれ、他の人がおそろしいと思うようなことはやらないでくれ、と言った。この種の内剛外柔《ないごうがいじゆう》の抗議に対しては、結局屈服するより仕方がない。それだから頑張り通すこともできなかった。事実、道理に外れていたのは我々の方だったからである。

意想外な尾籠《びろう》な記述に読者は驚き呆れるかもしれない。だがこうした具体的細部を書けばこそ留学生たちの気負いもわかり雰囲気も伝わるというものである。ちなみに第二次大戦末期、紙不足の日本の旧制高等学校の寮では大便所には新聞紙が切り揃えてあった。その新聞紙に政府のお偉いさんの名前がかりに載っていたとしても、当時の日本なら寮生がそれで尻を拭いても犯罪人扱いされることはなかったろう。しかし『福翁自伝』には中津の殿様の名前の出ている紙を誤って踏んづけただけでも叱られたことが出ている。昨今の中国や北朝鮮で便所に主席の写真入りの新聞が落ちていたら一体どんな事になるのだろう。

海外渡航は、二十世紀初頭にあっては、文化と文化を跨《また》ぐカルチャー・ショックを伴った。辮髪《べんぱつ》を切り落とさねばならない。

そこ（上海）にはおよそ三日から五日ほど滞在した。一つには船の切符を買うのに待たされたからだが、二つには私と張午楼は辮髪を切り落としに行かねばならなかったからである。私の散髪はたいへん手間がかかった。当時の上海には、バリカンを持っていて、頭を剃らずに平らに刈ることのできる理髪師はただ一人しかいなかった。理髪代はただの大洋銀貨一元だったが、ただしこれには一つ条件がついていた。切り落とした辮

それでも初めての一年間は、とても毎日が神秘的で、鬘《かつら》や付け辮髪を拵《こしら》えて、それで

髪は彼の所有に帰するということで、理髪師はその髪で鬘《かつら》や付け辮髪を拵《こしら》えて、それでまた二、三元の利益を得ていたのである。どこぞの小旅館に住んでおり、客はそこへ出掛けて散髪をお願いした。それでもとにかく便利でさっぱりしていた。張午楼は安くすませようとして普通の床屋で頭をすっかり剃ってしまった。これは手数は省けたけれども、剃った後がつるつるに光ってまるで和尚さんのようだった。しばらく髪が生えてこなかったから、日本行きの船上で人々の注目の的となったが、これもまた一種不愉快なことであった。

先に来日してすでに東京で辮髪を切っていた魯迅は一時帰国の際は辮髪の鬘をつけて世間の目を誤魔化していた。もっとも当時は辮髪を切ったからといって首を斬られるような時代ではすでになくなっていた。明治三十九年当時の本郷近辺の下宿屋について周作人は精密な記述を残しているが、ここではその第一印象のみを紹介する。

私が初めて東京に着いたその日は、すでに夕方だった。魯迅が寄宿していた場所、本郷湯島二丁目の伏見館という下宿屋に投宿した。これが私が日本と初めて、そして日本生活と実際に初めて接触したので、最初の印象も得たのであった。その印象はごく普通のものだが、しかしかなり深いものである。それだから私はそれ以後五十年間、ずっと

その印象を少しも変更もせずにきた。それは簡単に一語でいうと、日本人は生活で天然自然を愛し、簡素《かんそ》を尊ぶ、ということである。私が伏見館で最初に出会った人は、館の主人の妹で下女の仕事も兼ねている千栄子だった。十五六歳の少女で、お客の荷物を運んだり、お茶を出したりしていた。特に印象的だったのは素足《すあし》で家の中を行ったり来たりしていたことである。

なぜ印象的だったのか。それは中国では素足は見せず、纏足《てんそく》が行なわれていたからである。男にとって辮髪が清朝支配の旧体制のシンボルなら、女にとって纏足は旧社会の象徴そのものだった。魯迅も骨学の時間に藤野先生に「纏足で足の骨はどんな具合に畸型《きけい》になるのか」と質問され民族の恥部《ちぶ》にふれる思いをした。周作人の方はというと、後に『天足』と名づけた短編を書いたが、それは「私が見ていちばん好ましいのは女の人の素足「天足」である」に始まり、ついで「私が言いたいのは、私は纏足が嫌いだということだ」。中国語では異なる発音の二語だが、「纏足《チヤンズー》」も「天足《テイエンズー》」も日本語で発音するとともに同じ発音の「テンソク」になる。周作人の耳にはその二つの発音が重なって響いて比較を強制したに相違ない。

なお魯迅と周作人は、漢語の日本語式発音に特別の意味を持たせる一種の言葉遊びをした。後に発刊した週刊誌『語絲』は中国語では「ユースー」と発音するが、兄弟にとっては

「五四」運動への共感を響かせる「ゴシ」という隠語だったのだろう。なお日本生活に溶け込んだ周作人が漢字を時に日本語の発音で記憶していたらしいことは、上海の宿屋の所在地を「后馬路だか五馬路だかの」と言っていることからも察せられる。「ゴ馬路」と記憶していたからこそ「后」か「五」か見当がつかなくなったのであろう。

明治時代、日本の肉気のない食事に閉口した。缶詰の塩漬けの牛肉を買ってきておかずとしたこともある。しかし料理の仕方さえよければ「雁《がん》もどき」は結構うまい、とも述べている。そしてこうつけたした。

私の郷里は貧しくて、人々は一日に三回の食事にありつこうとして一生懸命働いていた。もっぱら塩漬けの菜っ葉と臭豆腐《くさどうふ》と田螺《たにし》などをおかずにしていた。それだから私は臭いものも塩辛いものも苦にしなかった。また油気がないと生きていけないということもなかった。日本へ行って食事するのはもちろんなんの問題にもならなかった。故郷のなにかと比べ得るものもいくつかあった。

多くの中国人留学生は火で温めたものを食べるのに慣れていて、冷たい便当にも閉口した。「弁当」でなくこの「便当」の語は「ビエンタン」という発音で、台湾では土地の言葉と化している。「しかし私はその便当さえ結構うまいと思った」というのが周作人らしい。

故郷には「冷飯」をたべる習慣があるばかりか、多少古臭いことを言わせてもらうと、これもまた人生の小さな試練であったからである。中国にはたいへん陳腐《ちんぷ》だが、それでいてなかなか道理のある格言が一句ある。それは「人間は菜根《さいこん》を咬《か》むことができるなら、百事をなし得る」というので、生の冷たいものを食べ得るように修行することは、衛生の教えには背く点がありはしようが、刻苦の生活に耐えることができるようになるなら、まったく無益であるとはいえないであろう。

「人如咬得菜根則百事可做」（人ハ常ニ菜根ヲ咬ミ得バ、即チ百事做《ナ》スベシ）とは『小学』の言葉で、明末の洪自誠《こうじせい》の『菜根譚《さいこんたん》』はこれに基づく。この処世哲学の書物は明治時代にひろく読まれたから、周作人はこの言葉をもしかしたら日本で習ったのかもしれない。

伏見館に下宿して、第一にせねばならなかったのは日本語の学習である。講習会の時間は毎日午前九時から十一時まで、教師は菊地勉といい、年は三十歳余で、中国語口語の白話文をすらすらと黒板にたいへん要領よく書いたが、しかし口で話すのは日本語であった。このような教員を何人か見かけたが、そうした伎量《ぎりょう》は実際敬服に値した。教室は駿河台にある留学生会館内の一室。しかし講習会は私的な組織で、卒業したところで修業証書が出るわけではない。上の学校に進むには不便である。

それで第二年目は一九〇七年(明治四十年)だったが、その夏またあらためて法政大学特別予科へ入学した。私は一応一年目の日本語は学んだし、英語や数学などの学科はみなすでに学習していたので、いまさら聞きに行く気はしなかった。それで私の怠け癖がつのり、一年分の学費は納めたが、事実上学校へ行った日数は百分の幾つにも足りなかったろう。試験の日も、学校から通知をもらったおかげで急いで出掛けて試験を受けた。結果は受験した中で二番だった。学校で職員にばったり出会った。「あなたは遅刻して一課目試験を受けそびれたが、そうでなかったら恐らく一番だったのに」と私に代わってたいへん口惜しがってくれた。しかしおかげでそのクラスの代表となって卒業式の答辞を述べるという面倒が省けたので、学校が配ってくれた一冊の褒美の品である日本語訳のイソップの『寓話』を戴くだけで事は終わった。

来日した中国人の中には、初めて書斎から解放されて出て来て、外界の事情と接触した読書人もおり、教室で日本語の発音を間違える頓珍漢《とんちんかん》な情景も細叙《さいじょ》される。魯迅はそうした人々を形容して「眼が石眼でこちこちに硬い」と罵《ののし》ったが、その「眼睛石硬」という言葉はいかにも的確だった。

辛亥革命が起きて清朝が亡びた一九一一年、弟の周作人も五年間の留学を終え、日本人の妻羽太信子《はぶと》を連れて帰国、文壇で活動を開始、一九一七年には北京大学文科教授に抜擢《ばってき》され、一時期は魯迅を凌《しの》ぐ名声を得た。優れた文人であることは松枝茂夫の訳文などで知られる以上の幅の広さである。この中国の有数の日本研究者は、日本の有力作家たちとも交際が深かった。その活動の様を劉岸偉氏は細密に伝える。

辛亥革命以来の五十年

第二次大戦中、周作人一家は北京にとどまったことから、日本協力のかどで漢奸《かんかん》の烙印《らくいん》を捺《お》され戦後一時期は下獄《げごく》した。しかしその後も筆を折ることなく、筆名を変えて仕事を続けた。晩年も日本時代を懐かしんでいるのだな、と私も感じたことがある。

それは以前「イソップ物語・比較倫理の試み」というイソップの翻訳に伴う文化変容を調べようと各国語訳を東大総合図書館で私が比べた時、カタログに『伊索寓言』周自明訳(人民文学出版社、一九六三年・北京)があったからである。当時の東大は中国語に訳された西洋の文献までは買い揃えなかったから、これは訳者寄贈本に違いなかったが、本そのものはどこへ行ったのか見当たらなかった。しかし戦後不遇の時代にギリシャ語から訳した本が、かつて法政大学特別予科で褒美としてもらったイソップであってみれば、五十数年前の日本留学を偲《しの》ぶよすがとしてもなつかしく、周作人はそれで寄贈したにちがいない。

私が調べたのは昭和四十年代のことで、周自明が世をしのぶ筆名であることはどこからか耳にしていた。

周一家の晩年の生活はなにかと不如意《ふにょい》だった。最晩年にいたるまで親しくした谷崎潤一郎に頼んで日本からいろいろ品物を送ってもらっている。それも劉氏の伝記ではじめて知ってその親密な交際ぶりに驚いた。周作人は谷崎より一歳上の人だった。だがそんな環境の中でも自己の記憶や感性に忠実な文章を最晩年にいたるまで書いている。自伝『知堂回想録』も自由に自在に自信を秘めて書いており、見え透いた反省などしない。自伝の后序《あとがき》は一九六六年一月三日に書かれたが、八十二歳のその年の八月二十日、紅衛兵が周作人の家へ乱入し殴打され、生殺《なまごろ》しのみじめな様になり、一九六七年五月六日台所の小屋で没した。先に引いた文章中に「辛亥革命以来の五十年間に社会情勢は確実に少なからず変わった。これはまことに結構なことである」と書いたが、周作人の認識不足だった。毛主席の中国の悲惨は秦《しん》の始皇帝《しこうてい》の再来を思わせるまことに結構ならざる結果となったからである。

劉岸偉氏の友人唐亜明氏は当時八道湾小学校の少年として周作人宅の「抄家《チヤオチヤー》」の模様を目撃した。これは本書には出ていないが出版記念会の席上での話で『比較文学研究』第九十七号に趙怡氏が報告している。夥《おびただ》しい書物が庭で燃やされ、拳を挙げて革命スローガンを叫ぶ紅衛兵の輪の中に跪《ひざまず》いているのが、魯迅に顔が似る周作人本人だった。「立て」と命じられても立てない老人を見て、紅衛兵の一人がそばにいた女性に「耳を摑んで立たせろ」と命じた。周の嫁は不憫《ふびん》に思いながらも逆らえない。両手で老人の頬と両方の耳を挟むことで、なんとか立たせようとした。こうして老舎《ろうしゃ》は自殺し、傅雷《ふらい》は首を縊《くく》り、一人また一人と嵐の中に消え去った。

その周作人が大陸で復権したというわけでもない。そもそも文化大革命という権力闘争を発動した毛沢東の肖像はいまだに天安門から撤去されていない。だが嵐が去ったのち、周作人は多くの中国知識人にまた読まれるようになった。彼の文章にはそれだけ人をひきつける個性があるのである。

かくいう私は、前世紀の九二年、九五年、九八年と北京日本学研究中心で一学期ずつ三回教える機会に恵まれた。私が周作人の名を口にすると、漢奸扱いされた人を論ずるなどとんでもないと逃げ腰になる大学院生もいた。そしてこれは中国によくある解釈の仕方ではないかと思うが、周作人は悪くないけれど日本人の妻が悪かった、という人もいた。

一九九八年、帰国に先立ち北京の魯迅博物館を訪ねた。そのとき周作人の書物が売店に山積みされているので買い求めた。売店で聞いたところ、兄の魯迅よりも弟の周作人の方がよく売れるとのことであった。毛沢東のお墨付きのあった魯迅は、一時期はお上《かみ》が指定する必読文献であったから、誰もが読まされた。その重苦しさに飽きが来たということもあったのだろう。それに対して一時期は漢奸扱いされた弟の方がいまやよく読まれ出したという変化が面白い。周作人の文章は感覚が新鮮である。改革開放の時代にふさわしい。

感受性も観察も鋭くて、読後感は爽やかである。

私のことばかり話して恐縮だがこんなこともあった。二〇〇〇年、台湾に招かれて日本語日本文学の大学院で教えた。授業負担は四種類八時間で、漱石の『それから』、江戸から明治にかけての日本思想史、中村正直と『西国立志編《さいこくりっしへん》』、それにもう一つ中国語の文章を日本語に訳すという授業があった。

この最後の課目は私ごとき者に務まるかと懸念されたが、在学中の大学院生たちはこれから日本へ行く人たちであることを思い、『周作人自伝』の中の日本留学の章を読んで日本語に訳させたら、意外にも私でも務まることがわかった。中国文の解釈は台湾の学生の方が優れているが、それでも日本のことが書かれているので内容は私の方がよくわかる。それに中文日訳の日本語の仕上げばかりはなんといっても日本語を母語とする私の方が格段に上だ。『知堂回想録』と題された周作人自伝は近く河出書房新社から劉岸偉氏の手で訳出されるが、劉さんの場合ですらも日本語を母語とする井田進也氏が訳文の仕上げに手を入れることには意味があると思っている。なお日本人の研究者で劉岸偉博士の研究を評して「多くの先行論文に記されていることを再びくだくだしく書きつらねている」と評した人（伊藤徳也『野草』第四十九号、一二一―三〇頁）がいたが、伊藤東京大学教授がなすべき事はまず本人が自身の研究をきちんと世に知らせる著書として出し、立派な賞を獲ることではあるまいか。先行研究は書物にまとめられることにより後進の学者の目にもふれるので、玉石混淆おびただしい鷗外・漱石研究の場合など、つまらぬ研究はただ見て過ぎる方が賢明な場合すらあるのである。それは東京大学教授の漱石研究などについても言えることである。

偽職と本職

政治的な感想も一つ。中国で時の勢力に迎合しない者にレッテルを貼るのは昔も今も変わりない。そしてそれに追随する日本人中国研究者がいることも変わりない。周作人は戦争中「偽職」についていたとして非難されたが、それならそれと同じで郭沫若《かくまつじゃく》は毛沢東時代に国務院副総理、中共中央委員、全国文連主席などという「本職」についていたとして非難される時が来ないともかぎらない。一人は文化大革命の最中に無慙《むざん》な死を遂げ、一人は文革期にいちはやく自己批判をして巧みに難を逃れた。日本の中国文学者は周作人は傀儡政権に協力し、晩節を汚したというけれども真に晩節を汚したのは郭沫若であるまいか。

自己の作品の無価値を公言して毛沢東に追従した郭沫若だが、その文革の最中外人訪問客が鞄から彼の書物を取り出して署名を乞うと、嬉しそうに無価値なはずの自著に署名した。北京へ行くたびに外人専家の私は郭沫若記念館へ案内されたが、立派な旧居は「大陸では一党体制に従順に仕えれば出世できますよ」と無言のうちに語っているようで私には不愉快だった。

最後に学問史の上で考える。東大駒場には『ロシヤにおける広瀬武夫』の島田謹二教授に始まる比較文学比較文化の学統がある。それは日本の学会の主流が比較文学を文学史の狭小な枠組みに閉じ込めがちなのと違い、コンパラティスムを文献学的些末《さまつ》主義や理論先行主義から解放し、人の体温を感じさせる、なまなましい時代の息吹きの只中に人文の学問を位置させようという試みであった。たとえ日本学士院や東大本郷がどう思い、どう判断しようと、駒場学派が誇るべき功績は国際文化関係論的なパースペクティヴを切り開いたところにある。そこにこそ学問の王道があると私は信じている。

劉岸偉氏は「あとがき」で、駒場で学んだことに触れ「この研究室から世に問われた、福澤諭吉、久米邦武、森鷗外、夏目漱石、中江兆民、高村光太郎などを扱う著書は、いずれも広い比較文化史の視野の中で個人体験の意味を問うものである」。自分も「いつか留日の先輩であり、また近代中国屈指の大作家である周作人の生涯を日中激動の百年史において考察してみたいという望みをもちつづけた」その成果が本書だと述べている。

『周作人伝』が東大駒場学派が生み出した最高傑作の一つであることは疑いない。この端正な学術作品は同時に一個の芸術作品である。将来、来日する留学生で心ある人は必ずや十九世紀末年以来の中日関係史を説き明かすこの四百九十八頁の大著を読むであろう。戦後に来日した留学生からは堂々たる学者が生まれつつある。過去において「偉大なる主席」を上にいただいたために中国の知識人や、それに追随した日本の中国研究者の中には、精神の纏足をさせられてしまった人たちもいた。なかにはイデオロギー的統制という纏足をいつまでも解くことが出来ないばかりか、精神の纏足を解いた者に罵声を浴びせる者すら出たりもした。そうしたいびつな状況が続く中にあって、中日関係についてもっとも優れた業績は、日本にいて日本語で発表を続ける中国系の学者の中から出つつあるのではあるまいか。その趨勢《すうせい》はもはや止まらないように思われる。

第三部

日本の進歩派は
なぜ時代遅れなのか

第九章　「マルクスが間違うはずはありません」

孫が大学一年を終え帰国した。カナダの学部入門コースで一番名前が出たのはマルクスの由で「へえー」と驚いたら、孫は私の口吻《こうふん》を察し「マルクスはもう過去の人ね」といった。それで戦後七十年、マルクス主義政党とその歴史観の興廃を具体的に考えたい。

第一、マルクス主義政党の運命について。一九九二年秋、北京で『人民日報』を読んで驚いた。日本共産党の元議長野坂参三が党から追放処分された。戦争中は延安にいた野坂同志だ。中国も驚いたらしく記事がなまなましかった。ソ連にいたころ野坂は密告で無実の日本人を処刑に追いやった。それが判明したから野坂を処分したという。だが共産圏とはそうせねば、自分が逆に粛清されるシステムなのだ。それがブルジョワ民主主義を否定した一党独裁制の必然である。中国共産党で主席などと呼ばれた者が無数の無実の人を殺したことは、世間は百も承知だ。承知どころか毛主席は殺した人数が桁違いに多い。だからそれだけ人民に尊敬されたというのが実相だろう。この場合、尊敬と恐怖とは異語同義である。北朝鮮でも歴代の金主席は人民に尊敬された。尊敬せねば恐ろしい目に遭うからで、そんな国から見れば、百歳の野坂をいまさら処分したのはなにか異質な感じだ。偽善的な正義を行なっている——日本でも党幹部は内心そう思ったのではあるまいか。

『人民日報』を読んで笑ったのは、一九九五年、新編『馬列著作集』が刊行され「これは中国共産党の思想的理論建設の一大事である」と第一面トップで二日続きで報じられたときだ。馬は馬克思《マルクス》、列は列寧《レーニン》の頭文字である。戦後五十年、ベルリンの壁は崩壊し東欧はソ連圏から離脱した。となると日本でもマルクス・レーニンを売物にした書店は倒産、本家本元のドイツやロシアでも売れない。「そんな思想的にも経営的にも破産した『馬列著作集』など誰が読むかね」と私が教室でいうと、中国人学生も一緒に笑った。北京の本屋で客がいないコーナーは列寧や毛沢東の棚の前で、混んでいるのは受験参考書の前だった。今では金儲けの本や海外渡航案内書の前だろう。

二〇〇四年、日本共産党は遅ればせながらマルクス・レーニン・宮本顕治らを追放した、とはいわないが、彼らの本の独習指定を廃止した。かつて党学校では指定文献の勉学を基に講師資格試験も実施した。これはキリスト教会が聖書の勉学を基に牧師や司祭を任用してきたのと同様で、マルクス主義政党の基盤をそれで固め、かつ党内の立身出世もそれによって決めたのである。ところが党勢の凋落《ちょうらく》を機に、共産党は共産主義の古典を必読書としなくなった。これは、共産党をやめたも同様で、いってみれば、公明党や創価学会が池田大作の書物を読まなくてもいいと言ったような大変化である。

共産党で指定文献だった一冊はマルクス『賃金、価格および利潤』で、私は一九四八年、旧制第一高等学校駒場寮の社会科学研究会でエンゲルス『空想から科学へ』の次に読まされた。社研とは表向きの看板で日本共産党駒場細胞みたいな部屋にはいってしまったのである。研進社版宮川実訳には英文 *Value, Price and Profit* もついていた。当時十ページだけ読んでいる。十七歳の私は「外国語ばかり勉強して変な質問をする」と上級生にいわれたが、空想家や盲信家でなく科学的な性分だから、共産主義の正しさを当然自明の前提としている連中の中で、疑問を呈した。するとと十九歳のチューターが、

「マルクスが間違うはずはありません」

と言った。実は質問に答えられないから、そう高飛車に言ったのだろう、

「やれやれ」

と私は思った。

「この社研に集った連中はマルクス信仰という新興宗教集団だな」

そのチューターはたいへんな英才で上田建二郎といった。東大物理学科へ進学してたまたま私の兄の平川浩正と実験でペアとなった。

「上田さんは出来るだろう」

と言ったら、兄は答えた。

「いや、だめだ。あんなにデモに出かけていたら物理学の第一線へは進めない」

上田は後の不破哲三共産党議長である。党の指定文献制度を廃止した彼だ。思い切って

日本のゴルバチョフとなり、党の解散まで進めば歴史に名を留めるだろうと期待したが、そうはせず組織の会長職におさまった。

第二、マルクス主義思想の運命について。日本史学の大御所黒板勝美の弟子に平泉澄《きよし》と羽仁五郎とがいた。平泉は皇国史観の提唱者として戦後すこぶる評判が悪い。確かにグリフィスとかハーンを引用しても日本美化の恣意的《しいてき》利用が認められる。それでは「新興科学の旗の下に」プロレタリア科学研究所を創設、『日本資本主義発達史講座』の刊行につとめた羽仁の歴史学がまともかといえば、平泉より羽仁の方が悪影響を及ぼしたのかもしれない。一九六八年の大学紛争当時、造反学生のバイブルとなった羽仁の『都市の論理』は「壮大なアジテーションの書」だが「歴史的根拠に大きな無理がある」(木村尚三郎)。日中戦争が始まっても金持ちの羽仁は夏は軽井沢で過ごし、八歳年下のE・H・ノーマンに避暑地で自分の『明治維新』を二カ月間、毎日チューターとして教えた。羽仁はハイデルベルク、ノーマンはケンブリッジでマルクス主義に染まった仲で、反日本帝国主義で意気投合した。そんな間柄であってみればノーマンが羽仁の近代日本成立史観を多く踏襲し、講座派の見解を鵜呑みにしたのも無理はない。明治維新をブルジョワ革命と見るか(労農派)、市民革命ではないとするか(講座派)などの論争は日本では戦前の過去の話だが、アメリカの反ベトナム戦争世代は日本近代史の解釈についてノーマンに飛びついた。そのせいで羽仁がノーマンに仕込んだ講座派流日本解釈までが金科玉条《きんかぎょくじょう》視され今日に至っている。一九八一年、私はヴァンクーヴァーで娘たちがハロウィーンでたまたま同じ通りの家に「トリック・オア・トリート」と言って立ち寄ったのがきっかけでノーマンの姪と知りあい、拙宅にも招待した。その時ノーマンについて詳しく聞かなかったのは宣教師の娘として日本で過ごした彼女に、共産党員の前歴が暴露されカイロで自殺したノーマン大使のことをあれこれ聞くのは憚《はばか》られたからでもあるが、それ以上に歴史家としてもう過去の人だと思っていたからである。

ノーマンの『日本における近代国家の成立』は戦後は経典のごとく尊重された。「維新の政治革命は、フランス革命に見るような都市過激派や土地に飢えた農民の社会的反抗が勝利を収めた結果ではなくて、武士と都市商人と結んだ大外様藩、すなわち封建支配階級の一翼によって達成された変革であった」。これはたしかにそうだったろう。しかしだからといってこれが昭和の超国家主義となったという風に結びつくものか。「階級支配は封建時代から近代に持続された……名が変ったにすぎなかった。日本の文武官僚機構、その上層部は成立の当初から、政治思想において専制支配と植民地帝国の建設に圧倒的共感をもつ人々からなっていた」。

そんな考えを引き継ぐ北米日本史学界の頭目ハルトゥーニアン教授は、二〇一一年三月十一日の東日本大震災のあと現地入りした米国テレビのダイアン・ソーヤさんが「日本人は民度が高いから被災地でも略奪や混乱が起きない」と感心したのに反論し、被災者の幸抱強さをこう批判した。「日本人は戦後も忠実、忠誠で協調性のあるように訓練されてきた。それが無責任な政治家の存在を許し、指導者批判を鈍らせた。指導者は陛下を利用し民衆の不信感を鎮め権力維持に汲々としている。云々《うんぬん》」(『国際ヘラルド・トリビューン』、二〇一一年四月五日)。アメリカ女性キャスターのすなおな感動は日本のテレビ視聴者の胸にも伝わっただけに、マルクス主義怨恨史観の勘繰りもここまで来たかと唖然とした。竹山道雄は『昭和の精神史』で、歴史を解釈するときに、まずある大前提となる原理をたてて、そこから下へ下へと具体的現象の説明に及ぶ往き方はあやまりであるとして、羽仁・ノーマン流の「上からの演繹《えんえき》」に疑問を呈した。しかし北米ではこんな連中(ハルトゥーニアンの日本語能力は低い)が日本の左翼史家と連携し東京裁判史観を奉じて、学界さらにはジャーナリズムを支配とまではいわないが、多大の影響力を行使している。

第十章　『朝日』の正義はなぜいつも軽薄なのか

韓国にはいい人が大勢いる。私は国交回復以前の一九六二年から何度も行っている。引火性の高いお国柄であることも承知している。すると困ったことだが、放火常習犯の日本人記者が、正義感からか愉快犯だからか、マッチを擦《す》る。それにゴマをする反体制御用の評論家も加わる。まともな業績の無い日本人教授にかぎって不満の多い米国の反ベトナム戦争世代と国際的に連帯する。『朝日新聞』も各国左翼の新聞と連帯する。だがそれがはたして正義か。そんな報道の火遊びを繰り返していていいものか。

「良心的」といわれる教授諸賢にお聞きしたい。かりに善意から始めた慰安婦救済であろうと、これはなんたる始末だ。活動家の努力で近隣諸国との関係は良くなったか。格言にいう「地獄に至る道は善意で敷きつめられている」とはこのことか。誤報事件の本質は、『朝日』を代表して杉浦信之編集担当が述べたような慰安婦問題そのものではもはやない。『朝日』の自虐が火をつけた韓国をはじめとする諸外国の悪意ある反日的反応にある。

だがこのようなはねあがり記者の反日行為を、あたかも正義のごとく言い立ててきた『朝日新聞』とはいかなる体質か。そもそもこれは一回かぎりの事か。いや、すでに過去に何回もやらかしてきた事ではないか。『朝日』にまつわる思い出を綴り、同紙の功罪にふれ、最後に地に落ちた同紙の名誉を回復する策を述べたい。

なぜ「正義」のキャンペーンを張りたがるのか

『朝日新聞』は日本のクオリティー・ペーパーといわれる。今日その「質《クオリティー》」を疑う人は増えた。しかし惰性的に購読している家庭は多い。私は二〇一四年五月「『朝日新聞』を定期購読でお読みになる皆さんへ」という章を特に付して『日本人に生まれて、まあよかった』（新潮新書）を出した。『朝日』の読者を敵にまわすと大変だと心配したが、意外や評判である。それだからこうしてこの稿も依頼されたのだろう。それで吉田・植村慰安婦誤報訂正事件を機に、『朝日』が振りかざしてきた「正義」の胡散《うさん》臭さ、また同紙御用の学者の体質にもあわせて触れたい。真実は細部に宿る。今回も「細部などは二の次だ」といって「ガラパゴス的議論からの脱却を」などさかしらを説く朝日御用の教授がいた。

『朝日』はなぜ擬似正義のキャンペーンを張るのか。フェミニストの主張に押された面もあるだろう。強くて声が大きくうるさいものに、大新聞は自分から進んで従う。日本の新聞は戦前と戦時下は軍部に、占領下は米軍に、戦後は中国に対し過度に遠慮した。

満州事変を軍が起こしたとき、大新聞は軍部を制するどころか、「敢然として自衛のために起ち上がった」軍を後押しした。その理屈には今回と同じく三分の理はあったのだろう。『朝日』は政治面でこそ政府の国際協調路線を肯定的に報じたが、特派員による現地報告や社会面では勇ましい大見出しが躍った。「砲火の下に嫩江激戦を観る　新聞記者の一番乗り　決死・前線へ進む　不意打に我軍の苦戦　忽ち鮮血の河!」。『朝日』は一九三一(昭和六)年九月から翌年一月までに百三十一回も号外を出した。飛行機を活用し戦場写真の速報性と臨場感で他紙を圧倒、売上げをさらに伸ばした。満州建国に深くかかわった橘樸《しらき》も結論した、「満洲事変の或る時期に軍部が政府を引きずったように見えたのは、その実、世論が政府よりもかえって軍部を支持したからにほかならぬ」。

「清潔なる軍」が「腐敗した政治」との対照裡に称賛され、テロを企む「純粋な青年将校」が「昭和維新の志士」としてもてはやされた。私は昭和十年代半ば、小学校でも日本で悪いのは親英米派の重臣層のように聞かされたが、それは先生が新聞を読んで紙面から立ち昇る雰囲気を子供たちに伝えたまでである。こうして新聞雑誌は将軍たちを批判することなどもってのほかの雰囲気を自分たちでつくってしまった。

『朝日新聞』を読んでいた頃

だが私は昔から『朝日』を嫌ったわけではない。平川家は戦前から『朝日』をとっていた。

戦争中は『朝日』も「米英撃滅」を主張したが、これは宣戦の詔勅《しょうちょく》が渙発《かんぱつ》された以上当然である。しかし時局に便乗した『読売』は「狆猶撃滅」と印刷した。敵国とはいえその名に獣偏をつける下品さ加減が子供心にも嫌だった。戦後は『読売』は左翼に乗っ取られたかと思うと右傾した。ところがそんな『読売』を野球好きの従兄は購読する。母は「あの人は帝大を出たのに」と言った。

母にならって私も『読売』を読む従兄を小馬鹿にした。年少の私が、では何を読んでいたか。先日、小学校のクラス会でFが「平川に『君のお父さん医学博士になったね。新聞で見た』といわれたときは驚いた。嬉しかった」といった。なぜ子供のくせにそんな隅々の欄まで読んだのか。戦争中だから日本軍の戦果が読みたくてたまらない。それは今の子供が野球の結果を読みたがるようなものだ。もっともミッドウェーの敗北の実相は戦後まで知らなかった。それでも昭和十七年夏、六月七日付で海軍の戦死者の名が小さな字で連日印刷されたことは覚えている。こんなませた子供こそガラパゴス的存在かもしれない。『平川祐弘著作集』(勉誠出版)がきちんと第三十四巻まで出るならそれに収めるつもりだが、私の疎開日記、昭和二十年七月十日には都築教授が持参した『朝日』を読んで「船川港にも投雷されたとの事、東京の新聞はやはりよいと思ふ」と金沢の新聞との比較まで書いている。八月十五日、この中学二年生は玉音放送が終わるや朝日支局へかけつけた。号外は出てなかったが、人だかりの向こうに「阿南《あなみ》陸軍大臣ハ自決セリ」と大きな紙に墨書されていた。そのニュースを寮食堂で級友に伝えると、敗北は即座に周知徹底した。新聞社は機能していたのである。

そんな私は昭和二十年代を通して学生として『朝日』や岩波書店の『世界』から強く影響された。わが家は二・二六事件で重臣を殺害した軍部が悪いという考えだから、昭和十一年、蹶起《けっき》した将兵に社屋を襲われた同紙は正義の味方だった。緒方竹虎（一八八八―一九五六）が主筆の朝日、安倍能成《よししげ》（一八八三―一九六六）が校長の第一高等学校、岩波茂雄（一八八一―一九四六）が店主の岩波書店が、軍部の専横に対抗した日本リベラリズムの三大拠点だ。――もっともそう言ったのは戦後の『朝日』のコラムだから、信用しない人もいるだろう。しかし日本を終戦に導いた鈴木内閣の海軍大臣の出処進退を描いた緒方竹虎『一軍人の生涯――回想の米内光政』を私は昭和史として尊重する。外務省研修所で和文仏訳の教材に使ったこともある。

『朝日』と大学人との関係

では戦後の『朝日』と大学人との関係はどうか。

子供のころは連合艦隊が憧れの的だった。当時の日本人は長門・陸奥の二大戦艦を誇りとしていた。人間なにか誇りが欲しいらしい。軍事国家が崩壊するや、昭和二十年秋、新聞は文化国家の建設を一斉に唱え出した。そんな心理上の埋め合わせに違いないが、戦前の二大巨艦に代わって、戦後は東大の南原《なんばら》繁・矢内原《やないはら》忠雄両総長が、平和主義の二大巨人として持ち上げられた。戦争中、大学を追われたが反戦の信念を曲げず、自宅でダンテ『神曲』講義を続けた矢内原は間違いなく偉物である。昭和二十年代を通して東大総長の訓辞は首相の施政方針演説よりも大きく敬意をこめて『朝日』紙上で扱われた。それを世間は異常とも思わない。それだから吉田茂首相が単独講和に反対する南原氏以下を「曲学《きよくがく》阿世《あせい》」と論難したとき、世間は南原を擁護し吉田を罵《ののし》った。首相在任中の吉田茂は今日の評価と全く違って、知識人に小馬鹿にされていた。南原・矢内原の二人が名前を連ねているから平和問題懇談会の意見も正しいのだろう、と私なども思ったほどである。一九五〇年代初め、岩波の雑誌や『朝日』紙上で全面講和論を展開した南原やその弟子筋の丸山眞男、マルクス経済学者の大内兵衛、米国左翼と親しい都留重人などは、直接間接に社会主義勢力を支持していたのである。

私も当時は論壇主流と同じ考えに染まっていた。社会主義の資本主義に対する優位を信じていた。私は第一高等学校の駒場寮で後に日本共産党の最高幹部となる不破哲三と同じ部屋にいて河合栄治郎を読んでいた。しかし複数の外国語の習得に打ち込み、フィロゾフィーでなくフィロロジーに惹《ひ》かれ駒場の後期課程の教養学科へ進み、外国語能力を生かして世界を実地で「見て・感じて・考える」こととなった。そんな私がなぜ『朝日』を批判的に見るようになったのか。それは昭和二十年代末に洋行したからである。当時は日本から外へ出る人はきわめて珍しく、フランス政府給費留学生の名前が新聞に出た。

世界を見ると世界観が変わる

私は戦後日本の閉ざされた言語空間の外へ出てしまった。飛行機と船とでは旅行者の見聞が違う。旅行者が抱く世界の見方、いいかえると世界観に必然的に違いが生じる。神戸からマルセーユにいたるまで港という港は、ことごとく西洋の植民地領であった。父が戦前に渡欧したころはもとより戦後の私の第一回渡欧の際も、香港からポート・サイドまで、その白人支配に大差はなかった。

ところが何度か南の国へ寄るうちに旧西洋植民地における日本イメージにも変化が生じた。たとえば日本軍の残虐行為がもっぱら喧伝されたシンガポール。最初寄港した時はまだ英領で、歴史博物館では歴史解釈も当初は宗主国の英国の立場をそのまま反映して第二次世界大戦で日本軍が降伏した場面の写真のみが大きく掲げられていた。だが旧植民地が独立し始めた頃から変り始めた。私はシンガポール国立大学へ外部試験官や会議のため何回も赴いた――この external examiner のシステムも英国の大学制度の踏襲だが――、行くたびに博物館の展示が少しずつ変わる。ある時から宮本三郎画伯の絵の大きな複製――

一九四二年二月、シンガポール島に敵前上陸した山下奉文中将がイギリスのパーシヴァル司令官に降伏を迫った歴史的な会談を描いた図――も、日本軍降伏の写真に並んで、セントーサ島の博物館に展示されるようになった。そればかりか「大東亜戦争」に至る遠因が「日本撃敗了俄羅斯、這是有史以来一個亜洲国家第一次撃敗了一個西方国家」と書いてある。俄羅斯とはロシアで、「日本はロシアを日露戦争で撃破した。これは有史以来アジアの一国が初めて西洋の一国を負かしたのである」という説明だ。

反帝国主義的帝国主義戦争

大英帝国のクラウン・コロニーから独立したシンガポールであればこそ、西洋植民地支配とそれに対決したアジアの反撃の歴史を説明する必要があるからで、反日的感情が強いといわれるシンガポールですらも日本が二十世紀前半に果たした歴史的役割について中文で言及したのだ。

そこにはさらにこんなオーストラリア兵士の感想も大きな活字で出ていた。"After Singapore, Asia changed. For the British it would never be the same again."「シンガポール陥落以後、アジアは変わった。英国人にとってはもはや戦前と同じであることはあり得ない」。チャーチルは大英帝国維持のために戦ったが、英国は第二次世界大戦に勝利したものの、結局はアジアの植民地は手放さざるを得なかった。そのことがこの感想には如実に示されている。歴史の判断は落ち着くべきところに落ち着いたという感じであった。

ところでシンガポールが陥落した時は、朝鮮半島でも台湾でもアジア解放の快挙と思い万歳を叫んで小躍りした人はかなりいたらしい。台湾の高雄の近くの小学校に通っていた林連祥教授は小躍りしたと言った。金素雲が山本五十六元帥を讃える詩を書いたのはもちろん自発的に書いたのだ。しかしそのような気持であったことを正直に打明けた人の名前をいまここに記せば、韓国に住む子孫には迷惑が及ぶだろう。迂闊《うかつ》な事をいえば二〇〇五年盧武鉉《ノムヒョン》政権下に制定された「親日反民族行為者財産の国家帰属に関する特別法」の対象になりかねないからである。そのあたりが言論がより自由で闊達な台湾とは異なる韓国の不自由で不幸なところであろう。これはいってみれば、大英帝国のために戦った人にはアイルランド人もいた、というのと同じくらいのことで、アイルランド出身の下士官や兵士で大英帝国万歳を叫んだ人はいくらでもいたのである。

ハンガリアの暴動と日本での報道

私が朝日・岩波系の知識人の世界認識からはっきり離れたのは、一九五六年ハンガリアでソ連支配に対する暴動が起きても、彼らが社会主義讃美を止めなかったからである。当時の森恭三ヨーロッパ総局長に象徴される『朝日』は共産圏を讃美し、ニューヨークの最高級住宅でも裏側はレンガがむき出しだが、東ベルリンのスターリン大通りでは裏側まで化粧レンガが張ってあり、これは「ここで遊ぶ子供たちが、うわべだけを飾る人間にならないように、という心遣い」からだと書いた。いやはやと思ったが、当時は外貨制限で日本人は外国へ出掛けることができない。するとそうした報道が信じられるようになる。親ソ派の大内兵衛は「ハンガリアはあまり着実に進歩している国ではない。あるいはデモクラシーが発達している国ではない。元来は百姓国ですからね。ハンガリアの民衆の判断自体は自分の小さい立場というものにとらわれて、ハンガリアの政治的地位を理解していなかったと考えていい」(『世界』一九五七年四月号)と、ソ連軍の介入弾圧を公然と正当化した。しかしパリの学生寮でハンガリアから脱出してきた学生と顔を合わせてしまった私にはそんな考え方はできない。ずっと後のこと「あんなソ連擁護をした大内名誉教授は『東大不名誉教授』と呼ぶべきですね」と笑いながら口を滑らせたら、その場になんと息子の大内力《つとむ》学士院会員が居合わせており、私はじろりと睨まれた。

ブレヒトは社会主義陣営の劇作家で一九五五年にスターリン賞を授けられた。ハンガリア事変の直前に亡くなったが、死ぬ直前にポーランドの詩人アダム・ヴァジックの詩のドイツ語訳を手掛けた。中にこんな詩もある。

かれらはやって来た、駆けながら、叫びながら、
「社会主義の旗の下へ
切られた指はもはや痛みはしない！」
かれらは指を切った、
するとそれはひどく痛んだ、
そしてみな疑いはじめた。

日本のブレヒト研究者は彼が死ぬ直前にはこんな詩を訳したことに言及しない。ちなみにブレヒトのこの訳詩のことを『マンチェスター・ガーディアン』の社説で私は知った。ユーゴ大使館に亡命し、セーフ・コンダクトの保証を得てそこを出たハンガリアのナジ首相がソ連軍に捕まり銃殺されるに及んで私は憤慨した。ナジ首相は自由を求めたハンガリアの象徴であった。

安保反対というマス・ヒステリー

「日本にいる米軍がよそに出動したら、その基地が報復をうけ、これによって日本が戦争に巻きこまれるようになるというのが、いまの心配である。米軍がいると戦争が近づく、

いなければ遠のく――、多くの人がこう考えている。しかしあべこべに、米軍がいると戦争が遠のくがいなければ近づく、と考えるのはどうだろう。歴史の事実は後の考えの方が根拠があることを示している。……（一九五〇年の）朝鮮のように、米軍が手薄になるとたちまちに事がおこって、真空理論を実証したところもある」

「基地があれば、外からうっかり手は出さない。はじめにさぐりを入れて、抵抗がないという自信がつけば軍事侵略をするが、これはいけないとわかれば……立ち消える。全面戦争はあきらかに避けているのだから、米軍基地を攻撃すれば全面的抗争になるし、米軍の基地があることは、ヨーロッパとおなじく極東にとっても、戦争抑制の保障である。これに反して、裸だったら犯される。ひとりぼっちになったら、いいがかりの口実はすぐつくられる。もし万一にも全面戦争にでもなったら、基地があろうとなかろうと巻きこまれることはおなじである。こういう事情が根本から変わったと考えうる根拠は、まだない」

これは去年や今年に書かれた記事ではない。五十六年前の（昭和三十五年）二月十四日、『産経新聞』夕刊「思うこと」欄の竹山道雄の『基地と平和』についての考察である。吉田茂や岸信介など責任ある政治家はそう考えていただろう。だが反体制気分の左翼系論壇や文壇ではそんな竹山は少数意見で、大新聞が煽動するものだから、国会の周辺は「安保反対！」のデモに学生や労働組合員が連日動員され、世間は騒然とした。

一九六〇年、一時帰国した私は安保騒動を目のあたりにしたが、かつての平和問題懇談会の面々が今度は安保改定反対を唱えても、同調する気は全くない。目をつりあげた学生が「民主主義を守れ」と叫ぶから、私も「民主主義を守れ」と静かに、多少皮肉っぽく応じた。そのテンポを一つずらした語調で、私のいう民主主義が「議論をした後は最終的には国民や国会の多数意見に従え」という常識的な意味だとすぐ伝わった。

私は留学先の各地で新聞は隅々まで読んだ。すると社会主義幻想はいつかさめてしまい、英国と米国が同盟するように日本も米国ともっと対等に同盟するがいい。そう思うようになっていた。プラカードを担いで安保反対のデモに行く連中と会っても話はあわない。日本知識人の大物が「今こそ国会へ」と学生を煽動し、東大仏文の渡辺一夫もデモを支持した。デモの一部は暴走し、仏文の助手清水徹は警官の警棒で頭を割られた。国会前で女子学生が死亡するや興奮は絶頂に達した。あれから半世紀が経って八十歳を過ぎた清水徹に会った。そうしたら「安保騒動はマス・ヒステリーだった」という平川説に清水が相槌を打って淋しく笑った。しかし岸内閣の末期から一九六〇年代は、ベトナム戦争の激化ということもあり、『朝日』を中心に展開された「安保反対」は正論のごとくであった。私見では、戦前の一国ナショナリズムのあらわれである日本の絶対不敗の信念と、戦後の日本の「諸国民の公正と信義に信頼」するという絶対平和の信仰とは、一つのコインの表裏であり、ともに幼稚な発想であることに変わりはない。世界の中の日本の位置と実力を見つめようとしないからである。

『「声」欄について』

一九六八年は『朝日』が煽る「純粋な学生」が蹶起して全国的に大学闘争が蔓延した。自由主義を守ろうとする竹山道雄は『朝日』紙上で「危険な思想家」としてマークされた。空母エンタープライズの佐世保寄港について意見を求められた識者の中で竹山一人が賛成、他の四人は反対と社会面に出た。「原子力空母寄港賛成論を朝日紙上で語られた竹山道雄氏、あなたはあの美しい『ビルマの竪琴《たてごと》』を書いた竹山さんでしょうか。実に不思議な気がします」といった調子の感情的非難が殺到し、竹山に咎を求める投書が次々と「声」欄に掲載された。当時投書した人も今では米国の原子力空母が横須賀に寄港しても反対の投書は必ずしもするまい。日米安保や抑止力の必要は民進党や公明党の幹部も自覚している。その論争も分析するに値するが、ここで問題としたいのは竹山を狙い撃ちした『朝日』投書欄のアンフェアな操作についてである。

空母寄港の是非について人それぞれ見方が違う、賛否もさまざまだろう。だがそれより問題は次の点だ。竹山が昭和四十三年二月四日「感情論で解決できぬ」と答えた後も「ビルマの竪琴論争」なるものは長く続いた。四月十四日、竹山は投書に答えた後「なお、多くの方々からのお尋ねに一々返事をして、言論ゲリラのために奔命に疲れてはなりませんから、それはしないつもりです」とつけ加えた。これに対し四月十九日に「許されるのか独立運動圧殺」と「対話の継続を望む」(鈴木氏)という投書があり、竹山がさらに投書欄で答えることを求めた。これに対し竹山はその日のうちに投書し返事は常に問と同じ長さに書いた。——「私は対話を断わったことはありません。また鈴木さんを〈言論ゲリラとあしらった〉こともありません。ただ、同欄の〈許されるのか独立運動圧殺〉という投書などはあまりにも幼稚な意見で、これに短文で答えることはできません。前に〈無学な田舎のかあちゃんにも分る言葉で〉説明せよと要求した投書は、はたしてそういう人が自発的に書いたものかと疑いました。週刊誌で根拠も示さない扇情的な匿名記事もありましたが、このような不見識なことも行われているのですから仕方がありません。ゲリラとはそういう類のことを指しました。事実に即して論理を正したお説を教わりたいと願います」。

だが竹山のこの返事は「声」欄には採用されず、没となった。したがって竹山が「独立運動の圧殺」にも顧慮せず対話を断ったという形で「論争」は終止符を打たれた。これはフェアではない。土俵に上げてくれない以上「声」欄に答えることはできない。投書欄は係の方寸でどのようにでも選択される。それが覆面をして隠れ蓑をきて行われるのだからどうしようもない。日本における言論の自由とはこの程度だということを世間はもっと自覚すべきだろう。

私は竹山が亡くなった一九八四(昭和五十九)年、『竹山道雄著作集』に漏れた文章を選び、講談社学術文庫『主役としての近代』へ収めた。その際、竹山が『国民協会新聞』というミニコミ紙に寄せた一九六八（昭和四十三）年六月の一文を見つけ、それも入れた。『「声」欄について』と題されており、『朝日』が没にした最後の投書のことが記されていた。

一九八四年の末、朝日新聞出版局が「声」掲載の投書を六巻本に刊行中で、竹山の投書の再録許可を求めにきた。婿の私が竹山夫人に代わり返事して「許されるのか独立運動圧殺」「対話の継続を望む」などの投書が採用されるのなら、それに対する竹山の返事は「声」欄の係が没書した旨を註に書いて欲しい、その条件が満たされぬ限り竹山の投書の収録に同意しかねる、と述べた。『朝日』の文庫担当の川橋啓一氏は私に会いに来「註をつけます」と同意したが、社に帰って叱られたのか、事実を伝えていない文を書いてよこした。私はそれを註とは認めなかったから、きちんと書くことを求めた。川橋氏は社に持ち返ったが、それきり返事がない。あまり長いあいだ返事がないので電話した。すると川橋氏は多少申し訳なさそうな声で「朝日の出版物にこの種の註をつけた先例はありませんから『ビルマの竪琴論争』はいっさい載せないことになりました」と言った。昭和四十三年、論争の結びに「今週の声から」と出た解説によると、かつて『朝日』の投書欄であれほど白熱した議論はなく、東京本社だけで二百五十通を越す投書があり「みのりあった」由である。それを同じ朝日新聞出版の文庫本『声』では全部不採用にしたというのだから、いかにもおかしな話である。『朝日』は竹山投書を没にした経緯を明らかにされてはまずいと判断し、一切載せないことで「昼間のもめ琴」だか「ビルマのもめごと」だかに幕引きしたわけであろう。「昼間のもめ琴」などと茶化した書き方をしたが、実はこれも同紙「かたえくぼ」欄や朝日系週刊誌に出た竹山を揶揄する言葉で、竹山は「言論ゲリラ」にいたるところで狙われ冷やかされもしたのであった。なお「声」欄は竹山反対の投書が多いと報じているが、竹山家には竹山支持の手紙が多く寄せられていた。

竹山がミニコミ紙に書いた『「声」欄について』を読んで憤慨した徳岡孝夫氏は『竹山論文をボツにした朝日新聞』を『諸君!』昭和六十年九月号で話題とした。すると十月号で『朝日』の上野晴夫「声」編集長が、担当者が自分の判断で投書を選択するのはどの新聞雑誌でも同じだと弁明し、『朝日』が文庫用に用意した文を平川が承知しないのが悪いように書いた。私は十一月号に右に述べた経緯を書いた。論争はなお続いたが、詳細は当時の雑誌を見ていただくこととする。

このような『朝日』に体質改善は望めるか。今回の慰安婦問題の意図的誤報の件についてはさぞかし多くの投書が寄せられているだろう。だが『声』欄は今のところ一通も批判的な読者の投書を掲載していない。『朝日』とはそんな破廉恥な新聞なのである。

『朝日』に忠実な秀才才媛の末期

平川家は愛想をつかして『朝日』をやめた。ある席で私がそういい、芳賀徹が「自分も止めた」といったら、ドナルド・キーンが「私は日本研究者の職業柄読まないわけにはいきません」と答えた。『朝日』に代わる良い新聞が無いというのも困ったものだ。だがどういう新聞を読むかによって人間は出世もするし、失敗もする。

前にも書いたが、私は東大でまだ一年生だった岡田克也を教えた。顔は大きいし目立つ学生だから民主党の最高幹部として登場した時、写真を見てすぐそれとわかった。家永三郎執筆の日本史教科書が文部省の検定で修正を求められた際、家永教授が、その措置を違憲違法として国家賠償請求を起こすという、いわゆる家永裁判があった。その訴訟のことがクラスで話題となると、学生の岡田は『朝日』の社説のような意見を堂々と述べた。そのように模範解答をすなおに言い続けていれば、世論にも支持され、ある程度までは必ず出世できるのが今の日本社会の仕組みだが、実はそれが落とし穴なのである。民主党政権を担った左翼秀才の面々は、かつてはもてた人であった。それだから以前は選挙に勝てた。だがいまやもてない。日本でも通用しない、ましてや世界で通用するわけがない。私はこれは大変な事態だと感じた。問題が深刻なのはこれが特定個人の資質の欠陥であるというより、戦後民主主義日本における教育情報環境の構造的欠陥のせいだからである。

菅直人も仙谷由人も鈍才だから妙な政治的判断を下したのではない。彼らは戦後日本の教育情報空間の中で育った優等生で、いってみれば論説通りに行動した。彼らは左翼系大新聞の模範解答通りの答えを述べた。彼らは元旦から朝日を拝まずに朝日新聞を拝んだ。だからこそ失政が続いたのである。

家永三郎と「日本悪者史観」

ここで家永三郎の名が出たからいうが、英語がきちんと読めず交戦国を双方から客観的に判断する能力のないはずの彼に『太平洋戦争』（岩波書店）という書物がある。その英訳はアメリカでは評判がいい。なぜか。それは家永が戦後の価値観に基づいて、いいかえると、戦中の連合国側でつくられ戦後の敗戦国に流布《るふ》された「日本悪者史観」に忠実な人だったからである。では『朝日』が担いだ「良心的」歴史学者の家永の日本語資料を鑑定する能力はどの程度か。家永は資料を集めるうちに「済州島で強制連行実施の責任者であった」吉田清治の『私の戦争犯罪　朝鮮人強制連行』にとびつく。そして「日本軍兵士の性欲をみたすために、朝鮮の娘たちが多数慰安婦として前線にかり出された。吉田告白記には、悲鳴をあげて抵抗する娘たちを暴力で護送車におしこめ、連行途中で護送兵士に強姦させるという、凄惨な情景がなまなましく記されている」云々と書いた。この吉田の話をそのまま信じこむ人はセクシュアル・ファンタジーの豊かな人に相違ないが、家永はじめ何人かの人はこのエロ・グロ雑誌の類の記事をいとも簡単に真実と思い込んだ。それというのは世間には日本兵と聞けば残虐と頭からきめてかかる人たちがいるからである。

徹底した実証主義で知られる近現代史家の秦郁彦は『朝日新聞』の報道で吉田の存在を知り、怪しいと直感して出版社に電話すると「あれは小説ですよ」と返事をした。済州島の土地の人も否定した。吉田本人も週刊誌記者に問いつめられてそのことを自認し「事実を隠し、自分の主張を混ぜて書くのは新聞だってやっているじゃないか」と開き直った。虚言癖の人の証言が大新聞によって世界的に報道され、吉田の本は韓国語英語に翻訳され、国連報告書にも採用され、日本は性奴隷の国という汚名をかぶせられた。その経緯は秦郁彦『慰安婦と戦場の性』（新潮選書）に詳しい。

家永三郎には歴史に対する感性がないから、吉田清治が病的虚言症だということを見抜く力もない。そんな家永は戦後という時代の御用学者として歴史書を書いた。日本の悪い面を列挙した挙句、中国人民解放軍の良い面を列挙し、その結論は「日本はアメリカの物量に敗れるに先だってすでに中国の民主主義に敗北していたのである」と書いた。私は失笑するが、笑って不謹慎だろうか。その近隣の「民主主義」国の中には証人が虚言症であることがわかっていても、反日宣伝のためとあればいくらでも利用する国がある。教育部の指令で通訳をさせられる日語系の教授はうんざりしていたが、そんな証人を利用するかしないかに国家の品格はおのずと示される。

韓国でもかなりの人は慰安婦が自国の業者によって斡旋されたことは知っていた。それを他国の軍によって強制的に連行されたといい、吉田清治が職業的詐話師であると薄々わかった後もその発言を引用し、慰安婦の数を多く増やして述べれば述べるほど純粋な愛国韓国（朝鮮）人と見做《みな》されると信じるのは、憎日主義的愛国主義がもたらした倒錯症状である。慰安婦像を建てれば建てるほど韓国の名誉になるとでも思っているのか。そのうちに従軍慰安婦の愛国記念切手でも出すつもりか。

恋文横町

東京の渋谷にはアメリカ兵相手の女性が彼らに送る手紙を代書した恋文横丁の記念碑はある。だがそうした女性たちの像などは東京の米国大使館の前にない。私はそんな日本に生まれて、まあよかった、と感じている。実は私もそんな女相手のフランス兵に頼まれていい気な言葉を訳してやったことがある。朝鮮戦争の際の国連軍の兵士で、「金は要らない」と翻訳した私がいうとチンザノを一杯奢ってくれた。生まれて初めて飲んだが「サンザノ」と発音した。なお私はフェミニストの仮面をつけた運動家がいかに戦時下の性暴力と騒ごうが、日本のその種の慰安婦に対しフランスの大統領が謝罪すべきだ、などとは考えない。

世界各地に慰安婦像を建てようとする人たちの主張は、女性の人権保護の名を借りた反日運動である。かれらの主張がもし普遍的に通用し得るものであるなら、その主張は日本でも歓迎されるはずである。その確信があるならばもう少し募金をつのって、日本国内でも朝日新聞社の社屋の正面とか河野洋平邸の前に慰安婦像と吉田清治像を建ててみるがいいだろう。そして「二度とこの過ちは繰り返しませんから」という碑銘をそれに添えさせるがよいだろう。

何が過ちかははっきりしている。問題の核心は今や国内でなく世界である。How to Debunk the Myths of 200000 Sex Slaves が肝心だ。「二十万人の性奴隷という神話をいかにして打破するか」それを上手にやらねばならない。以前にハーバート・ビックスが『昭和天皇』について歪んだイメージの著書を出したとき、公正を念ずるマリウス・ジャンセン教授は秦郁彦教授の昭和天皇論を編集し英訳させる労をとろうとしたが急逝した。それを惜しんだ私が Global Oriental 社に推薦したところ Ikuhiko Hata, *Hirohito, The Shōwa Emperor in War and Peace* は二〇〇七年に出た。今度も秦郁彦『慰安婦と戦場の性』の全訳を外国の有力出版社から出すがよいだろう。

最後に、地に落ちた朝日の名誉を回復する最良の手段は秦教授に朝日賞を授与し、かつ *Comfort Women in the Battlefield* の英訳出版助成金を賞金に加えて出すことであると考える。

第十一章　日本の知識人は台湾問題でなぜ声をあげないのか

——日本戦略研究フォーラムでの講演

知識人と政治的発言

私はかつて大学ではダンテ『神曲』を、定年後は荻窪の読売カルチャー・センターで『源氏物語』を英訳と照らし合わせて教えている一介の文弱の徒である。しかも東大で教えた歳月よりやめた後の歳月の方がもうじき長くなる、前世紀の遺物というべき人間である。それがなぜか日本戦略研究フォーラムのごときアクチュアルな問題を討議する、軍人さんたちも居並ぶ、いかめしい会議に顔を出すことになったのか。

先日、上野で開かれた台湾の国立故宮博物院の展覧会で「あら平川先生」と呼び止められた。さてはその昔台北で教えたころに知りあった女性かと足をとめた。そうしたら『日本人に生まれて、まあよかった』という新潮新書に平川の写真が出ていた。それで初対面だけれど「平川先生にお目にかかれて、まあよかった」と長野禮子さんが声をかけたのだという。手際よく日本戦略研究フォーラムの趣旨を説明の上、この日米台の関係が話題になる席で話すようにとのお勧めであった。それで「日本の知識人は台湾問題でなぜ声をあげないのか」という題でお話し申し上げるべく罷《まか》り出た次第である。

初めに私と米国・中国・台湾の関係について個人的なことを述べさせていただく。私が比較文化史家でありながら、なぜ年甲斐もなく政治について発言するのか。もう三十六年前になるが、プリンストン大学へ招かれて *Cambridge History of Japan*『ケンブリッジ日本史』の十九世紀の巻に、日本が中国から西洋へ視線を転じた、英語で言えば Japan's turn to the West という明治維新前後の日本の文化史的方向転換について私は一章を執筆した。私に目をかけた教授は日本近代化研究で知られたマリウス・ジャンセンで、いろいろ話すうちに、その昔 Adlai Stevenson が立候補した際、大統領選挙の運動員として手伝ったという。当時の私は東大教授で、日本の国立大学教官は公務員法で選挙運動は禁じられていたから、「へえー」と驚いた。ジャンセンの話を聞きながら「なるほどアメリカは民主主義の国だな」と思った。日本の学者先生は、公務員法で禁じられているからというより、お高くとまっているから、実際政治や選挙運動などなにか下等な事のように見下す気風があった。いまもあるかもしれない。そんなであったからジャンセンとの会話が印象に残って、私もデモクラシーを信奉する一市民として、国際政治についていつか発言したいものだと思っていた。とくに『朝日新聞』の見解に対しては強い違和感を覚え、抑えがたい気持もあった。それで二〇一四年五月になって『日本人に生まれて、まあよかった』を世に出したところ、皆様の目にとまったわけである。

すなわち「『朝日新聞』を定期購読でお読みになる皆さんへ」という『朝日新聞』批判の章を付し、あわせて虚言症の吉田清治の朝鮮人慰安婦強制連行説を事実として『太平洋戦争』という日本悪者史観の歴史書を岩波書店から出した家永三郎批判も書きそえておいたら、よく売れた。しかも、これは偶然重なった事と思うが、八月に『朝日新聞』は吉田証言がフィクションであったこと、強制連行は誤報であったことを認め、謝罪するにいたった。

『朝日』のヒーローとしての大江健三郎

では以前から今述べた様な意見を私が発表しようと思えば、それを大新聞にすぐ載せることができたかといえばそうは簡単に行かない。私はかねてから、戦後『朝日』は国民をミスリードした。その誤誘導については新聞人にも責任はあるが、朝日に受け入れられて寄稿する学者評論家にも責任がある、という意見である。

この寄稿者たちと『朝日』の政治的スタンスにまつわる関係は微妙である。実は台湾問題などもそれと深くかかわっている。具体例をあげるとわかりやすいかと思う。朝日の文化欄のヒーローの一人は大江健三郎であった。大江は戦後民主主義の寵児《ちょうじ》である、よって大江の言い分は正しいだろうと朝日の社内の多くの人も読者も頭からきめていた。しかし大江は反体制のチャンピオンで、安保騒動が起きればデモを支持、文化大革命が起きれば中国の紅衛兵はもとより安田講堂にたてこもる日本の造反学生も支持、韓国よりも北朝鮮を支持した。口先だけだが反体制・反政府で、しかし文壇ではこれが主流である。だからこのようなスタンスをとることはさして難事ではなかった。その大江は女子大生に向かって「自衛隊員のところへお嫁に行くな」と叫んだ。本席には自衛隊関係者もおられるが、職業差別だと内心お怒りであろう。このような人はどこかおかしくないか、とお感じであろう。しかし現行の憲法を字義通り解釈すれば自衛隊は違憲という立場もあり得るので、そのような際は日本国憲法がどこかおかしいと考えるべきであるかもしれない。大江は学生作家として芥川賞を取り、そこから昇りつめてノーベル文学賞まで取ったが、日本の文化勲章は拒否するなどというスタンド・プレーをし、それでもその後もフランスからは勲章を喜んで戴くなどするうちに、近年は読者に見捨てられた。そんな大江の文学界における運命は政界における土井たか子の運命とほぼ同じで、両者は相似た軌跡をたどった。土井たか子は韓国よりも北朝鮮を支持し、社会党委員長から衆議院議長まで昇りつめたが、近年は忘れ去られた。私がそういう大江土井並行説を唱えても、十年ほど前までは大新聞はもとより地方新聞でもそんな平川意見は載せてくれなかった。しかしひとたび『熊本日日新聞』が大江裸の王様説を載せると、今では全国的に大江批判はひろまった。

『朝日』の知的巨人としての加藤周一

もう一人加藤周一という大先生がいた。この人は日本は中国に対して侵略戦争をした前科があるから中国の批判は一切しないという立場で、それで多くの人から「良心的」と見なされ、知的巨人などともてはやされた。加藤はインテレクチュアル・ジャイアントである、よって加藤の言い分は正しいだろうと朝日の社内の多くの人も読者も頭からきめていた。しかし加藤も大江と同じで、実はジャーナリズムでの名声と地位を確保することにたいへん敏感にこだわった人である。

戦前の日本軍部は世界の中の日本の力がどの程度かを認識せず、国を誤った。日本がナチス・ドイツと同盟を結んだことは大失敗であった。私はそのような見方である。昭和二十年代末に留学生として渡欧したが、ドイツでは酔っぱらった元兵士に絡まれて「この前はイタリアに裏切られて負けた。今度は日本とだけ組んでやろう」といわれて閉口した。そんな目に遭った日本人は当時はかなりいたに相違なく、その種の話は日本にも伝わり話題となった。

ところが大多数の日本人がドイツを理想化する風潮のあることを心得ていたせいか、加藤周一は私とほぼ同じ一九五〇年代にヨーロッパにいて実情を知っていたはずにもかかわらず「日本と組んでまた戦おうなどと言うドイツ人はいない」と『朝日新聞』紙上で断言した。ドイツで加藤がその種の酔っ払いに絡まれなかったとは信じがたかった。そもそも加藤は一時期ドイツ語を母語とする女性と暮らしていた人である。それでそのころから、さては加藤は日本国内の時流に合わせてヨーロッパ通信を書く人ではないか、と私は怪しむようになった。加藤はそのような調子で真偽とりまぜて半世紀にわたり『朝日新聞』に書き続けた。そしてその半世紀後、加藤はなんといったか。

第二次大戦後、……ドイツ社会は「アウシュヴィッツ」(強制収容所におけるユダヤ人の組織的抹殺)を水に流そうとしなかったが、日本社会は「南京虐殺」を水に流そうとした。その結果、独仏の信頼関係が「回復」されたのに対し、日中国民の間では信頼関係が構築されなかったことは、いうまでもない。(加藤周一『日本文化における時間と空間』の「はじめに」、二〇〇七年)

というこれまたドイツ礼讃《らいさん》を書いた。ところが加藤がそう日本人を批判すると、『朝日』の読者の中には加藤周一先生のご指摘に感心する読者が大勢いる。日本だけではない、韓国にもアメリカにもドイツにもいる始末である。

これはひどい、と私も思ったが、ドイツ文学者の松本道介はもう勘弁できないと感じて、加藤が書くそういう「文章の方がよほどノーテンキであり恥ずべきものに思われる」と評してこう述べた。

まずは「アウシュヴィッツ」と「南京虐殺」を較べること自体のおかしさ。「アウシュヴィッツ」は戦争犯罪ではなく、国家機構の犯罪である。六百万という信じがたい数のユダヤ人は捕虜でも犯罪者でもなく、ユダヤ人であるがゆえに殺されたのである。六百万人の人間を殺すというのはたいへんな〈大事業〉であり、数多くの収容所のガス室で長期にわたり〈計画的〉に〈日常的〉に〈事務的〉に殺害がおこなわれたからこそ〈可能〉だったのである。

一方「南京虐殺」は、かりにおこなわれたとしても戦争犯罪である。武器を持たぬ市民を集めての殺害ではなく、戦闘の継続というのか後始末というのか、民衆のあいだに身をひそめる敗残兵の殺害、いわゆる〈雑兵《ぞうひょう》狩り〉である。むろん敗残兵は軍服を脱ぎ民間人の服装をしているから、ただの市民が殺される場合も少なくないだろう。（松本道介『極楽鳥の愁い』、鳥影社、二〇一〇年）

私は松本説に同感した。日本軍が南京で中国の無辜《むこ》の市民をまったく殺害していないように言い張るのも誤りだが、白髪三千丈《はくはつさんぜんじょう》と同じ伝で被害者の数をふやして宣伝する中国側のやり口がよいとは到底思えない。

また加藤が書くように、独仏の信頼関係が回復し歴史観を共有できるようになったのは本当か。それは本当である。ただし加藤は肝腎な事を知ってか知らずか書かなかった。それは独仏の信頼関係が回復し歴史観を共有できるようになったのは、一九八九年に東ドイツが崩壊し、スターリンの肖像が撤去されてから後の話である。それと同じことで、将来、天安門広場から二十世紀の三大独裁者の一人の肖像が撤去される日が来れば、日中両国民の間でも信頼関係は構築され日中間でも歴史観が共有できるかもしれない。現に毛沢東の肖像がない、いいかえると共産党が支配していない、そしてさらにいいかえると言論の自由がある、台湾と日本との間には民間レベルではるかに深い信頼関係が存在している。歴史観に共通性が認められることは、八田与一の名前は台湾の教科書にも日本の教科書にも出て来ることからも言えるであろう。

日本左翼の自家中毒症状

ところで「台湾の現状と日米台の安全保障」という本日のテーマに固有名詞は出ていないけれども、最大の問題国は中国である。すると日本国内で「日本は中国に対して侵略戦争をした前科があるから中国の批判は一切しないという立場」の加藤周一に代表される一連の朝日知識人ともいうべき人士がいる。北京を批判しない、となると北京が台湾を併呑《へいどん》しても抗議しない、という隠れ共産中国支持者ということになる。『朝日新聞』としてはノーベル賞作家の大江健三郎とか「知の巨人」とかいわれた加藤周一が北京批判はしないというのなら『朝日新聞』もそれにならえばいいだろうぐらいに思っていたのかもしれないが、世間の作家・評論家は『朝日新聞』がそんな政治的立場であることを見てとって、それに調子を合わせてものを書く、左翼には左翼流の出世の仕方、立ち回り方があるのだということを見落としてはならない。それで『朝日新聞』の調子に合わせて大学の先生もいろいろ大合唱をした。しかし出鱈目《でたらめ》があまりにひどかったからついに自家中毒症状となり、『朝日新聞』が「ゲロを吐いた」。いいかえると「誤報弁解謝罪会見」を行なった。この世紀のスキャンダルは、「朝日新聞誤報道歉惹群歐」と中国語新聞にも報ぜられたが、『朝日新聞』はいまや袋叩きにあっている、というのである。

しかし日本では『朝日新聞』の社説やコラムのようなことをいえば「良心的」と言われる時代が長く続いた。ミッション系の女子大学では取る新聞は『朝日新聞』と決まっていた。その主張は田中角栄訪中以来ずっと北京支持で台湾を見て見ぬふりをしてきた。

家永裁判が新聞の第一面をかざったころ岡田克也は東大に入学した。クラスの討論で岡田は家永支持である。家永の著書を読んで賛成だから支持するというのではなく、『朝日』が家永を英雄視するから鸚鵡返《おうむがえ》しにそういうのである。岡田は学生のころから『朝日新聞』

の社説のようなことを言っていたが、日本社会はそんな模範解答を言い続けていればある程度までは必ず出世できる仕組みになっており、現に岡田は民主党政権の外務大臣にまでなった。しかし「台湾の現状と日米台の安全保障」などという大事な問題を岡田は面と向かって取り上げようとしない。それは『朝日新聞』が取り上げようとしなかったからである。

日本ジャーナリズムで台湾問題にまつわるそのようなタブーを破ったのは司馬遼太郎が李登輝総統と対談し、一九九三年に『台湾紀行』が出たころからではないだろうか。それでも当時の日本は依然として親中ムードで、山崎豊子の『大地の子』のテレビが日本国内では大評判だったし、日中経済協力に財界人も熱をいれた。もっともその中国では『大地の子』は放映されはしなかった。日本側の政府開発援助も感謝されることはなかった。

台湾の変化

私がはじめて台湾の港に寄ったのは一九六二年、二回目の西洋留学で基隆《キールン》に寄り、ついで高雄に寄った。ただしそのイタリア船は台湾海峡を通らず、台湾の東を南下して墾丁《こんてい》海岸の沖をまわって西北に進み高雄へ入港した。大陸と台湾が軍事的に睨み合っていたからである。その後、東大へ研究員として来日した林連祥教授の口利きで、一九八五年に淡江《たんこう》大学へ教えに行った。当時の台湾には国立大学では日本語系はなく、私立大学でもまだ日本語を公然と教えることができない時代で、東方語名義で私は日本語を大学院生に教えた。当時は大陸よりは豊かだったが台湾はまだ貧しく、大学の売店で買ったチョコレートのまずさに驚いたことがある。西洋人の中国研究者は台湾にも大陸にも行くが、当時の日本の中国研究者は台湾にしか行かない人、北京にしか行かない人に分かれていた。これは北京政府が台北に支局を置いた『産経新聞』が北京特派員を置くことを認めなかったせいもあろうが、日本の中国学界には北京派とでも称する力が強く、彼らに北京一辺倒の傾向が顕著だったためである。

その台湾は一九八八年、李登輝が総統となるや雰囲気が一変した。それまで御法度《ごはっと》だった政治の話も自由となり映画『悲情城市《ひじょうじょうし》』が公開された。一九四七年二月二十八日の大陸渡来の中国軍による台湾エリートの虐殺が取り上げられたのである。日本警察に取って代わった国民党支配を台湾人は「犬去って豚来たる」といった。国民党は台湾支配の最初の五百日間に五十年間の日本統治よりも多い台湾人を処刑した。そんなであってみれば台湾人が日本帝国支配の方がまだましと感じたとしても不思議はない。八八年以降、新聞も変わり、にわかに面白くなった。本省人の『自由時報』の投書欄が賑《にぎ》わう。逮捕の怖れがなくなれば人間次々と話し出す。日本の先人の努力が台湾でどのように評価されているか私にも聞こえてくる。

私は職業柄日本語教育の歴史に関心があった。日本が台湾で教え始めたのは日清戦争直後、台北士林近くの芝山巖《しざんがん》に伊澤修二が学堂を開いた時からである。治安が悪く、一八九六年教員六名全員が惨殺された。土匪《どひ》の仕業だろうが、国民党政府は一九五八年それを義民の義挙として芝山巖事件碑を建てた。そればかりか六氏の墓を壊し学務官僚遭難碑を倒した。私がはじめて見に行った時はベンチの下に伊藤博文筆のその碑が転がっていた。植民地支配を悪と断罪する側に立てば六人は当然の報いを受けたということになるのだろう。だが土地の人の日本人教師に対する気持は違う。士林小学校の卒業生が遭難百年に際し倒された墓も碑もきちんと建て直してくれた。二〇〇〇年私は台北市の北の士林にある東呉《とうご》大学で教えたから、近くの芝山巖に登りその様変わりを目撃し感動した。

それから私は中嶋嶺雄氏が音頭をとった『アジア文化フォーラム』の一員として何度も台湾にも行き発表した。大陸の北京日本学研究中心には三度教えに行った。台湾大学は二〇〇五年春、大学院日語系碩士課程が完成した時に集中講義に行ったのが最後である。

日本統治の遺産

第二次大戦まで西洋では植民地化はキリスト教化・文明開化とほぼ同義と見られていた。日本も台湾植民地化を文明開化の事業として構想した。ただし宗教を広めて死後の命を救う代わりに衛生を広めて人の命を救おうとしたところが、医学者でもあった後藤新平の偉大さである。その植民地経営は今も高く評価されている。大陸と異なり、台湾の地下鉄や新幹線のトイレが清潔なのも日本の遺産といえないことはない。ただ日本が衛生を重んじたのは、関係者も意識していないが、日本人の広義の宗教心の現れと私は観察している。清らかさを尊ぶ神道の心が衛生を尊ぶ思想の背後にあったのではあるまいか。

しかし教育、生活、経済面で善政を布《し》いたとしても、植民地化は植民者という一級市民と被植民者という二級市民を生み出すがゆえに悪である。しかしそうと認めない国もある。チベット支配を続ける中国は王道楽土を建設中と言い張るであろう。サッチャー英国首相は一九八八年「西洋人が世界の多くの土地を植民地化したのはすばらしい勇気と才覚の物語でした」と肯定した。世間には西洋の植民地支配は肯定するが日本のそれは非難する者がいる。偏した見方である。ライシャワーも歴史教科書 *East Asia, The Modern Transformation*『東アジア――近代の変革』で日本の台湾統治を否定的に記述しているが、そんな歴史教育を受けた世代の米国人教授は現地で「台湾人は日本が大好きだぜ」と驚いている。

しかし台湾でも日本に対する感情は本省人と外省人とでは温度差がある。アメリカで反日宣伝活動に従事する中国系の人には戦後大陸から台湾に逃げ、さらにアメリカに渡った外省人に多い。その温度差は台湾で日本語で行なわれる国際会議と英語で行なわれる国際会議に出ればわかる。英語で行なわれる国際会議には外省人の出席率が高いから、当然国民党支持者も多く、日本に対する親しみも薄い。しかし台湾が民主主義国として今後も続き、選挙による政権交代が続けば、本省人と外省人の男女の間にも通婚が多くなり、台湾アイデンティティーはさらに明確になるだろう。

オーストリア併呑と台湾併呑

アメリカが英国の支配下から離れて百十九年経った年が一八九五年である。そのころの英国には、北アメリカは英国と同じ言語を話す土地でかつては英国領だったからふたたび併呑せよ、と主張する者はもはやいなかった。日本が台湾を領有したのは一八九五年で台湾は北京の支配下から離れて二〇一四年で百十九年になる。北京は同一言語を話す地域は併呑していいかのごとくに主張しているが、そのような主張の先例は、ナチス・ドイツがオーストリアを一九三八年に併呑した独墺《どくおう》併合 Anschluss であることをわれわれは記憶せねばならない。オーストリアのシュシュニック首相（Schuschnigg）はヒトラーを訪問してオーストリアで入獄中のナチス党員を釈放したり譲歩したが、当時の英国はドイツに対し融和政策のチェンバレンが首相で、しかもそのころヒトラーはドイツ軍の統帥権を掌握した。シュシュニック首相はオーストリアの独立を強調する演説を二月二十四日に行ない、三月九日に独立問題で人民投票を実施する選挙公示を出した。するとドイツはオーストリアに人民投票延期とシュシュニック首相の辞職を要求する最後通牒《つうちょう》をつきつけ、ナチス党員のザイス＝インクヴァルトが三月十一日首相に就任、翌十二日ドイツ軍がオーストリアに侵入開始、十三日にオーストリアの新首相がドイツとの合邦を宣言した。これが第二次世界大戦への決定的なターニング・ポイントとなった。ドイツ軍が侵入したときはオーストリア人で手を振って歓迎した勢力も強かった。独墺併合 Anschluss にそれまで反対していたムッソリーニが賛成に転じたことが響いた。そういう国際環境を考えると日本にも台湾の併呑を認める勢力があることに注意せねばならない。『朝日新聞』や『朝日』御用の政治家や知識人の問題についてこの席でお話したのはその関係からである。

問題は「中国の夢」を唱える大陸の習近平政権が内政の失敗を糊塗《こと》するために軍事的・外交的に膨張主義的冒険に乗り出すか否かであろう。台湾は第二の香港になるのか。台湾は漢民族も民主主義社会を建設する能力があることを実証した輝かしい土地である。この土地がいつまでも自由であることを私は祈らずにいられない。私のような老学者があえて台湾問題について発言した理由である。

第十二章　史実に基づく修正までなぜためらうのか

——Even the Devil is not so black as he is painted.

過去の戦争をどう考えるか、アメリカ側の認識と日本側の認識のギャップについて私見を述べたい。私は過ぎた大戦で日本側が正しかったなどと主張するつもりは毛頭ないが、日本に対する間違った非難はこれを訂正したい。悪魔でさえも描かれるほど黒くはない。

アメリカの日本理解はどの程度のものであるのか

アメリカをはじめ外国の日本理解はすこしずつ進んだ。ペリー来航の一八五三年より八十年後の満州事変の昭和日本にはグルー大使が来日した。平和の海であるべき Pacific Ocean その太平洋をはさんだ両国がいかにして戦争に突入したか、いかにしてまた戦いの海が平和の海に戻ったか、私は東京の上空で日米の軍用機が死闘を演じ、体当たりする様も目撃した者だが、その太平洋戦争の過程や原因が知りたくて戦後私は関係者の本をむさぼり読んだ。その中で Joseph Grew, *Ten Years in Japan*（グルー『滞日十年』）と『鈴木貫太郎自伝』が特に印象に深く残っている。そして米国には知日派の立派な人がいると敬意を抱く者だ。[*40]

それからさらに八十年が経った。今はアメリカからはキャロライン・ケネディー大使が来日しているが、米国の日本理解はさらに進んだか。進んでいるはずと普通は考えるであろう。だがその日本理解の程度はどのようなものか。アメリカにもさまざまな人がいることを私どもは知らねばならない。ここでは今日のアメリカの第二次大戦当時の日本に対する歴史認識の是非を話題とする。

第一問。二〇一五年のアメリカの日本理解の実状の一例

今日のアメリカの日本歴史を研究する人たちは、日本ならびに日本史についてどの程度の理解をもっているのか。次の文章はアメリカの大手出版社の歴史教科書の「慰安婦」の部分である。はじめに訳を掲げる。

慰安婦。戦争における体験は女性を力づける高貴なものばかりとはかぎらない。日本軍は年齢十四歳から二十歳にいたる二十万人の女を強制的に徴用し、銃剣をつきつけて慰安所と呼ばれる軍隊用の女郎屋で無理矢理に働かせた。日本軍は部隊に女たちを「大

皇陛下からの贈物」として提供した。女たちは日本の植民地の朝鮮、台湾、満洲やフィリピンその他の東南アジアの日本軍占領地から連れてこられたが、大部分は朝鮮・中国出身者である。

ひとたび日本帝国のプロスティチューション・サービスの中に組み込まれると、慰安婦は一日に二十人から三十人の男をとらねばならぬ。戦地にいた場合は兵隊と同じ危険に遭遇した。逃げようとした者、また性病に罹《かか》った者は日本兵によって殺された。敗戦の際にこの件を隠すために日本兵は多数の慰安婦を虐殺した。

Comfort Women

Women's experiences in war were not always ennobling or empowering. The Japanese army forcibly recruited, conscripted, and dragooned as many as two hundred thousand women age fourteen to twenty to serve in military brothels, called "comfort houses" or "consolation centers." The army presented the women to the troops as a gift from the emperor, and the women came from Japanese colonies such as Korea, Taiwan, and Manchuria and from occupied territories in the Philippines and elsewhere in Southeast Asia. The majority of the women came from Korea and China.

Once forced into this imperial prostitution service, the "comfort women" catered to between twenty and thirty men each day. Stationed in war zones, the women often confronted the same risks as soldiers, and many became casualties of war. Others were killed by Japanese soldiers, especially if they tried to escape or contracted venereal diseases. At the end of the war, soldiers massacred large numbers of comfort women to cover up the operation.

執筆者はジーグラーHerbert Ziegler、ハワイ大学準教授である。「これが本当にアメリカの歴史教科書か」と読者は呆れるであろう。この内容は事実に立脚するよりもsexual fantasyという感じがするではないか。しかし彼ら執筆者の側に言わせれば、こうしたことは家永三郎『太平洋戦争』（岩波書店）にも出ている（ちなみに同書は吉田清治『私の戦争犯罪　朝鮮人強制連行』に依拠している）と答えて変更を拒否するであろう。あるいはこれは日本の歴史学者吉見義明中央大学教授の調査に依拠しているというであろう。

この教科書を読んで河野洋平元官房長官はなんというであろうか。吉見義明氏自身はなんというであろうか。その家族や子孫はなんというであろうか。*41

女の人権問題については、アメリカのフェミニストは手強いから、相手の言い分に間違いがあろうとも、騒がぬ方がいい、とは従来の日本政府や外務省のスタンスであった。だが、それが大失態であることがこうして白日の下にさらされた。その弱腰であった日本外務省もアメリカの歴史教科書に「日本軍は部隊に女たちを『天皇陛下からの贈物』として提供した」と書かれるに及んで、ニューヨークの日本総領事に命じて歴史教科書*Traditions and Encounters: A Global Perspective on the Past* を出した McGrawhill Publishers に抗議させたらしい。ところがそうした抗議も訂正申し入れも拒否され、逆に事件はエスカレートした。これはある意味できわめて興味深い新事態となったといわざるを得ない。というのはその日本政府の抗議なるものに対してアメリカの歴史学会で反撥が生じたからである。

次の文章は二〇一五年一月二日アメリカ歴史学会年次大会の席上で有志が発表するように決めた *Perspectives on History* への『日本の歴史学者たちとともに立上る』という声明文の冒頭である。はじめに訳を掲げる。

われわれは歴史家として、日本その他の歴史教科書の中で第二次世界大戦中に日本帝国軍隊が性的サービス提供のために「慰安婦」なる美名の下に残酷なシステムの中で無慈悲な目にあった女性についての記述の抹消を日本政府が最近試みたことにたいし驚愕の念を表明する。

歴史家たちは性的サービスを強要された女の数が万の単位であるか十万の単位であるか、またその女たちの徴発に際して軍の関与が正確にいかなる程度であったか議論しているが、吉見義明教授が日本政府の資料を綿密に調査した結果、ならびにアジア各地の生存女性の証言によって、国家によって後押しされた性的奴隷制度とも呼ぶべきシステムの本質的特性は疑問の余地なく明らかにされたといってよい。

As historians, we express our dismay at recent attempts by the Japanese government to suppress statements in history textbooks both in Japan and elsewhere about the euphemistically named "comfort women" who suffered under a brutal system of sexual exploitation in the service of the Japanese imperial army during World War II.

Historians continue to debate whether the numbers of women exploited were in the tens of thousands or the hundreds of thousands and what precise role the military played in their procurement. Yet the careful research of historian Yoshimi Yoshiaki in Japanese government archives and the testimonials of survivors throughout Asia have rendered beyond dispute the essential features of a system that amounted to state-sponsored sexual slavery.

読者にまずうかがいたい。

一、この声明文に署名した西洋の学者たちは「慰安婦大誤報」にまつわる『朝日新聞』の謝罪をはじめとする二〇一四年の一連の日本の大新聞や『文藝春秋』などの「二十万人の性奴隷」という反日プロパガンダ形成にまつわる日本語文章をきちんと読んだと思うか。

二、「慰安婦大誤報」の訂正を余儀なくされて『朝日新聞』の評判が地に落ちたように、このような声明文に署名したアメリカの歴史学者の評判が一挙に地に落ちる日がいつか来ると思うか。

三、「アメリカの日本史学者はなぜ『二十万人の性奴隷』という神話を信じたのか」Why did American historians of Japan believe in the myth of 200000 sex slaves? という博士論文を書くアメリカの若手学者が将来あらわれ、アメリカの歴史教科書が「慰安婦大誤報」の訂正を余儀なくされ、その誤りを暴露した若手学者にピュリッツァー賞が与えられる日が来ると期待できるか。

四、世界各地に慰安婦像を建てれば建てるほど韓国の名誉になると思うか。心ある韓国人は本当にそう思っているのか（この質問への答えを韓国の友人に聞いていただきたい）。

第二問。一九四六年のアメリカの日本理解の実状の一例

アメリカの日本専門家の日本理解がどの程度であるか、アメリカ人が日本について抱く

イメージがどのようなものであるかは、アメリカの最大手の歴史教科書の日本についての記述からも察しがつくであろう。まことに薄ら寒い感じがする。現在ですらもその程度の日本理解であるとするなら、日本の敗戦直後、アメリカ人は戦争をした日本をどのように理解していたか。その理解はどの程度妥当でどの程度不当であったのか。

いまかりに大学入試に次の問題が出たとする。

a　第二次世界大戦に際して日本のA級戦犯を含む極めて少数の人間が自己の個人的意志を人類に押しつけようとした。

b　日本のA級戦犯は文明に対し宣戦を布告した。

c　彼等は民主主義とその本質的基礎、すなわち人格の自由と尊重を破壊せんと決意した。

d　彼等は人民による人民のための人民の政治は根絶さるべきで彼らのいわゆる「新秩序」が確立さるべきだと決意した。

e　彼等はヒトラー一派と手を握った。

日本の受験生にも、現政権の大臣にも、野党の議員にも、答えてもらいたい。アメリカ人の受験生ならば五つの質問にことごとく○をつけるかもしれないが、読者諸氏はいかに答えるか。確実に○がつく解答は日本の指導者が「ヒトラー一派と手を握った」という歴史的事実だけではあるまいか。

だが連合国側を代表してキーナンは日本の東條英機以下少数者は「自己の個人的意志を人類に押しつけんとした」として非難した。米国側の主張を正確に伝えるために冒頭部分は英文も引用する。A very few... decided to force their individual will upon mankind. They declared war upon civilization. They were determined to destroy democracy and its essential basis—freedom and respect of human personality.

読者はこのような主張は実態と合わず、どこかピントがずれている、と感じるのではないか。だがこれが一九四六年六月四日、東京裁判の冒頭でキーナン首席検察官が日本の指導者を論難した陳述だったのである。侵略戦争非難だが、もし事実この通りであったならば日本の開戦時の指導者は悪玉として断罪されて当然ということになろう。

だが一九四六(昭和二十一)年、中学生の私は「難癖をつけられた」と感じた。そればかりか七十年後になろうとも、東條内閣の全閣僚がこんな誇大妄想狂だったとは思わない。私ばかりか米国でもまともな日本研究者はもはやそうは思っていないであろう。四十年近く前のことだが「キーナンの主張はおかしい」と言ったら「ギャング退治で名をはせた検事だが日本の事は何も知らなかった」とプリンストンのジャンセン教授が釈明したことがある。ヒトラーに対しては、自己の個人的意志を人類に押しつけようとしたと論難することはできよう。ナチス幹部についてはユダヤ人絶滅を図ったりした以上、ヒトラー一派は文明に対し宣戦を布告した、彼らは民主主義とその本質的基礎、すなわち人格の自由と尊重を破壊せんと決意した、ともいえよう。日本について知ることのおよそ少ないキーナン以下は日本を東アジアにおけるナチス・ドイツに見立てることによって、こうした非難を浴びせることができたのである。

戦争中、米国では自国民の敵愾心《てきがいしん》を煽ろうとして反日宣伝を執拗に繰り返した。正確・不正確は問わず悪者日本のイメージを米国民に焼き付けた。だがそうして拵《こしら》えられた憎しみのイメージは当時の人の脳裡に刷り込まれたばかりか、再生産されて今もなお米国人の根本的な日本認識の中核となっている。

キーナン検事の論告が日本人を納得させせないのは、キーナンが戦時中の連合国側の反日プロパガンダを鵜呑みにして、それを基にして、見当違いな弾劾《だんがい》をしていたからである。東條英機は「日本のヒトラー」といえるだろうか。英国で教育を受け戦時下の日本で生活し軍国日本も知り、かつナチス・ドイツも知るドイツ人イエズス会士ロゲンドルフはニュルンベルク裁判を模して開かれた東京裁判について、「(積極的に戦争への道を選び組織的にユダヤ人虐殺を行なったナチスの指導者と同様)日本の指導者を、戦争を計画し故意に残虐行為をおこなったとして裁判にかけたのは、実にばかげたことだった。連合軍は自分たちで作り上げたウソの反日プロパガンダまでも信じ込むようになったのである」to put on trial Japanese leaders for a planned war and wilful atrocities was folly. The Allies had become victims of their own propaganda と述べている[*42]。連合国側は日本の実態についてよく知らぬまま、ナチス・ドイツとの類推で同じような罪をなすりつけ日本帝国を裁こうとしたのは誤りであった、と指摘したのである。

史実に基づく歴史の修正は許されないことか

しかし勝者は歴史の解釈権までも己れのものとした。東京裁判に際して被告の側を弁護せず、検察の側に肩入れして報道した（ないしは報道することを余儀なくされた）日本の大新聞も勝者の歴史観に同調してきた。内外の皮相的な歴史学者もその見方をひろめた。歴史の実態を知らない人の脳裡には第二次世界大戦はデモクラシー対ファシズムの、連合国側の正義の戦争という構図が出来上がって固定した。

だが敗者の側がそのような歴史観をもし是認してしまえば、どうなるか。北方四島が勝者のロシアの領土であることは当然だ、第二次大戦の結果だとロシア側はうそぶく。しかし米国と組んで日本と戦ったソ連や中国が人格の自由を尊重するデモクラシーの国であるといえるのか。米国がソ連や中国と組んだのは敵の敵は味方だったからだろう。その露中が二〇一五年は共同で戦勝七十年を祝おうとする。そして両国は「歴史の修正は許さない」

と言っている。

それに応じて「歴史の修正は許さない」と声高《こわだか》に叫ぶ勢力は日本国内にも数多い。問題は修正主義にも色々あることだ。この点に在日米国大使館関係者も特派員も、もし本席にいるのなら、とくに注意してもらいたい。ナチス・ドイツが正しかったという修正主義は狂気の沙汰である。私はまた軍国日本がすべて正しかったと主張するような修正主義は認めない。昭和十年代、解決の目途《もくと》も立たぬまま大陸で戦線を拡大した軍部主導の日本は愚かだった。ただし、だからといって勝者の裁判で示された一方的歴史解釈に私たちが従う必要はあるのか。私はないと考える。

第三問。一九四一年秋のアメリカの日本挑発の実状

ハル・ノートをつきつけられて開戦に踏み切った日本を「狂気の侵略戦争」といえるか。それははなはだしく疑問である。ここでまた入試に次の問題が出たとする。

一、一九四一年十一月二十六日、ルーズベルト大統領とハル国務長官は日本に中国とインドシナから軍隊と警察力の全面撤退を求めた。

二、重慶の国民政府以外の政権、いいかえると満州国や汪兆銘政権の否認を求めた。

三、日独伊三国同盟の否認を求めた。

四、これは世界外交史上稀に見る挑発的な要求であった。

五、イタリアのチアノ外相は一九四一年十二月三日、日本大使から日米交渉が行き詰まったと聞かされ、この事態を説明して「アメリカ国民を直接この世界大戦に引込むことのできなかったルーズベルトは、間接的な操作で、すなわち日本が米国を攻撃せざるを得ない事態に追いこむことによって、大戦参加に成功した」と日記に書いた。

答えはすべて○である。念の為にハル・ノートの要旨を英文で書いておく。

1. Immediate and unconditional withdrawal of all Japanese military, naval, air and police forces from China and Indo-China.
2. Non-recognition of any regime or government in China than the Chanking Government.
3. Abrogation of the Tripartite Pact.

ハル・ノートはこのような無法なものであった。そのことを受験生が知らないのも困るが、多くの内外の新聞人も在日大使館員も日本の皇族や政治家も知らないのでは困る。現に次代民進党を担うであろう細野豪志氏などは、修正主義の名の下にあらゆる歴史の再解釈に拒否反応を呈している。だがそのような民進党では日本国民の支持は得られまい。軍国日本の大失策の数々を認めた上で、なおかつ戦勝国側の歴史解釈に異議あることを言い、日本を東洋におけるナチス・ドイツと類推する理解の正しくないことをきちんと説得することこそ日本の政治家や学者の責務だと思う。その際、外国語でも納得させることが大切だ。過去の歴史は正々堂々と修正せねばならない。

歴史を測るタイム・スパンの問題

なお注意せねばならぬのは、歴史の正義不正義を測る上でタイム・スパンの問題があることである。

日の単位で測るなら、ハワイ奇襲攻撃をした日本に非があるように見える。月の単位で測るなら、一九四一年十一月二十六日、ハル国務長官が日本側に手渡したハル・ノートは世界の外交史上でも稀に見る、非道な挑発的なものである。我慢しきれなくなった日本が先にアメリカを攻撃するだろう。攻撃されたらそれを口実に孤立主義的だったアメリカ世論が変わるから、それで米国を参戦させることで対枢軸国戦争に踏み切る、というルーズベルトの計算。それは日本の同盟国のイタリアの外務大臣にもわかった。しかし年の単位で測るなら、シナで四年間、解決の目途も経たぬまま戦線を拡大し、占領地の民衆に被害を与え、フランス領インドシナの南部にも進駐した軍国日本の行動がすべて正しかったとはよもや言えまい。

だが世紀の単位で測るなら、白人優位の世界秩序に対する日本を指導者とする「反帝国主義的帝国主義」の日本の戦争は、はたしてただ一方的に断罪されるべきものか。私は小学生の時、香港が陥落し英国の「東亜侵略百年の野望」がついに潰《つい》えたという歌をうたった。いわゆる「大東亜戦争」にアジア解放戦争という一面がなかったとはいえない。和辻哲郎が昭和十八年に書いた『アメリカの国民性』にも、東條英機の遺書にもそのような視点は示されている。

世紀の単位で歴史の正義不正義を測ることは許されるか

しかし私は歴史の正義不正義を測る上でのタイム・スパンに世紀という単位を持ち出すのは誤りがちで良くないのではないかと考える。この世紀の単位で測ることの危険性は中華人民共和国の習近平主席の就任演説の中にも見てとれる。

中国の夢を実現しよう。そのためには中国的特色のある社会主義の道を進まねばならぬ。それは改革開放以来三十余年実践してきた偉大な道であるばかりか、中華人民共和国成立以来六十余年続けて探し求めてきた道である。それはアヘン戦争以来百七十余年の深刻な歴史発展の中から総括して得られた結論であるばかりか、中華民族五千余年の悠久の文明を伝承する中から生まれた道である。歴史的淵源《えんげん》は深厚に現実的基礎は広範である。中華民族は非凡な創造力に富む民族であり、偉大な中華文明を建設してきた。この体制に自信をもち、勇気を奮い、前進せねばならない。中国の夢は民族の夢である。中国精神を弘揚、愛国主義を以って核心となし、全人民心を一《いつ》にして中国の夢を実現せねばならない。

歴史を鑑《かがみ》にして自分に都合のいいことをいう人はどこの国にもいるが、自己中心的発想の強いシナにおいて甚だしい。

昭和前期の軍部主導の日本が世界の中の日本をよく認識しなかったからこそ、軍国日本は世界を敵にまわす羽目に陥った。ルーズベルトの術中にはまったのは愚かであった。ではどのようにすれば良かったのか。東條内閣はハル・ノートを世界に向けて公表して、米国の要求はこのように不当なものである、という一大宣伝をすれば、米国内にもルーズベルト政権批判の声は高まって、米国の対日戦宣戦布告を妨げる要素となり得たかもしれない。しかし当時の内閣の責任ある閣僚としては、誰一人そのような奇策は提案し得なかったであろう。

日本は昔も今も、国際政治の宣伝戦でも歴史戦争の教科書合戦においても劣勢に立たされている。

正邪は何を判断基準に選ぶかによって変わる

交戦国民が戦争責任について敵側と見方を異にするのは当然だが、私は日本人として、わが国が先にハワイ真珠湾を攻撃したからと言って、それを口実に降伏意志を外交ルートを通してすでに示しつつあった日本に米国が原爆を投下したことは、許せない行為であり、戦争犯罪の最たるものと考える。日本海軍はハワイ空襲で攻撃の的を軍艦・軍用機・軍事施設に限った。それだから、死んだアメリカ市民は六十八人だった。広島長崎の一般市民の死者はその数千倍に及ぶ。それを考えるがよい。

爆撃の正当・不当は軍人と市民の殺傷比によって示される。私は米国でも英語講演や英語著書で繰り返しその点にふれた。ライシャワー教授の講演のディスカサントに招かれたおりこう述べた。ライシャワー教授以下のアメリカの日本研究は優れているけれども、しかしそれでも打ち克《か》てないものがある。それは真珠湾直後にアメリカの反日プロパガンダで焼き付けられた日本人についての悪いイメージだ。ここにいるアメリカ人の皆さまも人によって見方は違うだろうが、何人かの皆さまは、真珠湾を奇襲した日本人は狡くて sly、卑劣で sneaky、二心がある treacherous、いつ裏切るかわからないと考えるかもしれない。しかし別様の考え方もあり得る。何を比較の基準にするかによってすべては変わる。私にとりあらゆる空襲は、アメリカへの空爆であれ、日本への空爆であれ、ドレスデンの空襲であれ、ハノイ爆撃であれ、爆撃の正当・不当は軍人と市民の殺傷比によって示されると考える。

Everything depends so much on the measure of comparison. To me all air-raids—against the United States or against Japan, against Dresden or against Hanoi—should be measured by the ratio of casualties suffered by civilians and casualties suffered by the military. If we apply this measure of comparison to the Japanese attack on Pearl Harbor, you will be surprised by the extremely low ratio. The Japanese Naval Air Force killed very few American civilians. The target was definitely military. If Americans could be reminded of this aspect of the attack, Pearl Harbor would be remembered in a different way.

反ベトナム戦争の気分がまだ強かったせいか、インディアナ大学で一九七八年講演したとき、拍手喝采であった。講演はアメリカの学会誌に掲載され、日本の新聞にも報道され私は日本の学者として面目を施したが、一部のアメリカ人教授からは平川はナショナリストと目されたようである。

なお一言添えると、黄色人種の日本に先に手を出させることで米国民を怒らせ、米国民を参戦させ、連合国を勝利に導いたルーズベルトは悪辣《あくらつ》だが偉大な大統領であった、というのが私の歴史認識である。

かくいう私は、率直にアメリカ批判はするけれども、日米同盟の支持者である。私はまた現在の、国内的に格差大国という矛盾を孕《はら》む中国を盟主とする東アジア共同体に加わる気持はない。さらに付言すれば、今日の日本は鎖国して自活はできない。精神的鎖国ともいうべき一国ナショナリズムを説くのは不可であり一国平和主義は不可能である。

第四問。二〇一五年の日本における「正論」

最後に今日の日本の言論事情について考える。（　）に〇か×を記してもらいたい。

一、戦前の日本の正義を主張することは結構だが、戦前の日本がすべて正しかったように言い張る日本人は真に愛国者といえるか（　）。それとは逆に、日本の悪を指摘することは良心的だが、その悪を誇張して外国に向け宣伝する人は、へつらいを行なっている人ではないのか（　）。

二、日本国内だけで「正論」を唱える人が多いが、それだけでよいのか（　）。国内の反日気分の人たちだけでなく広く外国人をも説得することが大切なのではないのか（　）。

三、しかし下手な外国語で抗議して誤解を招くよりは黙っている方がよい（　）。いや、下手でも抗議する方がよい（　）。日本に好意的な外国人に真意を伝えてその人に外国語で説明してもらう方がよい（　）。

四、左翼系・右翼系を問わず、新聞や雑誌が、はじめから「結論ありき」の掛け声だけ大きな論客の文章をさかんに印刷するが、はたしてそれだけでよいのか（　）。

結論

ナチス・ドイツと手を握った軍国主義日本が悪者扱いされたのはやむを得ない。しかし近衛文麿首相にせよ、東條英機首相にせよ、ヒトラー・ドイツによるユダヤ人虐待は知っていたとしてもユダヤ人絶滅計画の実行については、当時の日本人のほとんどすべてと同じく、知るところは少なかったのではないか。いかなる独裁国家であろうとも、敵の敵は味方という論理で同盟は成立する。アメリカがソ連と手を握ったのはソ連が民主主義国であったからではなく、敵の敵は味方という論理によってであろう。

日米戦争直前の日本側の開戦回避の努力が空しかったのは、当時の米国国務省関係者に日本を蔑視し、日本を理解していない者がいたこととも関係があるのではないか。しかし日本についての情報を英語文献に頼る傾向は、その後七十五年経っても必ずしも変わっているとは言えないようである。今回声明を発したような self-righteous な歴史家集団の日本認識は日本語文献にきちんと目を通しておらず、判断は政治的先入主に基づくものであり、ほとんど人種差別的といえるものではないか。しかし声明に署名した人々もそのうちに「一抜けた、二抜けた」とマグローヒルの世界史教科書の出鱈目に、頭のよい人ほどはやく気づいて声明支持を撤回するであろう。私は民主主義国アメリカの復元力に信を置く者である。

なお彼らアメリカの史学者たちのために弁明すれば、このような歴史教科書を出まわらせたについては、責任の一半は、いままでの日本国内の『朝日新聞』をはじめとする意図的な誤誘導《ミスリーディング》の結果である。しかし政治的情念にひきずられあまりにも大きな嘘をふくむ日本批判のプロパガンダを繰り返すうちに『朝日新聞』は信用を失った。『朝日新聞』は誤報の蓄積の重みに耐えかねていわば自壊したのである。またこの種のバランスを失した日本批判の強がりを言ううちに韓国政府も信用を失うであろう。世界各地に慰安婦像を建てようとする人たちの主張は、女性の人権保護の名を借りた反日運動である。かれらの主張がもし普遍的に通用し得るものであるなら、その主張は日本でも歓迎されるはずである。その確信があるならば朝日新聞社社員も少し募金をつのって、日本国内でも朝日新聞社の社屋の正面に慰安婦像と吉田清治像を建てるがいいだろう、そして「二度とこの過ちは繰り返しませんから」という碑銘をそれに添えるがよいだろう。

しかしそのように言われてもなんらの返答もできない大新聞社とは一体何であろうか。また『朝日新聞社』の支持や庇護《ひご》を得られなくなった「良心的」な学者や記者が、あたかも言論弾圧の犠牲者のごとく外国で振舞うのは苦々しいかぎりで、そうした人の家の前にも慰安婦像を建てたい気がするが、その人たちの子供や孫ははたしてそうした「良心的」なご先祖の行動を将来よしとするだろうか。そうした人たちこそ女性の人権を救うと称して日本と韓国の関係を深く傷つけた偽善的な人たちなのではあるまいか。その人たちの行動は当初は善意に始まったのかもしれない。しかし「地獄への道は善意で敷き詰められている」The Road to Hell is paved with good intention とはこのことであろう。

いまや問題の核心は国内でなく世界である。How to Debunk the Myths of 200000 Sex Slaves が肝心だ。「二十万人の性奴隷という神話をいかにして打破するか」それを上手にやらねばならない。

（40）Sukehiro Hirakawa, *Japan's Love-Hate Relationship with the West*（Global Oriental, 2005）や『平和の海と戦いの海』（一九八四）でグルーと斎藤實夫妻や鈴木貫太郎について私は書いた。

（41）世間はひろいから、日本にもこのジーグラーの教科書記述は事実であると主張する「良心的」な教授たちはもちろんいるであろう。一々名前はあげないが、私はそのような「良心」の専門家をひそかに笑止に感じている。しかしそうした教授たちにしてみれば、中・韓・米の日本批判勢力と連帯して国際的に活躍できることは正義の証しと思いこむことができる。日本批判の勢力の主張に「イエス、イエス」と合槌を打つことぐらいの英語会話はいたって容易にできるからである。

（42）Joseph Roggendorf, *Between Different Cultures, a memoir*, Global Oriental, 2004, p62. ヨゼフ・ロゲンドルフ『異文化のはざまで』、文藝春秋、一九八三、九〇頁。なお日本訳には平川が修正をほどこした箇所がある。

むすびに

『五箇条ノ御誓文』は徳川幕府を倒し、政権を掌握した尊王派が、明治維新に際し宣言した新日本の文化的・政治的政策方針である。安倍能成《よししげ》は『岩波茂雄傳』で『五箇条ノ御誓文』は「その精神に於いて公明正大、長く日本国の根本方針となるべきを信じる」と述べたが、『五箇条ノ御誓文』こそ日本のマグナ・カルタであるという見方は正しいであろう。「旧来ノ陋習《ろうしゅう》ヲ破リ、天地ノ公道ニ基クベシ。智識ヲ世界ニ求メ、大ニ皇基ヲ振起スベシ」とはそれ以前の攘夷主義や鎖国主義の否定であり、開国和親の国際主義の肯定である。明治政府は「天地ノ公道」ということによって、国際社会のルールに日本が従おうとする新時代の努力目標を設定したのである。

ただしその際の国際社会とは西洋主導の世界であった。その大勢に順応することは、鎖国時代の日本が暗黙裡に従ってきた中国中心の華夷秩序からの脱却でもある。徳川時代を通じて日本の知識層は熱心に漢学を学び、堯・舜・孔子などを師表と仰いできたが、西洋産業文明の圧倒的優位に気づくや、国をあげて目を西洋に転ずることとなった。それは言いかえれば、かねて文明モデルを「聖人の国」中国に求めてきた日本知識層は維新に際しモデルを近代西洋へと転換したということである。それはおよそ一千二百五十年前に聖徳太子の日本が範を大陸文化に求めて以来の方針転換であった。日本の最高額の紙幣に印刷された人物像がかつては聖徳太子であり、いまは福澤諭吉であることに、その文化史的方向転換がはからずも示されているといえよう。

江戸時代、教育ある階級は孔孟の道を尊び、それがわが国の学問思想の主流となっていたが、日本の英学の父、福澤諭吉は、本人はなかなかの漢学知識の持主であったにもかかわらず、従来の学問を否定し「古来漢学者に所帯持の上手なる者も少く……其功能は飯を喰ふ字引に異ならず。国のためには無用の長物」と揶揄した。しかし漢学から英学へという日本の方向転換を決定的に印象づけたのは昌平黌《しょうへいこう》の筆頭教授であった中村正直が、徳川幕府の第一回留学生副取締として渡英し、二年間のロンドン留学の後、洋学者となって帰国したからである。日本第一の漢学者と目されていた中村が日本最初の本格的な英書翻訳者となった。中村はミルやスマイルズを邦訳すると、『自由之理』や『自助論』にこそ立憲君主制の英国産業文明の偉大の秘訣が示されている、と主張した。下級武士だった福澤と違い、儒者として名声あまねき中村の発言であるから、世間は中村の訳書『西国立志編原名自助論』をむさぼり読んだ。明治を通して中村のスマイルズ訳書と福澤の『学問のすゝめ』は空前のベストセラーとなった。それがわが国の文化史的方向転換を決定づけたのである。

Japan's turn to the West はそのようにして行なわれた。第一外国語を漢文から英語へ変えた日本は、それによって文化的にも華夷秩序から脱却した。そして今度は西洋本位の世界秩序の中に組み込まれた。その方向転換を戦前の大アジア主義者や戦後の左翼の歴史家は「脱亜入欧《だつあにゅうおう》」と非難したが、日本人が漢文より英語を学ぶようになったのはまぎれもない事実である。語学的並びに文化的に日本は「脱漢入英」したのであり、それが時代の大勢であった。福澤の「脱亜入欧」を非難する戦後の左翼知識人その人もおおむね漢文より英語の方が得意な人たちなのではあるまいか。「亜細亜は一つ」と主張する日本人もAsia is one と英語でいうことによってはじめて他のアジア人と話が通じたというのが実態なのである。

だがその日本にも、明治維新以来の西洋化路線に従わずともよい、という迷いは幾度も生じた。「天地ノ公道」に従うのは結構だが、それが西洋白人本位の国際ルールであるなら、それに従わずともよい、いや従うべきではない、という「正義」の反論が唱えられたのは人情の自然だろう。我が国は日本の夢、日本の理想を追求すべきだ、という自己主張も唱えられた。その種の日本回帰の主張は十八世紀末には「漢意《からごころ》」を排する本居宣長《もとおりのりなが》など国学者の主張に見られたが、幕末維新に際しても「神武復古」の理想を唱えるものがいたし、一九四〇（昭和十五）年の日本では「紀元二千六百年」の大合唱は単なる愛国心の発揚にとどまらず、東亜侵略百年の英国の野望を打ち砕く敵愾心《てきがいしん》の主張ともなっていた。

明治維新に際しても徳川幕府を倒した側にも、次は攘夷を断行するつもりの者はいた。一八六八年にも一九四五年夏と同様「本土決戦」を主張した日本人はいたのである。しかし、維新の元勲は賢明であった。政権を奪取するや攘夷から和親へ、鎖国から開国へという方向転換に踏み切ったからである。

かつて和魂漢才の主張の下に大陸文化を摂取した日本人には、和魂漢才の標語を和魂洋才に切り換えることによって目を西洋に転ずることが出来た。その際、優秀な外来文明はこれを学ぶという採長補短の姿勢において変わりはない。漢才を学ぶことも洋才を学ぶこともその点は共通している以上、日本の場合は比較的容易な方向転換であった。かつて遣唐使を長安に派遣した日本は、明治四年には岩倉使節団を米欧へ派遣し、いちはやく文明優位の社会に参入しようとしたのである。それに対し、その種の外来文明摂取の歴史的記憶に乏しく、文明モデルを自国の過去に求めてきた中国は方向転換が難しかった。中国で中体西用論が唱え出されるのは日清戦争に敗れた後であり、しかもその西洋化運動そのものも日本のように全国民レベルまでひろがることはないままに二十一世紀にいたったのである。

その中国には大国としての自信回復にともない「五千年の歴史、百年の恥辱」という主張が出てきた。恥辱は帝国主義列強から受けた中国瓜分《かぶん》の歴史を指すが、実はそれだけではない。周辺諸国が華夷秩序から抜け出し、華夷秩序が否定されたこと自体をも国恥と感じている節がある。中国ナショナリズムはその種の傷ついた尊大な自負心にも由来する。「歴史清白、道徳高尚」というのが中国人の中国観で、中国が悪い事をしたことはない、と中国の歴史教科書は教えている。世界の大国中唯一の「没有原罪的国家」だと言い張っている。そんな固陋《ころう》で反動的な中華思想に根ざしている中国だけに度し難い。しかし閉じられた言論空間の中ではその種の歴史観を十三億人に浸透させることは可能なのである。隣国の指導者が「中国の夢を実現しよう」と叫び、その理想が「アヘン戦争以来百七十余年の深刻な歴史発展の中から総括して得られた結論(である)」と主張するとき、そこには傷つけられた中華民族の誇りへの訴えが含まれている。

国家資本主義路線に沿って産業大国化しつつあるいま、中華人民共和国の首脳は「中国ハ旧来ノ陋習ヲ破リ、天地ノ公道ニ基クベシ」とはいわない。「明治維新は中国革命の第歩」と言ったのは孫文だが、現体制の維持をはかることを第一義とする習近平の共産党支配の中国は、明治以来の日本が選んだ路とは別の路を進んでいる。それが「中国の夢」を追い求める路線なのだが、それはまた「中華民族五千余年の悠久の文明を伝承する中から生まれた道である」という。中国の指導層は「中国対西洋」という二項対立の自己防御的思考に陥りやすい。西洋を他者と捉え、非西洋的なものとして中国民族主義の自己を規定しようとする。それゆえ、人権、民主主義、文化多元主義などの「西洋的」価値を否定する度合いが強ければ強いほど愛国者として罷《まか》り通りやすくなる。習主席の言葉を信じる若者も、その閉ざされた言論空間の中には、結構いるであろう。いや海外に住む中国系実業家の中にさえいるらしい。台湾の鴻海《ホンハイ》の創業者は習近平の「中国の夢」の言葉に感激したなどと言っている。

明治・大正の日本はある意味で西洋本位の国際社会の優良児としてその秩序に従ってきた。明治の日本は不平等条約撤廃のためにまず静かに国内改革を行なった。それが明治大正期の日本であった。列強にならって後発の帝国として力を蓄え、第一次世界大戦後には米英に次ぐ世界の三大海軍国の一つとなった。

だが大正以後の産業大国化しつつある日本に生じた新しい選択肢は、いかなる国際秩序を尊重すればよいのか、という問題であった。従来通りの英米協調路線で良いというのが若き昭和天皇やその周辺の穏健派であって、それが正しかったのであろう。だが明治維新以来半世紀、わが国が模範としてきた西洋は第一次世界大戦で理想像が崩れてしまった。西洋資本主義文明の没落が予言され、ロシアでは社会主義革命が起こる。日本でも「英米本位の平和主義を排す」の主張が行なわれる。世界の一等国の仲間入りをした日本には過剰な自負心も生じる。一九三〇年代にはブロック経済から締め出された「持たざる国」独・伊・日は「持てる国」英・米・仏・蘭と敵対関係に陥る。すると日本はアジアで覇権を確立し西洋本位の世界秩序とは別の東亜新秩序の建設を試みようとし、ついには世界の主要国を敵にまわして戦い、あえなく敗北した。「安倍談話」はその結びで「私たちは、国際秩序への挑戦者となってしまった過去を、この胸に刻み続けます」と述べている。英文にはWe will engrave in our hearts the past, when Japan ended up becoming a challenger to the international order. とある。では昭和初年の日本は国際秩序へ挑戦することなく、第二次世界大戦に際して局外中立を保持し得ただろうか。

幣原喜重郎《しではらきじゅうろう》（一八七二—一九五一）外務大臣の国際協調主義的な外交路線を守り通せばよかったというのが「安倍談話」を執筆した人々の見解であろう。岡崎久彦『幣原喜重郎とその時代』（PHP文庫）などに示された歴史観を尊重した考えと思われるが、幣原は「（日本）帝国の外交はわが正当なる権利利益を擁護するとともに列国の正当なる権利利益はこれを尊重」すると一九二四（大正十三）年七月の外相就任演説で述べ、それを外相辞任の一九三一年十二月まで貫き通した人である。日中関係についても「共存共栄」を主張した。幣原は「シナの内政にはわれわれは関与しない。日本はシナの合理的な立場を無視する行動はしない。と同時に、シナも日本の合理的な立場を無視するごときなんらの行動をとらないことを信ずる」と述べた。しかし信ずるだけでは不十分で、共存共栄には相手の協力も必要なのである。中華民国は国家統一が出来ていない。両大戦間の中国は国内改革を行なわずに打倒帝国主義を叫んでいる。国家としての体裁をなさず中央政府の力は地方に及ばない。日本人が大陸で虐殺されても、責任者を逮捕もできない。というよりか排日侮日運動は当時も党の直接間接の指導の下に行なわれたのが実相だろう。そのような中国は利権回復熱が燃え上がり、躁急《そうきゅう》に南満州の利権までも当然シナに帰属するものと主張した。おそらく当時も昨今と同様、中国側は日本商店の破壊者を「愛国無罪」扱いにしたのだろう。在満邦人からはもとより日本国内の悲憤家や慷慨家《こうがいか》からも幣原外務大臣は軟弱外交と呼ばれた。当時そう呼ばれただけではない。問題は戦後もそう呼ばれたことである。それも三島由紀夫のような特異な人物によってのみではなく、二十一世紀になっても呼ばれ続けていることである。

幣原喜重郎は腹の据わった人物で、一九三六(昭和十一)年の二・二六事件のとき駒込六義園《りくぎえん》の一隅に住んでいた。朝の四時か五時ごろ警察署長がかけつけ「ここを出て東京市外に立ち退いて戴けませんか」といわれ車で一旦鎌倉へ行ったが、他人の家にいてそこで襲われたら人様に迷惑をかけると思い「死なばわが家で」とまた数日後引き返したという。幣原が襲撃されなかったのは外相を辞職してすでに五年、政治の前面から完全に姿を消していたからだろう。一九四五(昭和二十)年十月幣原内閣が成立し記者会見にあらわれたとき、記者団の中から「幣原さんはまだ生きていたのか」という声が上がったという。当時の新聞に幣原喜重郎首相は「シデハラ」、東京帝国大学経済学部教授に復職した矢内原忠雄は「ヤナイハラ」と読む、などという説明のコラムが出たのを私は記憶している。

近年の日本では嫌中感情がたかまるにつれ、それに伴い日中間の歴史の見直しも行なわれている。日本側の尖閣諸島国有化に引き続き発生した中国内の日系企業に対する襲撃や中国の巧妙で悪質な反日プロパガンダを見聞きするにつれ、両大戦間の中国側の排日・侮日行動もこれであったのかと歴史理解が進み、かつての在満邦人の関東軍にすがろうとする不安への同情もふえた。すると『正論』『WiLL』などの雑誌には戦前の軍部の行動に理解を示す意見すら見かけられ、幣原軟弱外交をあらためて非難する発言も聞かれる。

危機がつのるにつれ、日本の正義を主張したい人は今後さらに増えるであろう。その際、日本が自主独立路線を進むことを歓迎する向きもまた増えるであろうが、しかし今は一国ナショナリズムの世界ではない。国力の増大に伴い、中国の軍事力は日本のそれを確実に凌駕《りょうが》してゆく。日本が独自に対中包囲網を形成する力がない以上、自由主義諸国の絆をゆるめるような反米主義を唱えるべきではない。米国との同盟を堅持することが肝要である。かつてソ連邦の軍事力が米国のそれを凌駕できなかったように、中国とても米国の軍事力を凌駕することはできないからである。

幣原・岡崎が主張するように、アングロ・サクソンの側についていること[*42]が日本にとっては賢明な選択なのであろう。しかし占領期からの惰性のように、ただ従属的に受身的にいればよいはずがない。積極的に貢献し、わが国なりに give and take の関係を維持しなければならない。東アジアで日本に生まれてまあよかった、と感じることができる人は、日本と中国の相違を自覚していればこそである。官僚も知識人も、エリートはその相違を外国語でもきちんと表現しそれを語らねばならない。中国とは和して同ぜずという関係を維持することがなによりも大切だと私は信ずるが、相手が軍事大国化を目指す限りはそれ相応の対抗措置を考えざるを得ない。

すこし真面目に考えてみるがいい。事「思考の自由」という一点に関する限り、日本人が米国と同盟を続ける努力をきちんとするならば、すくなくとも読者の生きている間ぐらいは、これは何らかの形に於いて救われ得る。毛沢東主席の肖像を天安門広場に掲げる中華人民共和国の華夷秩序の中にとりこまれてしまえば、そんなものはわれらから立ちどころに根柢的に奪われるであろう[*43]。

（42）ロンドン会議の際に幣原喜重郎《しではらきじゅうろう》外務大臣を全面的に支持した山梨勝之進海軍次官であったが、それでも外相の議会答弁の仕方について、兵力量の決定に関する技術的な問題についての説明をこれで良いとする答弁を外相自身が行なったことに関して、海軍の専門委員に任せればよかったのに、と晩年にいたるまで残念に思っていた。アングロ・サクソンとの協調ということが根本にあっても、細部の問題、技術的な問題で公平感を与えない限り、ナショナリスティックな反撥を招くからである。同様に、岡崎久彦は頭の切れるエリート外交官であったが、「二十万人の性奴隷」という反日プロパガンダ問題に関して「女性問題についていま下手に反論しても効果がない」と消極的であったのは間違いであったと思う。

（43）華夷秩序の中に日本が取りこまれるという可能性を考えるのは杞憂《きゆう》かもしれない。実際に配慮せねばならぬ、よりあり得る事態は、隣国が内部から崩壊し、難を逃れて海を渡って亡命者や難民が日本を目指して来ることであろう。そのとき日本は一体どうすればよいのか。受入れるのか。水際で追い返すのか。銃器を装備し、拿捕《だほ》を拒絶する正体不明の船舶はいちはやく撃沈して難民拒否の姿勢を示すのか。貧富の格差が世界一の国では下層階級の怨嗟《えんさ》の情に火がつきやすい。現体制から疎外された者を組織化することに成功する新種の革命家が現われ社会正義を叫べば、不満は燎原《りょうげん》の火のごとく燃えひろがり、もはや消しがたくなるであろう。新種の革命家ではあるが、彼らはかつて毛沢東が小作人に地主を殺させ土地を再分配し、その殺害に反抗する穏健な農民をも殺させる、恐怖の革命運動を推進したことによって天下をとった故事を知っている。文化大革命の記憶も残っている。太子党をはじめとする赤色貴族を吊し上げ三角帽子をかぶせた挙句に大虐殺が始まらないとも限らない。そうなれば飛行機に乗り遅れた富裕層は、小型船であろうと漁船であろうとあらゆる舟に乗って一斉に脱出を始めるに相違ない。そのようなボート・ピープルが百万人の単位で日本に押し寄せて来たらどうするか。人道主義者は必ずや受入れを主張するだろう。だが一旦受け入れれば後から後から流入は果てしなく続くだろう。迂闊に受け入れれば、当座は感謝されるかもしれない。だがそのうちに収容施設内で暴動が起きるのはまだしも予想範囲内のこととして、次の世代の中からは日本に同化することを拒み自分たちは「強制連行」されたのだ、「特別永住資格」をよこせと言い出す者も出るかもしれない。——なお現在の日本にはこの種の難民到来の予想をすること自体をなにか不当なことのように非難する向きもいるであろう。その種のポリティカル・コレクトネスに配慮して、この重大案件を註に下げ、恐縮の意を表し、小文字で記した次第である。

あとがき

『日本の生きる道――米中日の歴史を三点測量で考える』は、人文学者である私が主として平成二十年代になって発表した政治や歴史にまつわる時論というか持論をまとめたものである。

私は前世紀に二十数年、東大駒場キャンパスで教えた学究である。人文科学研究科比較文学比較文化課程という大学院は今では名称も変わり、選抜方法も変わったが、当時は入学試験に各専門課程の問題のほかに全課程に共通に二外国語の筆記試験が課された。するとこの比較大学院の入学者は第一外国語と第二外国語の点数を合算した成績が全東大の人文系で毎年群を抜いて最上位であった。入学した英才才媛は当初こそ大学院生同士で結婚することもあったが、後には官庁、銀行、商社などアカデミック・キャリヤー以外の人と結婚する男女がふえた。歳月が経ち、私が著書を出すと、平川意見に賛同する教え子は、本人がたとえ教師であろうとも、配偶者が官僚や商社員とかで外国も長く社交も広い人であることが多いことに気づかれてきた。反対に、夫妻ともに大学勤めで『朝日新聞』のみを半世紀以上購読している人が平川の『朝日新聞』批判に同調しないのは当然かもしれない。また擬似新興宗教の人で駝鳥《だちょう》的な世界観の人もいた。好ましからぬ現実を見たくないから頭を砂の中に突っ込んで神の救いを待つタイプである。読者のそんな職業的背景も存外大切なのだとすると、著者の平川がどうして本書に述べた見方をする人になったのか、その背景もあとがきに添えるのが、あるいは読者の参考になるか、と思われた。以下はそんな蛇足《だそく》であるから、お読みにならずとも結構である。

一九三一年七月生まれの私は、戦前、東京滝野川で育ち、夏は房総で聯合艦隊の威容も目のあたりにして育った。永野修身軍令部総長が大貫の浜辺でお孫さんと海水浴をするのを目撃したのは、その十二月に日本海軍の機動部隊がハワイ真珠湾を奇襲する年の夏であったが、海軍さんも休みの日には褌《ふんどし》でなく海水パンツを穿《は》くのだな、などと思った。軍国主義の時代だったが、日本の少年として誇りをもって育った。それが自己を信ずる気持、心理学にいう basic trust を与えてくれたのだろう。戦後の日本では「お前の親は悪い事をした」といって育てられた世代が続いたが、そのような世代に見られる否定的精神《エスプリ・ネガテイフ》や自信不足を免れたのは幸いであった。

平川家には自由主義の名残があり、昭和十五年、洋行帰りの父は小学三年の私にアメリカ婦人から英語を習わせた。strawberryの最初のrの発音が悪いと繰返し直された。しかし英語を習っているなどとは小学校の級友にも言えぬ雰囲気の日本帝国になりつつあり、新聞ラジオは「皇紀二千六百年」などと強がりを言っていた。避暑に行く車中で父が

What is this? と鼻をさす。That is a nose. と私が答える。親子でそんなやりとりに興じているど「坊ちゃんはどちらの中学ですか?」と向かいの客に訊かれた。はっとした父が「滝野川中学です」とありもせぬ名前を言ったのは、小学生の子供に英語を教えているなどとわかれば非国民呼ばわりされかねない時勢だったからである。そのことは子供心にもわかった。駅名のローマ字を消すことになり、父が「おかしなことをする」と呟いたとき、私も同感した。

戦争末期には中学で特別科学組に選抜され、まことに充実した七学期を送ることが出来た。漢文・歴史・古文は教えず専《もつぱ》ら理数系と英語を教える。そう聞かされたときは嬉しくて躍り上がり「ちんぷん漢文！」と叫んだら後ろに漢文の尾関富太郎先生がいて苦い顔をされた。戦後世間に流布《るふ》した話と違って、戦争中でも英語をよく勉強した。『研究社新英和大辞典』は昭和十九年四月第九十六版を発行しているが、奥付によると一冊九円、二万八千部刷っている。

その英才教育が戦後二年経《た》たぬうちに中止になり、私はひどく失望した。尾関先生が「同じ中学に少数の英才組があると、他の者は鈍才組ということになる。父兄からも苦情が出ている」などといわれた。だが廃止の決定は東京高師付属中学ではなく文部省が下したのであろう。実は英才組に選ばれなかった同輩に対する遠慮から、私は戦後半世紀近くは特別科学組について語らなかった。しかし私の一連の言論活動には「幾何学の精神」がいかにも顕著である。良かれ悪しかれそのような特色は読者もあるいはお感じであろう。そんな私は中学四年修了で幸い旧制一高に入れたが、この一高も占領軍主導の教育改革で一年きりで廃校となり、またひどく残念した。それでも寮生活の印象は深く刻印された。新制東大でもかつての一高の伝統を守るべく駒場の地に創られた定員六十人の教養学科へ、第一期生として進学することを得たのは生涯の幸福と感じている。当時の教養学部後期課程担当者は、ローテーションでなく、選ばれた教員のみが教えたから、戦後初めて東大へ外人教師が着任したこととあいまって、授業内容がきわめて充実していた。フランス分科だけでなく英語やドイツ語の授業にも進んで出た者にとっては特にそうであった。それだから比較の大学院へ進学した時は――この年になったから打明けるが――憮然《ぶぜん》とした。ク・セジュ文庫の Guyard, *Littérature Comparée* を講読する程度の授業を大学院修士課程でされてたまるものか、このままでは人間が駄目になる。これはどうしても日本を脱出せねばならぬと思ったほどである。それで一年の秋から週四日半はフランス大使館商務部で働き、翌春、フランス政府給費留学生試験を受け、さっさとパリへ行ってしまった。そんな私は本郷キャンパスは図書館しか知らぬ駒場育ちで、満十六歳で駒場の寮に入り満六十歳で駒場の地を去ることとなる。

　どうもその辺の背景が、次に来る戦後民主主義世代と違うらしい。六・三・三・四という新制の教育制度は made in occupied Japan である。民主主義を平等主義と歪めて解釈したから日本は世界でも珍しい飛び級を認めない凡庸な大国になってしまった。その違いがあるから、私は規格外 hors catégorie の学者という印象を与えることになったのだろう。だが比較研究者《コンパラティスト》を目指したものの、先輩はおらず、比較研究ということを字義通り真面目に考えたから、どうしても一国一外国語専門家という規格からはみ出してしまった。仏独英伊をめぐる遍歴時代が始まったわけだが、戦後日本の閉ざされた言論空間の外へ出て過去の大戦の敗戦国と戦勝国とともに暮らした、という複数国留学体験にも非常な意味があった。二度目の留学から帰国したときは、法学部へ進んだ同級生はすでに教授になっていたが、その年、学部卒業後十一年目にようやく昇格の保証のない駒場の比較文学比較文化課程の大学院担当助手となった。私は精励恪勤《せいれいかっきん》し、『神曲』を訳し、『和魂洋才の系譜』の学位論文を書き、学業に励んだ。

朝日・岩波系統の論壇主流の名士たちと見解を異にしていた三十代の私である——あのころから英国が米国と同盟していると同様に日本も米国と同盟するがいい、などと私は言っていた。そんな万年助手に論壇での発言権などあろうはずもない。一九六八年、大学紛争で全共闘系の学生デモ隊に丸山眞男教授の研究室が荒らされた。丸山教授はその八年前、安保闘争の際に学生を激励し、彼らに国会を包囲させた教授たちの一人である。因果は廻《めぐ》り、今度は同じ体質の学生デモ隊に大学そのものが包囲されてしまった。どうみても「自業自得」だ。そんな風に観察していたものだから、法学部が大学紛争が静まったのを見計らって、引責辞職したはずの丸山に名誉教授の称号を贈ったときは不名誉教授の間違いではないかと思ったほどである（なお丸山眞男を含む、渡辺一夫、竹山道雄、E・H・ノーマン、ジョン・ダワーなどを論ずる昭和の戦後精神史については本年中に別途刊行する予定である）。

学園紛争当時の東大教授会の動向と学生自治会の動向は、後者の激烈な内ゲバをも含めて、比較的詳細に報じられた。だが助手の動静は存外報じられておらず活字にもなっていない。東大紛争に際し年少気鋭の助手たちがたちまち騒ぎだした。教授会メンバーに昇格する保証のない助手は煉獄《れんごく》にいると同然で、フラストレーションがたまりやすく、引火性が高い。あれよあれよという間に東大闘争リーダーの山本義隆の主張に同調し始めた。山本が駒場に来て助手たちに向けて行なったアジ演説にはブルジョワ・デモクラシーを否定する言辞があり、ひとまわり年長の助手である私はアカデミック・フリーダムを尊重する者として反対の手を挙げたが、百人ほどいた駒場の助手たちはさまざまの議題について何度か投票を繰返すうちに闘争派の側に靡《なび》いてしまい、しまいに反対は私一人となってしまったことがある。まだ全国はおろか本郷医学部から全東大に騒ぎが拡大する夏休み前のことで、教養学部の教授連は「医学部が悪い」と他人事《ひとごと》のような口を利いていたが、その日私はさすがに憮然として帰宅した。これから先どうなるか、と思わないでもなかったが、皆が流されても自分だけは流されないという座標軸を持つことは容易でない。大学改革に名を借りた政治運動には内心は反対の人もほかにいたのだと思う。それでも「助手会の結成に賛成、大学行政に参加させよ」などの案に賛成したのが当時の助手だったのだろう。少数の反対派はしまいに助手の会合そのものに出席しなくなったのに相違ない。だが七カ月後、安田講堂に機動隊が導入されストも終焉《しゅうえん》に向かうとなると、かつて声高《こわだか》に騒いだ助手たちもまたけろりと静かになった。同調者を失った反体制派の山本が「人の噂も七十五日」と嘆き節を述べたのはそのころである。

そんな反大勢《タイセイ》派の私は本道をはずれていたかというと、そう見えても本人は自分こそが学問の王道を進んでいると勝手に自負していた。実は私は日本の大学人としては例外的に多くの国で長年学び、かつ教えてきた。そのバックグラウンドの一端を記した次第だ。主要著書は奥付に記してある。『平川祐弘著作集』は勉誠出版が出してくれる由だ。これ以上は己については語るまい。

そんな私が、東大を定年で辞めてから二十余年、二〇一四年に『日本人に生まれて、まあよかった』を出した。学術書とは違い、政治的パンフレットとでも称すべき一冊である。それは承知している。すると『源氏物語』をウェイリーの英訳と照らし合わせて講義している読売カルチャーの教室の奥から「学者ともあろう者がこんな新書を出して」と嫌味な声が聞こえた。聴講料も払わずもぐりで出ていながらそんな放言までするのだから、なんとも失敬な男である。もっとも私の娘三人もそれに近い。今度の書物の目次だけ見て「お父様の『「安倍談話」と昭和の時代』は首相談話を支持してまさに体制イデオローグそのもの。これで安倍内閣がこけたらどうするの。お父様の信用も地に落ちるわよ」という御託宣である。

そういえば半世紀近く前にも同じようなことをいわれた。『和魂洋才の系譜』を出版すると「平川は体制のイデオローグだ。これは明治日本の近代化を大いなる肯定の中でとらえている」とFにきめつけられた。Fは抜群の英才だったが、過激思想ゆえに共産党からも除名され、名をあげずに死んでしまった。私の方は幸い信用は落とさず、『和魂洋才の系譜——内と外からの明治日本』(河出書房新社)はいまも版を重ねている。

文中にも書いたが、「次の総理は誰か」のアンケートに答えて『文藝春秋』二〇〇五年五月号にも二〇一一年七月号にも安倍晋三を推挙した私だ。三宅久之氏は二〇一二年、総裁出馬表明をしていない安倍氏の再登場を求め、二十八人の緊急声明をまとめた。安倍氏が再び総裁に選ばれるや第二次安倍内閣の組閣に誤りのないよう懇々と述べ、それを遺言として世を去った。今の私はあの時の三宅よりも年が上である。いまさら右顧左眄《うこさべん》することもない。政治の世界は一寸先は闇だというが、この本が出るまで安倍内閣が続き、著者の信用がこけることのないよう願っている。

国家の運命について近年私が発言を重ねるについては、直接のきっかけは三つある。第一は新潮社の後藤ひとみさんが海外帰国子女として「反大勢派」の平川意見に興味を示し、比較文化史家の知見に基づき『日本人に生まれて、まあよかった』の書き下ろしを依頼したからである。第二は田久保忠衛氏がウィルソン・センター勤務当時から私に目をとめ、私が「いつも一言余計に、正直に述べる」ことを良しとして、国家基本問題研究所理事に推薦した。そこで理事長以下の活動に接し、私も「日本再生の処方箋《しょほうせん》」などの意見を述べる義務を感じたからである。以前発表したこの意見を再度本書でも活字にすることをお許し願いたい。第三に竹山道雄の新聞コラムを近年整理し、その時事発言に深く感心したからである（これは近く藤原書店から『竹山道雄セレクション』第四巻として出版する）。昭和五十年代の私は、岳父《がくふ》の竹山に「時事的な論をお書きになるより自伝でも書かれてはいかがですか」などと言ったものだった。しかし社会の求めるところは別にあった。そして竹山のその種の仕事にも深い意味はあったのだと認識を改めている。

新潮新書『日本人に生まれて、まあよかった』は、主張がバランスがとれていて公平だ、と評判となった（もっともこれは私の手許に来る感想だから好意的なので、反対意見の人は何も書いてよこさないのだろう。一部では悪評嘖々《あくひょうさくさく》かもしれない）。するとその評判に乗じて河出書房新社も平川の『日本の正論』『日本語で生きる幸福』（これは旧著『日本語は生きのびるか――米中日の文化史的三角関係』を改題したものである）を出した。二〇一五年四月二十九日、招かれて『昭和天皇とヴィクトリア女王』について明治神宮で講演すると、ごく当たり前の東西の事実を並べただけと演壇上の本人は思っていたが、フロアに降りてゆくと老若男女に次々と挨拶され、感想を聞かされた。新鮮な視野が開けた、東西の比較が意外だったと口々にいう。かつて『西欧の衝撃と日本』を出したとき、ごく当たり前の東西の史実を並べただけと著者は思っていたが「あの本には感心した」とKに言われたときは意外だった。Kはブログで平川にけちをつけることに生き甲斐を感じている私の元学生で、文芸評論の世界では名の知れた、世間では博識——私にいわせれば薄識——で通っている男だからである。察するに日本人が習う歴史知識は縦割りで、日本なら日本、英国なら英国と別々のコンパートメントで区分され記憶されている。それだから徳川家康とシェイクスピアが同時代人で、その二人は世界が球体であることを知っていたが同時代の清の神宗帝《しんそう》は知らなかった、などと聞かされると驚くのであろう。

当時は『WiLL』編集長であった花田紀凱氏は存外閑人《ひまじん》らしく、わざわざ明治神宮まで聴きに来て「この講演は『WiLL』にください」という。喜んで同誌に掲載することとした。すると『WiLL』を出していたワック社から飛び出して飛鳥新社に移った氏は、今度は平川の論文を「一本に仕立てて出させてください」という。一般論として学者の老健はめでたい、個人として時事評論にも価値を認めてもらい有難い。だが、これは今日の日本に人材がよほど乏しく、それで私ごとき老措大《ろうそだい》に出番がまわってくるのではないかと、いささか心配である。

拙論は社会科学的な理論的なアプローチであるよりは人文学主義的な言葉に即したアプローチであり、比較文化史的な広角の視野で問題を細かに論じている。その辺に新味と説得力があるいはあろうかと思い、著者の人間形成の個人的事情や学問的背景にふれさせていただいた。私は十代の末から、フランス育ちともいうべき前田陽一教授とフランス人教授からエクスプリカシオン・ド・テクストの訓練を受けて育った。そう片仮名まじりで述べても、また explication de texte と横文字を並べても、そのテクニックの正体はわからないであろう。フランス人教授にはその手法を駆使して実に見事にテクストを分析する人がいた。不思議だったのは日本育ちの教授では、仏文を専攻した教授でなく、東北大学法文学部で英文を専攻した島田謹二教授がフランス語が実によく読めて、エクスプリカシオンを自家薬籠中《じかやくろうちゅう》のものとしていたことである。それは職人芸に類した訓練だが、その教育法を私は荻窪の読売カルチャーで実践しようとつとめている。『比較文學研究』第百一號(すずさわ書店、二〇一六)は特輯エクスプリカシオン・ド・テクスト(本文の解釈)である。私は学会等の講演発表を通してその一石二鳥の教育法を日本の高等教育にもひろめたいものと願っている。

本書をまとめるに際し、重複をつとめて削り、講演口調のままであった文章もすべて文章体に統一した。初出は以下の通りである。関係者にお礼申し上げる。

はじめに　三点測量で日本を見直す

I

「安倍談話」と昭和の時代　『ＷｉＬＬ』二〇一六年一月
日本再生への処方箋――愛すべき日本、学ぶべき明治　『正論』二〇一四年一月

Ⅱ

昭和天皇とヴィクトリア女王　『ＷｉＬＬ』二〇一五年十月
私たちが尊ぶべき日本の宗教文化とは何か　『諸君！』二〇〇九年六月
『五箇条ノ御誓文』から『教育勅語』へ　『明治聖徳記念学会紀要』四十八号
『福翁自伝』とオランダの反応　『図書』二〇一三年二月・三月
新渡戸稲造の『武士道』　『大手前大学人文学部論集』第四号二〇〇四年三月
日中関係史を解き明かす周作人の伝記　『歴史通』二〇一二年九月

Ⅲ

「マルクスが間違うはずはありません」　『ＷｉＬＬ』二〇一五年七月
朝日の正義はなぜいつも軽薄なのか　『文藝春秋』二〇一四年十月
日本の知識人は台湾問題でなぜ声をあげないのか　『日本戦略研究フォーラム』六十三号
史実に基づく修正までなぜためらうのか　『歴史通』二〇一五年七月
むすびに

平川祐弘（ひらかわ・すけひろ）

一九三一年、東京生まれ。東京大学名誉教授（比較文学比較文化）

著訳書

一　ルネサンスならびにイタリア関係

『ルネサンスの詩』、ダンテ『神曲』『新生』、『中世の四季――ダンテ『神曲』とその周辺』『ダンテ『神曲』講義』、ボッカッチョ『デカメロン』、ヴァザーリ『ルネサンス画人伝』、ゴルドーニ『抜け目のない未亡人』、マンゾーニ『いいなづけ』（読売文学賞）

二　比較文化史関係

『和魂洋才の系譜――内と外からの明治日本』、『西欧の衝撃と日本』『進歩がまだ希望であった頃――フランクリンと福沢諭吉』『夏目漱石――非西洋の苦闘』『内と外からの夏目漱石』、*Japan's Love-Hate Relationship with the West*、『マッテオ・リッチ伝』『天ハ自ラ助クルモノヲ助ク――中村正直と『西国立志編』』『日本語は生きのびるか――米中日の文化史的三角関係』、『西洋人の神道観――日本人のアイデンティティーを求めて』、『竹山道雄と昭和の時代』

三　ラフカディオ・ハーン関係

『小泉八雲――西洋脱出の夢』（サントリー学芸賞）『破られた友情――ハーンとチェンバレンの日本理解』『小泉八雲とカミガミの世界』『オリエンタルな夢――小泉八雲と霊の世界』『ラフカディオ・ハーン――植民地化・キリスト教化・文明開化』（和辻哲郎文化賞）、『小泉八雲名作選集』（編・共訳、全六巻）、ラフカディオ・ハーン『カリブの女』

四　日米関係

『平和の海と戦いの海』『米国大統領への手紙』

五　文学研究関係

『謡曲の詩と西洋の詩』『アーサー・ウェイリー――『源氏物語』の翻訳者』（エッセイスト・クラブ賞）

六　随筆集

『東の橘　西のオレンジ』『開国の作法』『中国エリート学生の日本観』『日本をいかに説明するか』『書物の声　歴史の声』『日本人に生まれて、まあよかった』

日本の生きる道
——米中日の歴史を三点測量で考える

2016年8月2日　第1刷発行

著　者　平川祐弘
発行者　土井尚道
発行所　株式会社　飛鳥新社
〒101-0003 東京都千代田区一ツ橋2-4-3　光文恒産ビル
電話（営業）03-3263-7770（編集）03-3263-7773
http://www.asukashinsha.co.jp

装　幀　芦澤泰偉
印刷・製本　中央精版印刷株式会社

ISBN978-4-86410-498-2

編集担当　工藤博海